MOEURS
ET
VOYAGES
OU
RÉCITS DU MONDE NOUVEAU

PAR

PHILARÈTE CHASLES

PROFESSEUR AU COLLEGE DE FRANCE, ETC.

MOEURS ET RACES NOUVELLES
DE L'AMERIQUE DU NORD.

—

TRENTE-HUIT JOURS DANS LES SAVANES
DE L'ILE DE CUBA.

—

SCÈNES DE LA VIE TASMANIENNE
ET AUSTRALIENNE.

PARIS
EUGÈNE DIDIER, LIBRAIRE-ÉDITEUR
25, RUE GUENEGAUD, 25

MDCCCLV.

MŒURS ET VOYAGES

ou

RÉCITS DU MONDE NOUVEAU

POISSY. — TYPOGRAPHIE ARBIEU.

MŒURS
ET
VOYAGES
OU
RÉCITS DU MONDE NOUVEAU

PAR

M. PHILARÈTE CHASLES

Professeur au collége de France.

PARIS
EUGÈNE DIDIER, ÉDITEUR
25 — RUE GUÉNÉGAUD — 25

MDCCCLV

L'auteur et l'éditeur de cet ouvrage se réservent tous droits de traduction et de reproduction à l'étranger.

Il y a dans l'histoire des destinées humaines des périodes d'organisation et de repos, d'autres périodes d'expansion et de mouvement.

Le xive et le xixe siècles doivent être comptés au nombre des phases productrices et confuses où tous les éléments d'une civilisation qui grandit et brise ses cadres se mêlent dans un désordre inexprimable sans parvenir à s'assimiler.

De nouveaux peuples sont découverts; de nouvelles relations sont créées; des points de vue inconnus s'ouvrent tout à coup; la science devient plus poétique et plus merveilleuse que l'épopée; l'histoire dépasse le roman; tous les horizons changent ou s'agrandissent; le philosophe devient poëte comme Dante, le poëte devient romancier comme Bocace;

il s'opère un énorme échange de races, d'opinions, d'idées, de souvenirs, de découvertes. Quiconque se maintient dans le cercle borné de ses habitudes ou de ses souvenirs est bientôt refoulé sur lui-même et comme écrasé par la pression du mouvement désordonné qui l'environne. Alors les études casanières, l'ombre et le silence de la méditation perdent beaucoup de leur valeur ou du moins de leur puissance. Il faut voir, comparer, pénétrer les régions lointaines ; il faut agir, penser, écrire, comme Hérodote et Homère dans leur temps, comme Joinville et Froissart au xiiie siècle.

Vivre pour les morts, se nourrir de leurs souvenirs, ne pas sortir du cercle ou plutôt du cénotaphe qu'habitent les fantômes, c'est se condamner soi-même ; c'est se reléguer parmi les ombres.

La vie du genre humain avance. Il ne s'agit plus aujourd'hui de relier l'Asie à l'Europe comme au temps de Xerxès, ni le monde barbare au monde romain comme sous les Césars, ni la Germanie à la chrétienté comme sous Charlemagne. L'ensemble des éléments dont se compose la civilisation du globe dans toutes ses nuances s'assimile aujourd'hui sous nos yeux avec une rapidité, une ferveur, un bouillonnement et une agitation prodigieux.

Aussi le vrai philosophe éprouve-t-il une soif de curiosité inextinguible. Il ne se contente pas de demander, comme sous Louis XIV, si mademoiselle de la Vallière a triomphé de madame de Montespan, ou si madame de Maintenon est reine. Les faits les plus lointains, les événements qui agitent les extrémités du monde attirent notre interêt le plus vif et le plus voisin. C'est l'Australie qui semblait stérile et qui nous envoie maintenant ses lingots d'or ; c'est la Tasmanie où le fumier moral de l'Europe anime et fait fructifier une société nouvelle. C'est la vieille Tapobrane, possédée par les Anglais et qui s'insurge tout à coup au bruit des émeutes parisiennes. C'est surtout l'immense continent américain se peuplant depuis les rives du Pacifique jusqu'aux forêts désertes du Canada supérieur, et présentant à l'Europe épuisée l'étrange spectacle d'un miroir fidèle où tous les traits de l'aïeule viennent se refléter avec plus de jeunesse, d'inexpérience et de grandeur.

Ces études à la fois contemporaines et antiques ont toujours eu pour moi un vif attrait ; en voici quelques fragments recueillis aux sources authentiques, empruntés, quant aux faits, aux voyageurs de toutes les nations qui ont publié leurs livres dans ces derniers temps. En fait de singularités et d'anomalies, je n'ai rien supposé, je n'ai rien inventé. Je me suis contenté de mettre en relief avec une fidélité parfaite tout ce qui éclaire le mouvement des intérêts et la marche des sociétés. Scènes bizarres, récits aventureux, couleurs éclatantes ou hasardées ne m'appartiennent pas. Ceux qui en me suivant dans ce voyage d'aventures, s'étonneront des romanesques péripéties et des personnages extraordinaires qu'ils rencontreront sur leur route, ne savent pas combien de chances inouïes renferme la vie réelle ; ils ignorent combien il y a de romans dans l'histoire.

PHILARÈTE CHASLES.

MŒURS ET RACES

NOUVELLES

DE L'AMÉRIQUE DU NORD

I

Six cents lieues par la vapeur. — L'Alabamien et le Mormon. — Le Prospectus de la fin du Monde. — Les Socialistes bibliques de Nauvoû.

Petersburhg (Virginie), 5 mai 1849.

Les chemins de fer, la vapeur et cet amour de voir et de voyager dont vous me savez atteint m'ont amené du fond de la Touraine sur les confins de la Caroline du Nord (Amérique septentrionale); me voici prêt à correspondre avec vous.

Je vous écris d'une petite ville assez peu florissante, quoiqu'elle soit port de mer et qu'elle ait l'honneur d'être baignée par l'Appomatox. Vous ne me demanderez, c'est convenu, ni philosophie, ni métaphysique, ni poésie ; contentez-vous d'un récit fort simple. Il ne manquera pas d'intérêt ; c'est quelque chose de magnifique qu'une civilisation en état de croissance. Ici je recueille par milliers les singularités, les bizarreries, les curiosités dont je suis avide et que vous aimez autant que je les vénère ; je vous les livrerai telles que je les trouve sous mes pas, je laisse les ornements aux habiles.

Le chemin de fer qui vient de me conduire ici, et qui commence à Boston pour s'arrêter à Weldon, n'a pas moins de cent soixante milles ou quatre cent quatre-vingts lieues ; il longe l'Atlantique dans la direction du nord au sud ; il pousse même jusqu'à Wilmington, où il s'arrête à la mer. Alors on s'embarque à Wilmington sur un bateau qui vous mène à Charleston, près de six cents lieues de voyage par la vapeur ; qu'en dites-vous ? Personne ici ne se préoccupe d'un petit déplacement de ce genre. Avant d'atteindre Wilmington, on a le plaisir de passer sur un pont de bois peu rassurant, d'une élévation prodigieuse, dénué de parapets et de garde-fous, et d'où l'on peut voir à cent pieds de soi les « Rapides » du fleuve James ; le moindre caprice de la machine haletante vous y précipiterait au moindre déraillement. Ici l'on ne s'étonne de rien, ni de la mort, ni du danger, ni des distances, c'est le pays du provisoire et du gigantesque. Les Américains ne s'étonneraient que de s'ennuyer, et vraiment ils n'en ont pas le temps.

Les voyageurs roulaient, emportés par la plus grande vitesse de la vapeur; le pont dont je viens de vous parler était derrière nous. Au moment où nous venions de dépasser les Rapides, et où nous nous enfoncions dans d'épaisses forêts noires mêlées de sapins et de châtaigniers, j'entendis assez près de moi un voyageur dire à son voisin :

— Il y a un *Mormon* ici !

Un Mormon! je prêtai l'oreille. J'allais donc voir un de ces terribles fanatiques sur lesquels on a tant glosé et que l'on connaît si peu! Un second voyageur répondit au premier par une question qui annonçait que sa curiosité égalait la mienne :

— Où diable est-il, ce *Mormon?*

— Je n'en sais rien !

— Bah ! s'écria un troisième, il y a un de ces coquins dans la voiture ?

— On me l'a dit.

— Oh! oh! reprit le premier interlocuteur en frappant sur sa caisse, nous verrons cela tout à l'heure; je veux connaître le gredin! Je calcule mon affaire, et j'espère que le poisson mordra; je veux être pendu si mon hameçon manque et s'il ne sort pas de son trou !

Le premier interlocuteur était un immense citoyen d'Alabama, État du midi situé entre la Nouvelle-Orléans et la Floride, homme de six pieds six pouces, comme beaucoup de gens de son pays, face bronzée, chiquant perpétuellement, et portant sur ses genoux une précieuse boîte de fer-blanc semblable à un pupitre carré, boîte qui contenait son aliment favori, du tabac rangé par couches et par variétés d'espèces dans plusieurs compartiments ; le second, à en juger du moins par la fraîcheur et le coloris de pomme d'api que l'hiver du Canada prête aux visages, devait être quelque cultivateur du Maine, province située à l'autre extrémité de l'Union. L'Alabamien, déposant sa chique et s'adressant en apparence au paisible citoyen du nord, mais en réalité, comme disent vos dramaturges, à la cantonade :

— Parbleu ! s'écria-t-il, s'il y a une chose que j'exècre, c'est un Mormon ! Je ne connais pas de plus grande honte pour ce beau pays, le pays de la liberté et de la gloire par excellence, pays qui bat tous les pays de l'univers, que d'y voir marcher impunis des brigands, des escrocs et des drôles tels que Joë Smith, le prophète mormon. Ah çà ! qu'est-ce qu'il est devenu ? Fusillé, je crois. Mais son frère lui succède. On dit que le coquin fait encore des siennes ; il en est à sa neuvième banqueroute ; attend-on la centaine pour qu'il soit pendu ?

L'Alabamien avait continué son invective pendant cinq bonnes minutes, sans que personne y prît garde, et j'étais prêt à conclure que nous n'avions pas le moindre Mormon parmi nous, quand tout à côté de moi, à ma gauche, un profond soupir se fit entendre.

Un homme entre deux âges, musculeux, robuste, aux longs cheveux, tenait sa figure cachée et ensevelie dans ses deux mains : c'était le Mormon assurément; il continuait à pousser d'énormes soupirs. Je me levai, j'allai me placer en face de lui et j'attendis la fin de la scène. L'Alabamien s'était levé aussi; il avait tiré de sa poche un flacon entouré d'osier et s'était approché du Mormon.

— Vous n'êtes pas bien, dit-il à l'homme au soupir. Que vous semblerait d'une petite goutte?... Eh!...

— Loin de moi, Satan! répondit le Mormon, qui se leva à son tour et étendit furieusement sa main droite vers l'Alabamien. Soyez anathème, soyez maudit, vous qui ne reconnaissez pas les prophètes de Dieu! Aveugles volontaires! Que le tonnerre vous frappe! que la peste vous saisisse! que les malédictions se multiplient par héritage de génération en génération, et tombent sur vos fils dans l'éternité des éternités! Que les feux de l'enfer vous dévorent dès cette vie et vous poursuivent dans l'autre!... Damnés! damnés! damnés!

Il allait toujours, à la grande horreur des autres Américains, que cette profanation de la Bible et des souvenirs sacrés scandalisait. L'Alabamien lui-même paraissait saisi d'une terreur à laquelle il ne pouvait se soustraire.

— Écoutons-le, dit assez tranquillement l'habitant du Maine ; il est juste de l'entendre. Il a le droit de se défendre, après tout !

— Écoutons-le... et jusqu'au bout (*hear him out*), crièrent les autres.

Ce fut alors que je pus examiner à loisir le prophète mormon, qui, forcé de faire un discours et de s'expliquer, resta debout, accoté contre la paroi de la voiture. C'était un personnage repoussant et antipathique. Le front fuyait, l'œil était voilé, la lèvre inférieure, très-épaisse, pendait avec cette expression de grossièreté stupide qui caractérise la plupart des hommes livrés à un égoïsme brutal ; il y avait des plis nombreux au coin de l'œil, comme chez les faiseurs de dupes ; la peau était ridée et plissée et la bouche horrible. Des épaules rondes, une poitrine large, une taille trapue achevaient de faire de ce personnage un objet repoussant, un Cyclope inintelligent, mais rusé. Son discours répondit à ce signalement. L'escroc s'y montrait partout, le prophète nulle part. Une sorte d'habileté tortueuse remplaçait l'inspiration absente. Résigné au rôle de fripon public, patenté et reconnu, il ne se prenait au sérieux que sous ce dernier rapport. On voyait que la spéculation et l'astuce se couvraient à peine du manteau de le prophétie.

Son nom était Hyde, et il avait été fort avant dans la confiance du grand prophète Joë ou Joseph Smith, fondateur du Mormonisme. Hyde nous conta de la manière la plus confuse, et avec cette espèce d'habileté et d'artifice que tous les coquins possèdent, ses voyages de propagande, ses révélations, ses visions, ses extases, et comment Dieu lui-même avait pris la peine de venir le voir, un jour que, harassé de fatigue, les souliers et les bas mouillés de sang, il s'était endormi au milieu des prairies de l'*immense ouest*. Ayant reçu la commission expresse de convertir la terre au Mormonisme il exécutait ponctuellement cet ordre divin.

— Et comment réussissez-vous? lui demanda l'homme du Maine.

— Comme il plaît à Dieu, répondit ce commis voyageur de la supercherie religieuse. Dans quelques parties du Canada, surtout dans l'ouest, je travaille assez bien. Mais l'amour des choses terrestres l'emporte chez la génération actuelle sur le soin des choses divines et sur la vérité. Hélas! hélas! les racines de l'infidélité sont profondes. C'en est fait des hommes! Malheur à eux! malheur au globe qu'ils habitent! L'heure terrible approche! Dans dix mois, ni plus ni moins, Dieu châtiera la terre coupable! Lisez, gentilshommes, lisez la prophétie imprimée que voici, et qui ne coûte que deux *cents*.

Il défaisait, en disant ces mots, un gros paquet de prospectus prophétiques dans lesquels l'annonce des misères et des fléaux que le globe doit endurer avant sa destruction était détaillée comme une annonce de spectacle. Le prospectus imprimé passa de main en main, et fit fortune ; le Mormon débita fort bien sa marchandise. Toute la voiture en prit ; je fis comme les autres.

Quel mélange extravagant ! quel personnage inouï, prophète et colporteur, charlatan de place et apôtre ! La pauvre humanité devait, à ce que le prospectus affirmait, être mangée des vers, comme Hérode, entre janvier et février prochains. Le Mormon était en outre chargé de recevoir des souscriptions pour le journal mormonite de Nauvoû (*Nauvoo*), intitulé *la Nouvelle Jérusalem*, journal qui allait paraître ! Il avait soin de se faire payer un an d'abonnement d'avance.

— Ah çà, s'écria l'Alabamien d'une voix de tonnerre, dites donc, l'ami, est-ce que vous plaisantez ! La terre va périr ; à quoi votre feuille servira-t-elle ? Vous ne nous donnez que dix mois à vivre ; à quoi bon s'abonner à un journal pour un an ?

— Ils nous donneront du répit ! dit un autre.

— Ces messieurs laisseront le monde aller son train deux mois de plus, reprit le citoyen du Maine.

— On rendra l'argent à la porte, comme au théâtre, dit une voix joviale, partie d'un coin de la voiture ; et ce fut un éclat de rire universel. Le Mormon furieux se rassit et remit sa tête dans ses mains. Après tout, il avait vendu dix-huit ou vingt prospectus ; et la journée, honte à part, n'avait pas été mauvaise.

La figure de ce coquin m'était restée dans la tête. Je ne pouvais concevoir comment on avait pu faire tant de bruit à propos de si grossiers mensonges et de charlatans si méprisables. Arrivé à Pétersburgh, j'y visitai un ingénieur fort habile et fort riche, Écossais d'origine, que j'avais connu à Londres, et qui a fait sa fortune une ou deux fois en exploitant les richesses minérales de l'Union, après l'avoir une ou deux fois détruite, comme c'est ici l'usage. Je le questionnai sur le Mormonisme, dont le ridicule prédicateur Hyde ne m'avait nullement éclairci la doctrine.

— Ne les méprisez pas, me dit-il. Ils sont fort menaçants. Ce sont tout simplement des socialistes bibliques, escrocs par-dessus le marché. Ils se fondent sur certains passages des livres saints pour réclamer la communauté des biens, et sur d'autres pour annoncer le Paradis sur la terre. On accepte le Paradis; la communauté des biens est la pierre d'achoppement de leurs doctrines. Tant qu'ils parlent en Millénaires, cela va fort bien; mais quand il s'agit d'apporter à la communauté mormonite sa fortune acquise, des résistances considérables se font sentir. Il y a bien autre chose au fond des idées du fondateur que, par parenthèse, j'ai beaucoup connu, et qui se nommait Joseph Smith : c'était la ruine de la démocratie américaine que Smith voulait opérer. Son but et celui des adeptes qui ont reçu ses confidences était d'armer tous les sauvages encore existants, et de lancer cette communauté fanatique et brave contre la société commerciale des États-Unis. Je regarde Smith comme un grand homme et un effroyable coquin, mais non pas comme un homme vulgaire; la conversation que j'ai eue avec lui, et que je vais vous raconter, vous le prouvera.

Vous savez que je me trouvais en 1845 à la tête d'une importante exploitation de mines auprès de la petite ville de Cleveland, sur les bords du magnifique lac Érié. L'entreprise prospérait, et, comme il arrive toujours ici, cette prospérité venait de créer une ville nouvelle. Les acheteurs de lots de terre, alléchés par mon succès, se présentaient en foule. Nous avions accru de 50 pour 100 la valeur vénale du sol. J'habitais, il faut s'y résigner dans ces nouvelles *locations* (c'est le mot américain), une petite maison de torchis, improvisée pour la circonstance, et où je me retirais le soir harassé de mes courses, des ventes, des achats et des mille spéculations accessoires qui se rattachent à de telles fondations.

Un soir, il était neuf heures, et j'allais me coucher, quand j'entendis frapper à ma porte de bois blanc que j'ouvris aussitôt. Un personnage de haute taille, à la figure épanouie et aux larges épaules, le front vaste et cachant des yeux creux sous une arcade sourcillière énorme, d'ailleurs vêtu à la manière des prédicants nomades qui courent le pays, se présenta devant moi.

— Je suis Joë (Joseph) Smith, me dit-il, je désire avoir quelques instants de conversation avec vous.

Cette visite imprévue me surprit.

Je lui fis signe de s'asseoir, et je m'assis avant lui, non sans admirer l'intelligence, le feu et la pénétration de son regard ainsi que la dignité de sa tenue.

— Monsieur, me dit-il, votre influence est grande actuellement dans le pays, et le succès de votre entreprise ne peut que s'accroître. C'est une bonne idée, Monsieur, d'être venu exploiter l'Ouest, en extraire le minerai, et y apporter en échange la civilisation. Veuillez m'écouter : je suis sûr que les plans que j'ai à vous communiquer frapperont votre esprit. Je mets de côté toute espèce d'artifice et de détour. On ne m'aime pas, Monsieur, et certains me méprisent, peu m'importe : quand j'aurai le succès, l'admiration viendra d'elle-même. Je ne suis ni un hypocrite ni un sot, soyez-en persuadé. Il y a en Amérique deux ressorts : cupidité et fanatisme ; amour de l'argent et souvenir des puritains ; j'ai pensé que l'on pourrait combiner les deux moyens, et promettre aux gens la fortune, au nom de la Bible ; il y a plus, la leur donner. Je suis comme cela devenu roi d'une masse d'hommes parfaitement disciplinés et prêts à tout. Ils sacrifieraient leur vie pour mes desseins. Les uns veulent le règne de Dieu ; les autres veulent leur fortune ; la plupart veulent l'une et l'autre. J'emploie ce double espoir contre la démocratie de l'Union. Croyez-vous que la démocratie américaine puisse durer? Je ne le pense pas ; ce n'est qu'une forme provisoire ; il y a là trop d'éléments de combat et de ruine. Pas de discipline, pas d'ordre, aucune marche réglée. Le Mormonisme, marchant à la conquête et à la fortune, sous l'inspiration de Dieu et l'ordre d'un chef, en viendra à bout tôt ou tard. Savez-vous bien que je compte cinq mille partisans ?

Je me taisais, Smith continua :

— Pour les uns, la consommation des temps bibliques ; pour les autres, la domination et la richesse : voilà le but. Quant aux moyens, ils ne manqueront pas. Déjà, Monsieur, j'ai fait bien du chemin.

Je suis né de mendiants, ou à peu près, dans les rues de New-York. Voyez où j'en suis. Je vis comme un roi. Mon existence de Bohême dans la jeunesse m'a fait toucher au doigt l'extrême débilité des institutions provisoires et incertaines de ce pays. Les Américains n'ont pas le sentiment de l'ordre. Au lieu de marcher d'un commun accord vers un but et de concentrer leurs forces pour l'atteindre, ils se servent de leurs facultés isolément, au hasard et partiellement. Ces appétits sans discipline et ces cupidités sans règle se combattront un jour, quand l'espace leur manquera. C'est alors que le système de l'ordre, de l'organisation, de l'unité l'emportera sur le système de la division et de la dispersion. De bonne heure je compris que pour s'emparer des hommes, il suffisait de servir leurs passions, leurs désirs ou leurs besoins. Je fis de cette tâche l'étude de ma vie. Mes commencements furent modestes ; un petit noyau de fous millénaires, à qui je

donnai beaucoup de Bibles et un peu d'eau-de-vie, me
suivit où je voulus les mener; puis je rencontrai quelques esprits sagaces, et je fis de ceux-là mes véritables
adeptes. Le noyau, d'abord très-petit, s'accrut et s'étendit par degrés; de New-York et d'un coin de la
Pensylvanie, mon armée déborda sur l'Ohio, puis sur
le Missouri, où les pulsations de quelques milliers de
cœurs répondent aux pulsations du mien. Unité, discipline, nombre, résolution, rien ne nous manque,
si ce n'est quelques millions de capital.

— Et vous venez me les demander?

— Précisément. Vous voilà maître d'une exploitation de mines qui vous donne cette province. Elle est
très-bien située pour mes projets. Nous sommes à portée des Peaux-Rouges que mon intention est d'armer
contre cette démocratie américaine privée de cohésion,
de lien et de résistance. Le Wisconsin, dont votre exploitation vous rend maître, mettrait dans mes mains
la clef du Nord; associez-vous donc à moi. J'appellerai
ici, de l'Ioway, de l'Illinois, de l'Indiana, du Machigan et de l'Ohio, mes milliers de fidèles; et ces oiseaux de proie viendront vite; les lacs du nord nous
seront soumis; mes hommes marcheront sous mes lois
comme les guerriers israélites sous les bannières sacrées de Moïse et de Josué, et jusqu'aux colonies anglaises, qui sont si faibles, ne tarderont pas à nous
appartenir. Nous nous rapprocherons des Peaux-Rouges de l'ouest. Ces pauvres gens ne demandent pas

mieux que de se venger. Si jamais nous parvenions à grouper les Renards, les Dahcotas, les Criks, les Chactas, les Cherokees, les Commanches, enfin tous les débris des vieilles tribus indigènes, nous serions bien forts. Ce qui leur a manqué, c'est la centralisation; nous la leur apportons. Tenez, ajouta-t-il, voici le livre où je rappelle la magnificence antique et le pouvoir immémorial de ces races écrasées par les usurpateurs, où je les exhorte à reconquérir leur pouvoir perdu et leur grandeur évanouie, où je les signale comme les enfants des tribus perdues d'Israël. J'ai fait traduire ce volume dans leurs idiomes, et déjà l'orgueil flatté a répondu à ma voix. Plus d'une révolte des Peaux-Rouges est mon ouvrage ; soyez sûr que le jour où nous en viendrons aux mains, le cri de guerre des Peaux-Rouges retentira en notre faveur des Alléghanys aux montagnes Rocheuses. Si vous ne voulez pas vous associer à de si grands et de si dangereux projets, vendez-nous au moins votre exploitation et livrez-nous cette province.

Je refusai, comme bien vous pensez, et je congédiai le prophète. Le capital qu'il cherchait ne vint pas ; il fonda une banque qui manqua, et les Mormons reculèrent devant leurs créanciers. Les fanatiques gagnèrent des localités désertes ou sauvages, favorables à leur défense, qu'ils soutinrent à main armée. Acculés comme le sanglier aux abois, ils renoncèrent à toute apparence de discipline religieuse, et formèrent une bande de brigands terribles contre lesquels il fallut lever des troupes. Les nouveaux prophètes volaient du bétail et des chevaux, campaient dans les bois et se soutenaient comme ils pouvaient par le pillage. Smith ne se décourageait pas ; il fit un appel à ses fidèles, et déclara que tout Mormon qui ne viendrait pas retrouver ses frères au rendez-vous convenu, sur les bords du Mississipi, dans l'Illinois, serait déchu de son titre. Tous les frères accoururent, et leur nombre reconstitua leur force; tous ayant des votes, et ces votes étant dirigés par l'unique volonté de Joseph Smith, les intérêts de l'Illinois tout entier se groupèrent autour de lui. Ce fut alors que s'éleva la capitale de Nauvoû (*Nauvoo*), dont le nom est indien, la capitale des Mormons, espèce de forteresse perchée sur la cime d'un roc et environnée d'une ville supérieurement bien bâtie (1).

Une fois à Nauvoû, Smith y fit l'orgie, il s'entoura d'un sérail, il mit en pratique les plus licencieuses imaginations de la vieille débauche européenne, et les Américains finirent par le fusiller, sans tuer ses idées ni sa secte.

Vous voyez quel a été le but constant de ce personnage. Le dernier mot de sa doctrine n'est pas dit encore. Sous l'apparence du fanatisme biblique, ces sectaires espèrent opposer l'unité de volonté à la dis-

(1) C'est là que M. Cabet s'est retiré avec les débris de l'Icarie.

sémination de forces inhérentes à la démocratie, et faire triompher leur pouvoir. Ce sont les vrais ennemis de l'Union; leurs bandes se recruteront de tous les hommes que l'Union repoussera. On les a chassés vers les montagnes Rocheuses; ils reparaissent maintenant, et ce ne sont pas des ennemis méprisables. Ils ont pour eux deux grands leviers : la cupidité et l'hypocrisie. Si l'on n'y prend pas garde, Monsieur, ils fonderont une *Contre-Union,* et dans quelque cinquantaine d'années on pourra voir un absolutisme fanatique s'élever en face d'un fédéralisme républicain.

II

Les nouvelles villes. — Les effets du crédit. — Navigation du Mississipi. — La vie sauvage dans la vie civilisée. — Comment va ton âme?

Nouvelle-Orléans, 20 juin 1849.

Entre Charleston et la Nouvelle-Orléans, en traversant la Géorgie et l'Alabama, j'ai visité plus de vingt villes, les unes florissantes, les autres déchues avant d'être écloses, toutes filles du crédit.

Ce qui fait la fortune de l'Amérique, c'est le crédit.

Ce vaste espace de terrain est une Bourse immense où l'on ne cesse pas de spéculer sur la hausse et sur la baisse; jamais, sans le système des emprunts, il ne se serait fertilisé ni même peuplé. Le progrès gigantesque des États-Unis n'a pas d'autre cause. Faute d'un peu de capital, tous les colons, agriculteurs, trappeurs, fermiers, seraient demeurés dans la plus profonde misère; avec ce capital, rien ne leur a été impossible. On a vu par exemple le Wisconsin, qui ne contenait que deux villages il y a quinze ans, se couvrir non-seulement de fermes et de bourgs, mais de villes importantes: aujourd'hui l'or et l'argent circulent en abondance dans cette province où les *bank-notes* sont presque inconnues. Tout s'est fait par emprunt, les Américains ayant confiance en eux-mêmes, dans leur activité, dans leur terre et dans leur gouvernement. On n'avait pas un penny, le courage ne manquait pas plus que le sol : routes, bateaux à vapeur, fonderies, ont apparu comme une féérie. Le sol était assez riche pour couvrir les emprunts, les débiteurs étaient assez honnêtes pour payer. Tout fut acquitté, la richesse du pays quadrupla. Ah! Monsieur, que cela fait faire de tristes réflexions! Près du lac Michigan, on a vu surgir tout à coup une ville admirable. Ce Milwaukie fut bâti sans un schelling de capital; mais l'affaire était très-bien calculée, et tout a réussi. Le minerai extrait à Mineral-Point coûtait auparavant des frais de transport prodigieux; maintenant, douze bateaux à vapeur partent en été de Milwaukie, et traversant successivement plusieurs lacs, parcourant un espace de plus de huit cents milles, ils portent d'abord à Buffalo, et de là à New-York, le métal de Mineral-Point. L'économie qu'on est parvenu à réaliser ainsi a donné des bénéfices tels, qu'une année a suffi pour couvrir tous les emprunts. Pendant les dix années, plus de cinquante mille personnes sont venues habiter Milwaukie, et s'y livrent à toutes les spéculations que ce pays vierge favorise.

Cette facilité de crédit produit des évolutions et révolutions de fortunes, souvent peu favorables à la probité. On s'y résigne, comme les gens de guerre se résignent à bien des choses; toute conquête a ses aventures, et toute entreprise ses mauvais côtés. L'escroquerie se pratique ici en grand; on joue des villes et l'on fait sauter la banque. Des chevaliers d'industrie, tels que Joë Smith, le Mormon, ne tendent à rien moins qu'à se faire empereurs ou sultans. L'échelle de toutes choses est colossale; ce ne sont pas les magasins qui font banqueroute, ce sont les provinces. Je ne sais si vous avez entendu parler du Caire ; non pas le grand Caire égyptien, mais le petit Caire de ces régions-ci. C'est une ville pour rire qui s'apprêtait à fleurir au confluent de l'Ohio et Mississipi, quand il lui a fallu déposer son bilan. Elle est encore là, non pas debout, elle n'est pas construite, mais ayant grande envie de se laisser construire, et possédant comme édifices préparatoires une prison, une banque et une église; d'habitants, pas un seul. Elle n'en a jamais eu; elle n'a eu que des entrepreneurs. Les millions de dollars destinés à ses rues, tracées, mais non édifiées, sortaient en partie de la caisse des banquiers de Londres, que cette spéculation avait séduits, et qui seraient bienheureux aujourd'hui de trouver un demi pour cent des capitaux enfouis dans le triste limon qui ensevelit le grand Caire. Dômes espérés, minarets que l'on avait rêvés, tout a disparu; l'Ohio gronde encore autour des pierres d'attente, et le voyageur passe inattentif à côté de ces ruines d'une ville qui n'a jamais existé.

Ne déplorez pas trop amèrement, Monsieur, les mauvais résultats de l'esprit d'entreprises américain; sans ce *going a head*, dont je trouve sans cesse ici les preuves les plus extraordinaires, est-ce que l'on pourrait soutenir la grande lutte contre la nature? est-ce que l'on ferait reculer le désert, comme cela arrive chaque jour? Songez que c'est un monde qui naît; une si grande création n'a pas lieu sans violence et sans ruines. La douleur de l'enfantement se proportionne à sa grandeur.

Je viens de traverser à peu près la huitième partie de l'immense vallée du Mississipi, où trente millions d'hommes pourraient tenir à l'aise, et qui compte à peine neuf millions d'habitants. Vous n'imaginez pas quel symbole d'activité foudroyante c'est que ce colosse des fleuves, roulant avec le limon de ses eaux les grands chênes, les détritus des forêts primitives, des bateaux, des frégates, des sloops, des magasins, des radeaux, des boutiques, des ateliers, même des spectacles. Tout cela se précipite avec une confusion désordonnée dont vous ne pouvez vous faire d'idée. Tout cela bondit pêle-mêle avec l'espèce de joie juvénile d'un Titan qui vient de naître. Déjà les toitures de quelques villes brillent sur les rivages; déjà des églises et des manufactures sont sorties de cette terre, naguère déserte; que sera-ce donc quand tout l'espace sera rempli, quand cette masse d'eaux, large dix fois comme la Tamise à Londres, et plus de cinquante fois comme la Seine à Paris, baignera les pieds de mille cités opulentes, avec leurs fabriques actives, leurs fermes et leurs jardins ! Du Wisconsin à la Nouvelle-Orléans, ce ne sera qu'une grande rue de trois cents lieues, ayant des cités pour maisons; mais alors on ne retrouvera plus le spectacle étrange qui rend aujourd'hui si curieuse la navigation du Mississipi, la nuit surtout. A chaque instant des bateaux à vapeur géants, peints en noir et en blanc, avec leurs cheminées blanches et noires et leurs tuyaux d'une dimension extraordinaire, filent près de vous en vomissant des torrents d'étincelles bleues qui vont tomber en pétillant dans le lit noir du fleuve; ils consument des quantités inouïes de combustible. Ce sont des embarcations plus que légères, construites de planches mal jointes, et faites pour durer tout au plus quelques mois; elles volent sur les ondes tout en dévorant des forêts entières, et rapides comme des flèches embrasées ; tantôt elles périssent par le feu, tantôt par l'eau, quelquefois des deux manières. Rien n'est plus commun que d'apprendre que le Mississipi a englouti, corps et biens, deux ou trois de ces bateaux.

Cette navigation du Mississipi est le vrai symbole de la civilisation américaine. La vaste étendue du fleuve, jusqu'à l'embouchure de l'Ohio, est couverte d'embarcations si variées, qu'il est presque impossible de les désigner ou de les compter : la plupart sont des bateaux à vapeur dont le pont est surchargé de voyageurs ; tantôt ils coulent bas, tantôt ils abordent un autre navire avec lequel ils s'engouffrent de compagnie. On n'y fait pas grande attention ; dans ces pays nouveaux où l'homme est si peu de chose, la vie humaine est à bon marché.

Vous apercevez des espèces de montagnes blanches, semblables à des meules de foin, qui flottent avec majesté sur le courant. Ce sont des balles de coton entassées sur une longueur de dix ou quinze mètres et sur une largeur de deux ou trois. Plus loin des bateaux plats, carrés aux deux bouts, ornés quelquefois d'un simulacre de voile et conduits par deux rames placées à l'avant, fendent l'onde ou plutôt se précipitent avec elle ; la construction en est légère ; ces embarcations, destinées à descendre le fleuve, ne pourraient pas le remonter. Quand ces navires improvisés sont arrivés à

2.

leur destination, on les brise et l'on dispose des matériaux : tel est le génie de la nation qui se préoccupe surtout de la rapidité d'action et du succès présent. Çà et là de singuliers bateaux, construits en forme de huttes avec des planches à peine équarries, portent une famille tout entière qui émigre avec ses matelas, ses meubles, ses animaux domestiques, et qui, une fois parvenue à sa nouvelle *location*, mettra en pièces sa petite arche de Noé. D'autres fois, ce sont des maisons flottantes toutes préparées d'avance, et que l'on transportera, une fois que l'on aura touché la rive, jusqu'à l'endroit que l'on veut habiter. Vous apercevez des boutiques naviguant avec leurs enseignes, modes, épiceries, poteries, bonneteries; au lieu de faire marcher un cheval et deux roues, comme nos colporteurs et nos marchands forains, le patron est armé de deux rames qui font avancer sa boutique. Il y a aussi des théâtres, des marionnettes, des bateleurs, des ombres chinoises, et même de grands spectacles où l'on joue Shakspeare entre le ciel et l'eau; quand Macbeth veut se débarrasser du vieux roi, au lieu de le poignarder, il le jette dans le Mississipi. Puis viennent de longs radeaux formés de grands arbres coupés dans les forêts lointaines par celui qui va les vendre à quelques centaines de lieues de la solitude où ils ont fleuri. Tout cela est grossier, informe, bizarre, plein de mouvement, de vie et d'action. C'est la force de la nature et celle de l'homme qui débordent et qui luttent ensemble.

Les scènes qui se passent à bord de ces embarcations ne sont pas moins étonnantes. C'est sur ces navires que s'embarquent par groupes les chevaliers d'industrie dont j'ai parlé, et qui passent en général leur temps à jouer un jeu d'enfer sur le pont. La plupart de ces honorables messieurs sont armés de *pistolets révolutifs* (revolving pistols), pistolets qui tirent successivement sept et jusqu'à dix coups. D'autres préfèrent le fameux *couteau-bowie* dont ils font un usage très-redoutable. Il leur arrive quelquefois de mettre tout une ville au pillage, ce qu'ils exécutent paisiblement, légalement, sans le moindre bruit. Tant qu'ils sont les plus forts, la ville mise à sac se laisse faire; mais un beau jour vous voyez une douzaine de corps pendus à une lanterne : ce sont nos usurpateurs que l'on a punis et accrochés sans autre forme de procès.

Le pays que je viens de parcourir rapidement est encore livré à cette justice sauvage, que les vieux États de l'Union ne connaissent plus. C'est vers la Caroline du Sud, la Louisiane et la Nouvelle-Orléans, et bien plus encore dans le Texas que le mélange des férocités de la vie primitive et des corruptions de la vie civilisée frappe d'étonnement le voyageur. Il y a un mois, une centaine d'aventuriers s'emparèrent de la petite ville de Viksburg, et traitèrent les habitants comme des vaincus; on se faisait servir de bons dîners, on usait des chevaux, on enlevait les femmes, on rançonnait les propriétaires ; tout allait au mieux. Enfin la longanimité des Viksburgiens se lassa ; messieurs les conquérants furent tous garrottés une belle nuit, et le matin on les conduisit aux portes de la ville : là on en pendit douze d'un coup ; après quoi on expulsa le reste, en les faisant passer sous les pieds des pendus. Cette loi de la lanterne a beaucoup de partisans dans le Sud. Vous le voyez, le désert, que l'on s'occupe à dompter avec tant de persévérance, s'assimile ses vainqueurs et les rend féroces comme des loups. Personne ici ne voudrait attendre l'exécution paisible de la loi écrite, telle qu'on la connaît et la respecte ou du moins qu'on la respectait parmi les nations de l'Europe. Que ferait un officier de police, un constable ou un sergent de ville, en face de personnages aussi redoutables et aussi déterminés que celui que je viens de rencontrer, et qui, poursuivi sur notre bateau à vapeur par un officier de police, le prit à bras-le-corps, se jeta à l'eau et le noya avec lui? Plus on s'éloigne des centres, plus cette férocité de la vie sauvage redevient terrible. Souvent il s'y mêle quelque souvenir pieux et grave du calvinisme puritain, et ce mélange produit le plus bizarre effet du monde.

Nous étions une douzaine de personnes, Canadiens, Américains et Anglais, sur le pont du bateau à vapeur qui descendait le grand fleuve et nous menait à la Nouvelle-Orléans. Un officier canadien en demi-solde causait avec un officier anglais beaucoup plus jeune que lui. Adossé au tambour qui protége les roues, un Américain du Nord les écoutait avec attention; c'était un homme d'une trentaine d'années, sec, gris, farouche, muet, le col enfoncé dans une cravate blanche empesée comme une muraille. Celui-là n'était pas un Mormon, mais un simple anabaptiste. En me voyant, il vint droit à moi et me dit brusquement:

— Ah çà!... comment va ton âme?

Puis il me mit paternellement la main sur l'épaule.

— Très-bien, et la tienne? répondis-je.

— Béni soit Dieu!

— Amen, repris-je.

Il me mesurait du regard.

— Je vois que tu es fils de la damnation et enfant de la fournaise.

— Et cela paraît fort vous réjouir, mon maître! repris-je.

Ma réponse l'embarrassait, quand un juron très-nettement prononcé échappa des lèvres de l'un des deux interlocuteurs dont j'ai parlé.

— Ce sont des Moabites! s'écria l'anabaptiste.

La causerie de ces messieurs était fort libre, et il faut avouer que le nom de Dieu y était invoqué trop souvent sans beaucoup de respect. Le nez rouge de mon puritain s'alluma, sa chevelure grasse se hérissa, puis, s'approchant gravement des deux causeurs et s'adressant au plus âgé des deux :

— Abominable maudit !... je te dénonce, lui dit-il, toutes les foudres et toutes les colères du saint des saints. Chose honteuse ! chose hideuse et abominable ! damnation profonde ! Homme d'épée, homme à cheveux blancs, tu es anathème par tes blasphèmes !

Les Canadiens sont encore polis et bien élevés comme leurs aïeux les Français. Au lieu de jeter son homme par-dessus le bord, comme je l'aurais fait, l'officier regarda le puritain en souriant, et lui dit :

— Je suis désolé vraiment, Monsieur, que mes paroles aient pu vous blesser. Et lui tournant le dos, il se remit à causer paisiblement avec son voisin.

Le sévère anabaptiste, sans doute pour calmer l'émotion que lui avait causée la double algarade qu'il venait de nous faire, appela le sommelier et lui demanda un verre de menthe frappée de glace, liqueur excitante que les Américains aiment beaucoup, et qu'on lui apporta. Pendant toute la scène, mâchant son tabac, un gros commerçant de Boston, à la figure ouverte et joyeuse, avait écouté la conversation sans y prendre part. Seulement, j'avais pu m'apercevoir, au froncement de ses sourcils, qu'il était fort dégoûté des impertinences de l'anabaptiste. Ce dernier approchait gravement le verre de ses lèvres sans s'inquiéter davantage de la santé de mon âme, quand le Bostonien, lui frappant le bras droit de sa main gauche par un mouvement violent, fit tomber la liqueur et le verre qui vola en débris. Puis il se plaça devant ce personnage en affectant d'imiter le ton nasillard des prédicateurs bibliques, et roulant de gros yeux à la manière de ces fanatiques, il lui dit gravement :

— Sensualité ! sensualité ! Philistin ! Moabite ! glouton ! damné sois-tu à jamais !

— De quel droit ? s'écria l'anabaptiste courroucé. Sache que je suis Samuel Jonas Penrudder, ministre de Jéhovah et annonciateur de la parole...

Mais le Bostonien faisait tourner une énorme canne qui tombait rudement sur le dos du prédicant, et il prononçait des paroles qui calmèrent singulièrement Samuel.

— Tu es William Briscombe, voilà tout ; échappé du pénitentiaire de Sing-Sing, condamné pour vol et pour rapt, entends-tu, homme de bien ! Et prends garde ! ou je te livre au premier magistrat de la ville voisine.

Ce n'est qu'ici que de telles bigarrures peuvent se présenter. Vous voyez bien que l'Amérique est un géant encore enfant ; il faudra du temps avant que ses colossales énergies trouvent leur emploi. L'émigration européenne et la prodigieuse fécondité des mariages comblent à peine quelques vides ; il n'y a pas encore de proportion entre la population et le sol. Aussi l'homme semble-t-il plus petit et la nature plus grande, ce qui stimule son activité. Annihilé par ce qui l'entoure et l'écrase, mais sentant la force nécessairement triomphale de son intelligence, il est dans la situation de ces jeunes gens pauvres, ardents, laborieux, auxquels la perspective d'une fortune assurée fait tenter des efforts surnaturels; de là un drame magnifique et continuel. Cette ardeur au travail, cette fièvre d'entreprise lui font aimer même l'insuccès. Il a beaucoup à lutter, et cette lutte est son bonheur. L'Américain est actif pour être actif, comme un enfant vit pour vivre; une banqueroute ne lui fait pas grand'peur; le cavalier démonté se remettra en selle de plus belle. Bientôt il domptera, soyez-en sûr, le cheval qui l'a renversé. On est pauvre, puis riche, puis pauvre de nouveau. On trafique, on spécule, on craint, on espère : ce sont les émotions de la table de jeu. L'Américain se sent exister, non comme l'homme des vieilles civilisations, non comme le vieillard, dans les ossements duquel, selon l'admirable expression de Churchill, le désir impuissant rugit (*and in his wither'd bones groan impotent desires*), mais comme l'adolescent qui dépense avec joie le superflu de sa verve et de sa vie, et se jette dans des périls ardents qui sont ses plus chères voluptés.

Je compte me rendre sous peu de jours au Texas, où cette lutte de la nature et de l'homme est plus sauvage encore que dans la vallée du Mississipi, et d'où je vous écrirai ce que j'aurai vu, si je n'y suis la proie d'un Commanche armé de sa lance empoisonnée ou d'un Texien armé de son *rifle*.

III

Le Texas. — Un intérieur d'auberge. — Le général Antiochus et le juge Peters. — L'hospitalité de don José Morrel. — L'hôtellerie de l'Aigle-Rouge. — Encore le juge Peters. — Comme on voyage au Texas.

Saint-Louis, 12 août 1849.

J'ai traversé le Texas, et je suis encore vivant, chose merveilleuse. Mais ce n'est pas la faute des habitants du pays.

Le mot *habitants* d'ailleurs va mal à une population bizarre, mêlée, nomade, hétérogène, inouïe, composée de fugitifs, de sauvages, d'Américains, d'Espagnols, de Portugais, de métis, de Français, d'Allemands, et même d'Indiens et de nègres qui ont souvent eu quelques petits démêlés avec la justice. Tel est ce Texas auquel j'échappe. Singulier pays, dont la capitale, Galveston, est une singulière ville. A Galveston, tout le monde est général ou juge : des généraux sans armée et des juges sans procès. Presque toutes les maisons sont des cafés, estaminets ou tavernes, où juges et généraux s'en vont boire et fumer de concert. Ces juges, qui ne rendent jamais la justice, ces généraux qui ne font jamais la guerre que sur les grands chemins, composent une population que Salvator Rosa ou Callot auraient fort aimée, qui porte tous les costumes, parle tous les langages et se bigarre de tous les vices.

L'Union rejette ainsi sur ses frontières l'écume bouillonnante du crime, de la misère ou de l'aventure qu'elle ne peut ou ne veut plus contenir. C'est vers le Texas et les Prairies que reflue et se répand cette étrange population, bientôt mêlée aux tribus indiennes, aux épaves de l'Amérique méridionale et aux intrigants de tous les pays. Je ne sais si ces étranges contrées deviendront quelque chose comme Rome, mais assurément les berceaux se ressemblent.

La capitale du Texas, Galveston, est le rendez-vous des honnêtes gens dont je viens de vous faire le portrait. Quand je suis entré hier dans la principale hôtellerie, qui s'appelle Maison-Trémont (*Tremont-house*), il y avait autour d'un poêle gigantesque dix généraux texiens et dix juges de même acabit, jouant aux cartes, jurant comme des damnés, fumant comme des cheminées, et se gourmant d'importance au milieu de l'épais nuage qui remplissait la salle. Vous eussiez dit un tableau de Bamboche. Chacun parlait en argot de ses diverses fortunes. On avait détroussé le passant, dévalisé le voyageur, détroussé une caravane, vaincu et dépassé un yankie en subtilité commerciale, mis à rançon quelque bourgade espagnole ou incendié quelque campement de sauvages. J'allai me placer modestement à l'extrémité de la salle que ces beaux parleurs occupaient. L'arrivée d'un étranger excita la curiosité générale.

Je m'assis donc paisiblement à une table de bois blanc d'une propreté fort équivoque. Le garçon, qui n'était pas moins curieux que les autres habitants de la salle, tout en me demandant ce que je voulais prendre m'apporta le carnet des voyageurs pour que je voulusse bien y inscrire mon nom. C'était une espèce de Figaro basané, à l'œil de pie, au front bombé, aux cheveux crépus.

— *Commis!* lui cria un personnage maigre et long, de figure patibulaire, qui s'appelait le juge Broadley, comment s'appelle l'étranger?

Ah! me dis-je tout bas, ici apparemment les garçons de café sont des commis; comment nommera-t-on les commis? Cette observation intérieure m'amusait fort, quand un second interlocuteur, s'adressant au même commis-garçon et le tirant par la manche :

— *Général!* lui dit-il, qu'on se dépêche! Je vous ai demandé depuis une heure un verre de grog à la menthe poivrée; général, voulez-vous me servir enfin?

— Oui, général, répondit le garçon. Ne vous impatientez pas, général; je suis à vous.

Et le général-garçon servit au général-juge son verre de grog à la menthe poivrée.

J'aime assez la comédie humaine pour ne pas repousser les plaisantes rencontres et les mélanges hétéroclites dont la vie est semée dans les pays comme le Texas. Je continuai donc en riant dans mon for intérieur ce cours d'observations galvestoniennes, après avoir préalablement enrichi de mon nom : « Capitaine J. Tolmer, allant à Saint-Louis, » le registre qui m'était présenté. A peine l'eus-je remis « au garçon-général-commis, » que je vis les généraux et les juges se le passer de main en main.

— Qui est-ce? disait l'un.

— A-t-il de l'argent? disait l'autre.

— Il a l'air d'un excellent *pigeon,* observait un troisième.

— Je veux savoir ce qu'il a dans l'âme, reprenait le premier interlocuteur.

— Tolmer! C'est un Anglais du vieux pays!

— Le nom est allemand, interrompit un autre.

Cette consultation singulière dont j'étais l'objet avait lieu à haute et intelligible voix. Je me taisais. Ils devisaient en ma présence, et sans aucune gêne, sur mes qualités probables, ma profession, ma naissance, ma fortune et la route que je devais suivre. Il était fort évident pour moi que s'ils trouvaient un intérêt quelconque dans cette affaire, cet intérêt n'était pas le mien. J'avais amené avec moi un fort beau cheval acheté à la Nouvelle-Orléans, et dès mon arrivée à *Tremont-house,* je l'avais fait mettre à l'écurie. L'idée me vint que cet animal, vraiment superbe et de grand prix, courait quelques dangers en pareil voisinage. Je me levai donc, les laisant continuer à leur aise l'autopsie du registre et l'anatomie de mon nom de famille et de mon nom de baptême, et je me hâtai d'aller visiter l'écurie.

On m'avait devancé : un gros juge texien, la pipe à la bouche, s'occupait tranquillement à seller mon cheval, sans doute pour l'enfourcher aussitôt. Notre conversation fut curieuse :

— Eh bien! lui dis-je, que faites-vous là ? Ce cheval est à moi. Pourquoi sellez-vous mon cheval?

— Ah! ce cheval est à vous ; beau cheval, parole d'honneur.

— Laissez cette selle et ce harnais, Monsieur; entendez-vous ?

— J'entends bien.

Et le gros juge achevait de seller la bête. Je trouvai son sang-froid impertinent et je lui arrachai des mains la bride dont il s'était emparé.

— Ah çà, drôle, allez-vous finir?

— Vous ne savez pas à qui vous parlez, me répondit-il sans se déconcerter.

— Cela m'est parfaitement égal. Voici une cravache et deux pistolets qui vous prouveront que je m'embarrasse très-peu de votre nom et de votre personne. Sortez de l'écurie!

Le gros juge se redressa et ôta sa pipe de ses lèvres.

— Je suis le juge Peters, reprit-il, et vous aurez affaire à moi!

Dans ce moment même, le mulâtre Antiochus (c'était son nom), général-commis-garçon d'auberge, entrait dans l'écurie, et s'approchant de moi en riant :

— Rossez un peu le juge, me dit-il, il en a besoin ; les choses ne vont jamais bien sans cette petite correction qu'il reçoit tous les jours.

Et comme je glissais un dollar dans la main d'Antiochus, tout en menaçant de ma cravache le juge qui s'esquivait prudemment, le mulâtre me dit :

— Ma foi, Monsieur, vous avez bien fait de venir voir ce qui se passait ici. Tenez-vous sur vos gardes. Je vous préviens qu'on fait attention à vous.

Votre bête et votre portemanteau ont donné dans l'œil de nos pratiques. Vous savez dans quel pays vous êtes, et un bon averti en vaut deux. Si vous m'en croyez, vous décamperez au plus vite. Ici on fait cas de la vie d'un homme comme de celle d'une mouche et il y a tant de juges que la justice n'est jamais rendue.

Un second dollar récompensa cet avertissement charitable, et me hâtant de faire seller mon cheval je priai Antiochus de m'indiquer la route que je devais suivre pour me rendre chez un Espagnol, don José Morell, pour qui j'avais une lettre de recommandation, et qui habitait une petite villa rustique à deux portées de fusil de la ville. Antiochus me donna les renseignements que je désirais et je partis.

En traversant Galveston, je fus surpris du tumulte qui remplissait la ville ; ce n'étaient que querelles, altercations violentes, disputes sans nombre, clameurs, vociférations de toute espèce. Je fus bientôt à la porte de l'Espagnol que j'aperçus assis sur son balcon de bois blanc, le cigare à la bouche et coiffé de l'immense chapeau de paille des créoles. Il descendit, me fit le meilleur accueil du monde, et me fit oublier, par la grâce et la courtoisie cordiale de l'hospitalité qu'il m'offrit, les désagréments, les ennuis et les craintes dont un voyage au Texas n'est jamais exempt.

— Vous prétendez donc, me dit-il, traverser les Prairies et retourner dans le Wisconsin par la rivière Rouge et Saint-Antoine de Békar et Saint-Louis? Sur mon âme, *caballero*, c'est une aventure périlleuse. Savez-vous que dans nos parages, on fait la chasse aux hommes comme on fait la chasse aux bêtes dans les forêts?

— J'aime les aventures.

— Vous serez servi à souhait; et bienheureux si vous en réchappez! Tenez, voyez-vous ce drôle qui rôde autour de ma maison : il a reconnu votre cheval attaché au pilier d'entrée, et il vient prendre note de la route que vous suivrez. C'est un espion tout bonnement. Vous trouverez autant d'embuscades que de bouquets d'arbres.

— Eh bien, nous nous défendrons.

— Rentrons d'abord votre cheval, et restez ici, si vous m'en croyez, quelques jours pour vous refaire; ensuite nous vous composerons une petite escorte, et si vous m'en croyez, vous vous servirez des indigènes, et le moins que vous pourrez des Texiens. Les Indiens, surtout les Comanches, ont l'ouïe singulièrement fine. Ce sont des gens dévoués qui seront à vous corps et âme, moyennant un fusil de chasse ou une livre de poudre. En fait de guerre, d'escarmouches et d'embuscades, ils sont incomparables. Vous verrez d'ailleurs.............

Je suivis le conseil de don José Morell, chez qui je passai une semaine fort agréable, et qui me procura les moyens de me rendre, sans danger et sans coup férir, ce que j'aimais tout autant, à la petite ville de Nacogdochès.

Il y a quelques villes d'Amérique, en petit nombre il est vrai, qui n'ont pas renoncé à leur nom primitif et indigène; ce nom, quelquefois rude et barbare à entendre, a plus de caractère et d'agrément pour moi que les Carthage bâtardes, les Rome de contrebande, les Naples et les Persépolis composées de quelques maisons de bois et égarées dans ces immenses et tristes solitudes. Nacogdochès est une de ces villes. A l'époque des Espagnols, rien de plus riant, de plus doux et de plus pastoral que cette petite cité rustique, ensevelie au milieu des arbres verts, peuplée de créoles indolents, de sauvages à l'œil fier et suave, et de descendants des conquérants du Mexique. Il ne restait plus aucun vestige de cette prospérité champêtre. Dès que j'en approchai, les cris des buveurs qui se querellaient dans les tavernes arrivèrent jusqu'à moi. La malpropreté des rues, le délabrement des édifices, un air d'oisiveté sceptique et d'indifférence ironique répandu sur tous les visages que nous rencontrions, me prouvaient assez que l'annexion du Texas aux Etats-Unis n'avait point porté bonheur à cette population naguère si gaie, si gracieuse et si florissante.

Notre arrivée à l'hôtellerie de *l'Aigle rouge* fit sensation. Nous étions recommandés par don José Morell au maître de la maison, véritable Espagnol de la race des hôteliers de Cervantes : bonne figure brune, ronde et hâlée, dont tous les traits respiraient l'intelligence et la finesse, la bonne humeur et la sagacité.

— Soyez le bienvenu, me dit-il; tous ceux que l'excellent don José me recommande sont mes amis. Ah çà, comptez-vous rester longtemps chez moi?

— Non, lui répondis-je, ces parages ne sont pas sûrs. Ce soir nous nous dirigeons sur Saint-Louis; nous aurons peut-être encore un ou deux combats à soutenir contre les maraudeurs, et tout sera fini.

— Mon avis est que vous avez raison, de par Dieu! répliqua gravement l'Espagnol. Que Dieu vous protége! Une valise dans ces pays-ci est une proie que cent chasseurs convoitent. Entre nous, señor caballero, on vous suit à la piste. Il est venu plus de dix personnes depuis trois jours nous demander si l'on vous avait vu passer. Vos doublons, vos dollars et votre beau cheval ont mis tous les bandits en mouvement. Connaissez-vous le juge Peters?

— J'ai eu l'honneur de faire sa connaissance à coups de cravache, un certain jour qu'il voulait me voler mon cheval.

— Lisez cette lettre que me fait remettre à l'instant même l'un de mes émissaires habituels, homme fort honnête d'ailleurs, et qui m'est très-utile. On est ici dans une guerre perpétuelle. Ce ne sont que ruses, embûches, entreprises, maraudages, pilleries et souvent assassinats. Tantôt les Indiens, tantôt les Texiens se forment en bandes qui battent les Prairies ou viennent nous traquer dans nos villages ou dans nos villes. Voilà, señor, la liberté dont nous jouissons. Je suis obligé de me tenir au courant des dangers que ma maison pourrait courir et des complots que trament les prétendus juges et les prétendus généraux dont ce pays maudit est peuplé. Mon émissaire est un ancien ouvrier français d'une probité éprouvée et d'une sagacité remarquable. Je l'envoie à la découverte, et ses renseignements sont toujours d'une justesse admirable. Lisez donc.

Il me remit la lettre suivante que je lus avec d'autant plus d'intérêt qu'elle me concernait :

« Le général Peters vient de recruter vingt généraux de sa trempe, et sans doute il ira loger chez vous. Il est maintenant sur la piste d'un certain capitaine Tolmer qui à ce qu'il paraît a de l'argent avec lui, et qui en traversant les Prairies jusqu'à Nacogdochès, a eu le bonheur ou le bien-joué d'échapper à deux ou trois embuscades. Prévenez cet étranger qui pourrait donner le change à Peters et le dépister en prenant une route de traverse sans que l'honorable général en fût averti. »

— Le conseil est bon, reprit l'Espagnol, dont la figure picaresque et le ton jovial m'amusaient à considérer. A trompeur, trompeur et demi; voulez-vous m'en croire ? Passez quelques heures dans la grande salle de l'auberge, faites sonner bien haut votre intention de retourner à Galveston ; donnez des ordres en conséquence ; indiquez une fausse heure de départ demain au point du jour ; vous pouvez être sûr que le brave général Peters et sa suite iront s'échelonner sur la route que vous aurez indiquée. Cependant partez ce soir sans tambour ni trompette par le chemin que je vous montrerai.

Tout cela fut exactement accompli. L'hôtellerie, pendant la journée entière, ne désemplit pas, et je la vis se peupler successivement des plus mauvaises figures du monde qui disparurent une à une pour aller m'attendre, sans aucun doute, hors des murs de la ville. Il était neuf heures quand j'allai visiter mon cheval, que je trouvai sellé ; notre hôte, le coude appuyé sur le pommeau de la selle, me dit :

— Voici le moment; il faut filer sans rien dire, à pied, s'il vous plaît. Suivez la grande rue, ne traversez pas le pont, et suivez à droite le cours de l'eau jusqu'à un demi-mille où vous verrez un épais fourré de joncs.

Votre escorte, vos bagages, que je conduirai moi-même, s'y trouveront à dix heures précises. Vite, il n'y a pas de temps à perdre ; il faut qu'on ne se doute de rien. Jouons serré.

L'Espagnol se frottait les mains d'un air de jubilation.

— *Vaya ! vaya !* répétait-il. Il y a longtemps que j'attendais ce moment-ci. Le juge Peters va donc avoir son compte réglé ! Vous serez l'occasion d'une bonne justice, et il va se passer des choses qui vous amuseront. Par Dieu ! señor, j'ai à payer une petite dette à ce gredin, et je me réjouis de cette exécution, dans laquelle vous aurez votre part. Ce sera une jolie danse, vous verrez ! Ah ! les coquins ! Ils n'auront rien perdu pour attendre ! *Vaya ! Vaya !* et dépêchons-nous !

Notre homme me paraissait si énergique, si spirituel et si sincère, que je ne doutai pas un seul instant de la vérité de ce qu'il me disait. Je laissai tout mon bagage entre ses mains et je lui obéis de point en point. Je le trouvai, au lieu du rendez-vous, accompagné d'un guide métis, fils d'un Comanche sauvage et d'une femme espagnole.

— Voici votre guide, me dit-il, entrons dans ce fourré où les Texiens n'osent point pénétrer, parce qu'il est habité en général par des jaguars très-amoureux de chair humaine quand ils ont faim. Heureusement nous sommes à l'époque de l'année où ces animaux trouvent une autre pâture que l'homme. Suivez-moi. Marchons sans crainte dans cette route, et prenez garde de tomber dans le petit lac qui est à votre droite et qui est tout rempli d'*alligators*.

Une chaloupe, cachée dans un massif de joncs, nous conduisit à l'autre rive, et prenant un sentier frayé par les Indiens, nous fîmes environ un mille à pied; après quoi, sur un coup de sifflet de notre hôte, auquel répondit un autre coup de sifflet lointain, nous vîmes arriver notre escorte, accompagnée de deux chiens énormes, presque aussi hauts de taille que de petits chevaux corses, et qui auraient suffi pour mettre en fuite toute l'armée du général-juge Peters. Ces deux animaux vinrent en rampant lécher les mains du métis, et notre hôte me serrant la main :

— Voici le moment de nous quitter, me dit-il. Ce brave garçon va vous conduire chez mon neveu don Ramon de Vigueyra, et vous verrez de singulières tragédies, je vous assure, ou si vous l'aimez mieux, des comédies assez extraordinaires que l'on jouera chez lui pour vos menus plaisirs et pour les miens. Mon neveu est aussi friand que moi de voir arriver le général Peters, et je crois que vous soutiendrez un siége en règle. Dites-lui bien de ne pas oublier de vous présenter au *marquis* et à la *duchesse ;* ce sont de grands et estimables personnages. La duchesse est coquette, le marquis danse bien; vous verrez cela. Je crois aussi que le général sera content.

Et il se frottait les mains avec son air de jubilation habituel.

— Qu'est-ce que cette duchesse ? lui demandai-je.

— Charmante créature et du meilleur ton! *Salada*, señor, *salada !* Je ne vous dis que cela. C'est une terrible amazone ; je voudrais la voir aux prises avec votre juge. Allez avec Dieu, señor, et bonne chance !

Il me serra les mains en disant ces mots auxquels je ne comprenais rien. Je le remerciai, et nous nous mîmes en route.

Le métis était à pied, les deux chiens bondissaient à côté de lui. Comme nous passions près d'un bouquet d'arbres assez touffus :

« *Anda, perro !* » s'écria ce dernier, et les deux chiens s'élancèrent d'un bond vigoureux dans des directions différentes. Au bout de quelques minutes, un hennissement sauvage retentit au fond des halliers, et bientôt nous vîmes un animal extraordinaire, les crins flottants et épars, percer l'épais fourré et s'arrêter au milieu de la route. C'était un cheval sauvage ou *mastings* que les deux chiens avaient traqué, chassé et forcé de sortir de sa tanière. Le métis sauta dessus, et se cramponnant à sa crinière, lui fit prendre le grand galop pendant que les deux chiens galopaient à côté de lui. Nous avions peine à le suivre. Enfin, après avoir voyagé ainsi à perdre haleine et fourni ce *steeple-chase* extravagant pendant à peu près deux heures, nous aperçûmes à la clarté de la lune, dans une petite éclaircie de bois, une maison carrée, de dimensions exiguës, à un seul étage, mais beaucoup plus solidement construite que la plupart des édifices de ces régions. La porte était en fer, et des volets recouverts de fer-blanc à l'extérieur garnissaient les fenêtres.

— Bien, bien, s'écria la voix d'un homme de moyen âge qui entr'ouvrit un des volets, une lanterne à la main. Je suis averti de votre venue. La *duchesse* et le *marquis* vous attendent; et nous verrons beau jeu.

IV

Une aventure au Texas. — Le siége d'une maison dans les bois. — Don Ramon de Vigueyra. — Le marquis et la duchesse.— Mort du juge Peters.

Saint-Louis, 27 août 1849.

Les incidents burlesques dont je vous ai parlé se terminèrent par un dénouement si tragique et si extraordinaire, que j'ai besoin de toute votre foi dans mes paroles et dans ma sincérité pour oser continuer le récit que j'ai commencé. *A beau mentir qui vient de loin*, dit le proverbe. Néanmoins ceux qui connaissent es régions étrangères que je viens de parcourir ne s'étonneront pas des singularités féroces que je rapporterai, sans ornements et sans commentaires.

Le guide *métis* monté sur son cheval *mastingo* et moi, nous étions arrivés vers les dix heures du soir à la maison isolée de don Ramon, neveu de l'hôtelier de *Nacogdochès*. Une négresse vint nous ouvrir la porte; cette porte de fer criait sur ses gonds d'une manière fort lugubre qui semblait nous annoncer les aventures bizarres dont nous allions être témoins. Le *mastingo* avait été remis en liberté par le métis; reprenant sa course, hennissant, les naseaux en feu, il avait reconquis avec une joie furieuse son indépendance compromise un moment. Quant à mon cheval qui était pur sang, comme je l'ai dit, et qui avait noblement fourni sa carrière aventureuse à la suite du *mastingo*, il était resté près de la porte d'entrée tout fumant et pantelant. La négresse après nous avoir éclairés alla prendre sa bride, et lui faisant tourner la maison, le conduisit à l'écurie petit bâtiment attenant à la maison elle-même.

— Prenez-en bien soin, dis-je à la négresse.

— Oh! n'ayez pas peur, nous savons notre métier; les chevaux sont bien ici, reprit l'homme qui s'était montré à la fenêtre et qui ayant déposé sa lanterne, nous introduisit dans une petite chambre carrée d'assez mesquine apparence et toute tapissée de nattes d'un fort beau travail, telles que les Péruviens et les Mexicains ont coutume de les tresser. Une mandoline antique, de forme espagnole, était accrochée à la muraille où je remarquai aussi des filets, des lignes de pêcheur, une collection de fouets et de cravaches, des pistolets, des flèches, disposés avec beaucoup d'art, un *lasso* de grande dimension et plusieurs brides et mors de formes diverses. Le métis nous quitta pour aller soigner mon cheval; et comme il refermait la porte, pendant que sur l'invitation du maître je prenais place sur une natte dans un coin de la chambre :

—Avertissez donc *Vénus* que je demande *Jupiter*, dit-il au métis.

Vénus, c'était la négresse, et Jupiter se présenta bientôt sous la forme du plus colossal personnage que j'aie jamais aperçu. Contre l'ordinaire des Africains sa chevelure n'était pas crépue, et quoique son nez fût parfaitement camard et ses lèvres très-épatées, la ligne droite que décrivait son visage depuis le haut du front jusqu'à la pointe du menton eût fait honneur à l'angle facial le plus intelligent de la race caucasienne.

— Jupiter, es-tu content? Comment va tout ton monde? lui demanda don Ramon. La *duchesse* est-elle en bon état, — et le *marquis* de bonne humeur?

— Parfaitement bien.

— On a soupé?

— Pas encore.

—Donne-leur peu de chose; ne les gâte pas ce soir, Jupiter; je leur réserve un autre repas. Qu'on ferme bien l'écurie ; que la porte du potager soit close, et que l'on prenne garde : nous aurons une alerte cette nuit. As-tu dit à John et à Pépito de se tenir en embuscade ?

— Ils sont tous les deux à leur poste, répondit Jupiter, dont les grosses lèvres s'animèrent d'un sourire intelligent et presque facétieux. Le bal est donc pour ce soir ?

— Probablement.

— Et tout est bien fermé ?

— Le diable n'entrerait pas dans la maison, et toutes les balles de ces coquins n'entameraient pas un de nos volets ou une de nos murailles.

— Eh bien ! mon garçon, aie l'oreille au guêt et fais attention au sifflet de Pépito. Que ces drôles ne nous surprennent pas.

— S'ils en échappent, reprit Jupiter en tenant la porte entr'ouverte, les coquins seront bien habiles.

— Où est le marquis ?

— Dans la petite cour.

— Très-bien !

Jupiter referma la porte.

Don Ramon de Vigueyra, que je contemplai à loisir pendant qu'il me versait d'excellent vin de Madère contenu dans une bouteille enveloppée d'osier, ne ressemblait en rien à son oncle, le joyeux hôtelier qui m'avait si galamment servi de guide. C'était un homme d'environ quarante ans, pâle, à l'œil noir doux et triste, et dont la mélancolie habituelle semblait se mêler de quelque chose de sauvage et même de farouche; un nez fin et droit, les sourcils délicats et traçant une ligne singulièrement droite et déliée au-dessus des orbites, une petite moustache aiguisée par le bout complétaient cette physionomie sévère, résolue, distinguée et passionnée dans sa tranquillité apparente. Elle n'eût point déparé la cour de Charles-Quint ou celle de Philippe II. Ses lèvres minces et le plissement de son front trahissaient la persévérante résolution d'un esprit obstiné et le souvenir ineffaçable d'une âme qui garde longtemps la mémoire de l'injure et du bienfait. Après les premières paroles de politesse et s'être informé de la santé de son oncle :

— Nous vivons ici comme des loups, seigneur *caballero*, me dit-il. Je n'ai pas de femme; je ne me suis jamais marié et ne me marierai jamais. Vous voyez là-haut, ajouta-t-il en me montrant les instruments de chasse et de pêche suspendus à la muraille, tous mes amusements et toutes mes occupations. Excepté Jupiter, Vénus, Pépito, John, le *marquis* et la *duchesse*, je ne vois à peu près personne de toute l'année que des bêtes sauvages; et par les lois de l'assimilation dont parlent vos philosophes, j'aurais dû devenir bête sauvage depuis six ans que je suis ici. Vous êtes Français, continua-t-il, et j'en suis sûr, vous n'avez pas peur de grand'chose.

Je ne lui répondis que par un sourire.

— Eh bien ! apprêtez-vous. Des nerfs un peu solides seront de mise cette nuit.

Pendant qu'il parlait, j'avais entendu des bruits confus qui, à travers les portes et les corridors, étaient arrivés jusqu'à nous; c'étaient comme des hurlements sourds, des glapissements, des gémissements et des piétinements singuliers.

— Le lieu où vous êtes, et où je vous prie de vous croire le très-bien venu, señor, me dit-il, ne me permet pas de vous offrir des jouissances bien exquises, et si mon hospitalité est un peu barbare comme ces cantons, vous ne vous en étonnerez pas. Nous sommes loin, voyez-vous, des sociétés civilisées.

— Cependant, lui dis-je en riant, señor don Ramon, il me semble que j'ai entendu parler d'un *marquis* et d'une jolie *duchesse;* ce sont vos hôtes, à ce qu'il paraît?

— Certainement. Voulez-vous voir le *marquis?* La *duchesse* est à table, nous la verrons plus tard.

— Volontiers.

Il prit un flambeau sur la table, et nous suivîmes tous deux le corridor qui faisait face à la porte d'entrée; nous arrivâmes à une espèce de cour intérieure et carrée, sur laquelle le flambeau de don Ramon ne répandait qu'une lumière incertaine. A peine étions-nous sur le seuil, qu'un énorme animal, traversant la cour tout entière avec une lourde rapidité vint appuyer ses deux pattes de devant sur l'épaule de don Ramon : c'était un ours.

A côté de lui bondissaient les deux chiens de notre escorte, ces grands chiens dont j'ai parlé, qui caracolaient dans leur joie, lui mordillant les oreilles et le lutinant de toutes manières sans que l'excellent marquis se fâchât ou s'impatientât le moins du monde.

— C'est le marquis, me dit don Ramon en donnant à son ours je ne sais quelle friandise dont ses poches étaient remplies et dont l'animal fit aussitôt son profit.

— Il est fort bien élevé, comme vous voyez ; un peu friand seulement !

Au même instant, une douzaine de chiens de la même race, — de cette race terrible qui faisait autrefois la chasse aux Indiens, s'élancèrent du fond de la cour avec des jappements effroyables qui me surprirent un peu, et vinrent réclamer du maître une part de ses faveurs qu'il leur distribua aussitôt.

— C'est une ménagerie que ma maison, me dit-il. Voilà mes sujets, et je vous affirme qu'ils sont très-fidèles.

Sur un signe et à la voix du maître, chacun de ces étranges habitants reprit le chemin de son domicile, où ils rentrèrent tous. Il referma la porte de la cour, et nous revînmes nous asseoir dans la chambre du rez-de-chaussée.

— Señor, me dit-il, dans ces déserts abominables il n'y a pas de meilleure défense que ces animaux. Avec ces gardes du corps je ne redoute ni les Indiens qui viennent mettre le feu à nos maisons, ni les brigands texiens qui viennent sans cesse nous piller, nous rançonner et nous massacrer. J'ai appris de mon nègre Jupiter et des Indiens Lépans, qui ont porté cet art à un point de perfection merveilleuse, les moyens ignorés en Europe de dompter et d'apprivoiser ces animaux. Les fameux Carter et Van-Amburgh, qui ont fait tant de bruit chez vous et prélevé des tributs si considérables sur la curiosité badaude de vos grandes villes, n'ont pas été à une autre école. Encore sont-ce des enfants dans cet art, à côté de nos sauvages et de ce grand Jupiter que vous venez de voir tout à l'heure. Il est vrai qu'il faut avoir eu ces animaux de très-bonne heure, et les avoir élevés soi-même pour être sûr de leur obéissance. Quant à moi, je m'en suis rendu maître à un point qui vous étonnera et dont vous aurez la preuve ; cela me permet de vivre ici environné de brigands et de périls de toute espèce, sans rien craindre de personne. Mais, voulez-vous souper? Voici un repas assez frugal qui vous attend sur cette petite table. A la guerre comme à la guerre, n'est-ce pas?

Je fis honneur au souper, qui était excellent, et don Ramon reprenant la parole :

— *Bien ha dicho mi tio ; hombre prevenido vale dos.* — Mon oncle a raison ; homme averti en vaut deux. Et je suis averti. Ce bon oncle! comme il arrange bien les choses! Avec son air bonhomme, c'est une tête! Nous aurons, soyez-en sûr, la visite de cet infâme coquin, le juge Peters. *Vaya ! Vaya !* comme dit mon oncle : qu'il vienne, le bandit! c'est tout ce que je demande à la *santissima madre de Dios !*

Son œil étincelait ; il reprit avec plus de calme :

— Certainement, mon oncle qui a un compte de longue date à régler avec lui, ainsi que moi, l'aura fait avertir sous main de la route que vous suiviez et de l'asile que vous trouvez ici. Il ne s'attend pas à ce que la vieille dette soit payée. Il ne connaît pas la garnison qui lui fera bon accueil ! *Ah ! calla ! hombre !*.......
Voulez-vous de ces olives, *caballero !* Ce sont des *sévillanes*. Mais j'entends Jupiter qui vous amène le marquis. Vous ferez cadeau à ce marquis du morceau de pain que voici, et dont il est très-friand ; vous serez très-bons amis tous deux !

En effet notre convive quadrupède entra précédé de Jupiter, se posa gravement devant moi sur ses deux pattes de derrière et me salua poliment.

— Que dites-vous de sa courtoisie ? Il n'y a pas d'habitant du Texas qui le vaille. *Señor marquese,* continua-t-il, votre belle est là qui vous attend. Allez ouvrir la porte, il y aura encore une belle tranche de pain pour vous !

L'animal, de sa patte gauche, poussa très-adroitement le verrou, et aussitôt une masse noire, bondissant comme par un ressort et franchissant tout l'espace qui séparait la porte ouverte de la muraille qui lui faisait face, sauta par-dessus la table où nous étions assis. C'était un beau jaguar femelle, qui se mit à détirer ses membres à la façon des chats, quand ils veulent reconnaître s'ils ont encore toute l'élasticité souple qui leur appartient. Le jaguar vint mettre ses deux pattes de velours sur la table, ses grands yeux lustrés fixés sur son maître, et de l'air le plus calme du monde attendit patiemment les caresses auxquelles il était habitué.

— J'ai l'honneur de vous présenter la *duchesse* qui n'est pas sans attraits, comme vous voyez, et que vous ferez bien de flatter tant soit peu : cela plaît toujours au sexe.

Je fis ce que don Ramon me prescrivait; et quand j'eus passé la main sur la robe éclatante de ce bel et terrible animal, le jaguar, d'un élan, vint se placer sur mes genoux avec les airs les plus patelins du monde, pendant que son compagnon, un peu jaloux, réclamait du maître ses faveurs et ses amitiés accoutumées.

— A la bonne heure! dit don Ramon, vous savez vous y prendre, et la *duchesse* est tout à fait séduite.

Comme il achevait ces mots, les chiens se mirent à japper de concert à l'extérieur, et Jupiter introduisit aussitôt un de ces animaux tout haletant et pouvant à peine se soutenir. Il portait au cou une petite boîte d'étain que don Ramon ouvrit, et qui contenait une dépêche envoyée par son oncle. Le terrible Peters et trente de ses bandits étaient lancés sur notre piste, et nous allions les voir bientôt. Don Ramon, sur les lèvres fines duquel je vis se dessiner un sourire qui me sembla tant soit peu diabolique, trempa dans un verre de wiskey un morceau de flanelle que lui présenta Jupiter, et en frotta tout le corps du chien messager qui n'avait pas perdu de temps ; il avait fait la route en moins d'une heure.

— Vous voyez, me dit-il, que je suis un bon roi pour mes sujets, et que je n'ignore à peu près rien de ce qu'il leur faut. J'aurai besoin d'eux cette nuit. Jupiter, charge-toi du marquis, j'aurai soin de la señora ; fais attention au coup de sifflet ; et vous, señor (me dit-il en me donnant une lumière), je vais, s'il vous plaît, vous conduire chez vous au premier et au seul étage de ma maison ou de ma forteresse comme vous voudrez. Le volet est troué d'une petite meurtrière d'où vous pourrez tout voir, si cela vous amuse ; mais ne l'ouvrez pas, les balles de ces bandits ne vous respecteraient pas plus que nous. Voici, pour vous aider à passer le temps, un paquet de très-bons havanes. *Buenas noches !*

La chambre où nous étions entrés, fort élégamment meublée, contenait une vieille épinette espagnole du XVIIᵉ siècle et une petite bibliothèque remplie d'excellents livres espagnols qui attestaient l'éducation distinguée et le bon goût de leur possesseur. A peine avait-il déposé son flambeau sur une petite table d'ébène à incrustations du XVIᵉ siècle, deux coups de sifflet partirent successivement des profondeurs de la

4

forêt. Don Ramon pâlit, et souffla aussitôt la bougie. Sa figure était crispée, et d'un ton plus sombre et plus bas qu'à l'ordinaire :

— Les voilà, s'écria-t-il, le jeu va commencer.

Et sans me dire un mot de plus, il ferma la porte et descendit précipitamment l'escalier.

L'obscurité était si profonde que j'eus peine à distinguer le trou pratiqué dans le volet; enfin à force de chercher je parvins à le découvrir, et j'aperçus confusément une troupe de cavaliers qui galopait vers la maison isolée. Ils s'arrêtèrent à une dizaine de pas du bâtiment, et une voix que je reconnus pour celle du juge Peters s'écria :

— Holà! ouvrez vite aux autorités du Texas! Ramon! qu'on s'éveille! Au nom de la loi, je te somme de nous remettre l'espion qui s'est réfugié chez toi! Ne me connais-tu point, coquin? Je suis Peters, le général Peters!

— Brave général (répondait don Ramon d'un ton presque humble à travers sa porte), en vérité il m'est impossible d'ouvrir. La forêt est pleine de loups et de jaguars. Je ne veux pas être dévoré par ces animaux, mon brave ami! Moi et mes gens nous y passerions, et vous aussi, général! Entendez-vous mes chiens comme ils aboient?

— Me prends-tu pour un idiot? répliqua le général en fureur; je te dis d'ouvrir, ou je mets le feu à ta cabane. Connais-tu Peters? Sais-tu qui je suis?

— Peters est un gueux, répondit tranquillement don Ramon. C'est un infâme, et si mes chiens ne le mettent pas en pièces, je le pendrai de mes mains à cet arbre-là.

— Ah! c'est comme cela! attention, camarades, tirez aux fenêtres! feu!

Une douzaine de balles vinrent frapper innocemment le métal dont les volets étaient garnis, et aussitôt la chute d'un objet pesant se fit entendre à l'extérieur. Impossible de vous donner une idée du reste de la scène. Les cris et les imprécations des assaillants, les hennissements furieux des chevaux et le galop précipité de ceux qui s'échappaient nous révélèrent seuls les particularités du drame étrange qui se passait et dont les ténèbres profondes nous dérobaient l'horreur. S'élançant d'une fenêtre et à la fois, l'ours et le jaguar étaient tombés sur ces messieurs. Presque aussitôt, la porte principale, qui s'était ouverte, avait lâché sur eux la meute affamée des chiens de don Ramon, terribles adversaires qui pourchassaient à travers les bois, dans toutes les directions, hommes et chevaux. Une lutte affreuse, ou plutôt un massacre que Salvator Rosa, Rubens ou le Caravage auraient aimé à reproduire ou à imaginer, eurent pour théâtre l'épaisseur de ces bois séculaires d'où arrivaient jusqu'à nous dans une épouvantable confusion les cris d'agonie des bandits déchirés et ceux des bêtes féroces qui les mettaient en lambeaux. Il nous fut impossible de savoir si quelqu'un des soldats était parvenu à sauver sa vie ; mais nous apprîmes quelque temps après que le noble général Peters avait complétement disparu de Galveston et de Houston, les deux cités qui se disputent le titre de capitale du Texas.

Ce terrible drame auquel nous n'avions pris qu'une part lointaine et passive avait duré un quart d'heure tout au plus. Je descendis, et je trouvai don Ramon, la figure grave et triste et l'œil étincelant, qui donnait des ordres pour que l'on effaçât les traces des balles et que l'on fît disparaître des alentours de la maison tous les vestiges de la tragédie sanglante qui m'avait laissé, je l'avoue, un frisson de terreur invincible et une impression de gêne inexprimable. Don Ramon, qui voyait ce qui se passait en moi, se retournant de cet air mélancolique et austère qui va si bien aux hommes de sa race et de sa nation, me dit alors :

— Je respecte, señor, vos sentiments et vos délicatesses ; je les devine sans peine. C'est horrible, j'en conviens, mais c'est juste. Dieu l'a voulu. Voilà six ans que j'attends cette vengeance. Vous saurez... vous saurez... Voyez-vous, señor, ce n'est pas un voleur que nous avons puni, c'est l'homme (ajouta-t-il d'un ton plus bas) qui a tué ma sœur et brûlé mon père vivant, celui qui a tué toute ma famille. Ces piliers de cabaret mangeraient leur père pour un broc de vin ou un cent de cartes. Oui, la vengeance est juste..... et vous le saurez plus tard. Allons prendre du repos, nous en avons tous besoin. Demain je vous donnerai les détails de l'aventure affreuse où il y a six ans ce misérable a joué le principal rôle, qui m'a enlevé tous les miens, et qui m'a forcé de venir ensevelir ma douleur dans cette triste solitude, au milieu d'animaux sauvages moins odieux et moins cruels que les bêtes féroces à demi civilisées. Demain, à déjeuner, je vous dirai cela. C'est un récit curieux, plein de faits inconnus de l'Europe, ignorés des voyageurs, qui faute de vivre dans l'intimité des races et des familles, ne peuvent ni les connaître ni les comprendre.

V

Le sorcier d'Hufeisen-Bucht. — Van Putten, d'Amsterdam. — Un autre Robinson. — Mœurs domestiques de la Nouvelle-Écosse. — Comment l'on vit à Lunenbourg.

Saint-Louis, 10 septembre 1849.

Je vous vois d'ici vous gendarmer contre l'excentricité de mes récits. Vous avez raison. Les apparences ne me sont pas favorables. Si j'inventais ces histoires, si ce n'étaient pas de vrais tableaux de mœurs, que vous pouvez retrouver, dès que cela vous plaira, dans le *Picayune* de la Nouvelle-Orléans, dans les feuilles de New-York et de Boston, ainsi que dans les voyages de Sharp, d'Halliburton, de mistriss Trollope, et de Mackay, vous auriez raison de vous impatienter de mes prétentions mélodramatiques. Mais je n'ai, vous le savez, aucune prétention semblable. C'est tout bonnement le monde lui-même qui est fait ainsi. Ces terribles scènes dont les journaux américains vous donnent tant d'exemples, je ne les ai ni exagérées ni colorées; les choses étranges sont vraies si souvent, et les choses vraisemblables si peu réelles! Qu'on essaie d'écrire si l'on peut ce qui se passe à présent chez les Lapons qui traduisent George Sand et chez le brave roi Honolou-lou qui met des culottes rouges avec des souliers de satin, sans bas.

Je ne suis donc qu'un simple référendaire, et je vais effacer, autant que je le pourrai, le romanesque et le pittoresque des récits suivants. Vous savez que don Ramon de Vigueyra m'avait promis l'explication de cette exécution nocturne où le juge Peters avait laissé la vie, à peu près comme les martyrs chrétiens, sous la dent des bêtes féroces. Il me tint sa parole, et le lendemain, à déjeuner, après m'avoir montré sa ménagerie dans le plus grand détail :

— Vous avez vu dans l'arrière-cour, me dit-il, deux beaux chiens de Terre-Neuve que je n'ai pas fait donner hier quand j'ai lâché mon armée sur ces coquins qui voulaient nous faire à tous un mauvais parti? Ce sont de superbes animaux, utiles surtout pour mes

expéditions de chasse et de pêche, et que je réserve
avec d'autant plus de soin qu'ils viennent de Terre-
Neuve même et que mon père les a élevés. Il habitait
avec ma mère et deux domestiques noirs, précisément
l'autre extrémité de l'Amérique, ce qu'on appelle la
Nouvelle-Écosse, un pays perdu, où les événements
de sa vie l'avaient poussé. Singulière colonie que celle-
là! bien pauvre, bien peu connue, bien négligée surtout de la métropole, et habitée par de braves gens,
nos contemporains, qui sont du xve et du xvie siècle
plutôt que du nôtre. Comment mon père était venu
s'y acclimater, ce serait trop long à vous dire, comment se fait la vie et comment va-t-elle? Il avait
servi à titre d'officier de marine et porté les armes
dans la guerre de l'indépendance mexicaine. C'était,
à l'époque où je commençais à ouvrir mes yeux d'enfant, un homme de quarante et un ans, plus robuste
que je ne suis, le teint beaucoup plus blanc, les cheveux presque blonds, et d'une étonnante adresse dans
tous les exercices du corps. Il savait plusieurs langues, et je crois bien qu'il avait occupé quelque rang
distingué parmi ces hardis corsaires qui du temps
de Napoléon, abrités par les écueils qui environnent
l'île de Cuba et les Philippines, s'étaient rendus maîtres, en dépit des Américains, du golfe de Mexique et
des mers voisines. Dès que le clairon de la guerre de
l'indépendance se fit entendre, il quitta son métier de
pirate, et alla offrir son bras à ses frères. On l'accepta,

et comme à l'ordinaire, on fut ingrat. La guerre terminée, il épousa la fille d'un consul danois, Johanna Süvern, qui lui avait inspiré une passion vive. Je ne puis décrire, ne voulant faire ni le romancier ni le poëte, la singulière beauté de ma mère qui se trouva bientôt en butte aux séductions de ces officiers et généraux péruviens qui se disputaient le pouvoir. Cela valut à mon père un ou deux duels dont il se tira, comme toujours, à son avantage; mais le dégoût de ces caricatures de république ne tarda pas à le reprendre et après avoir passé quelque temps dans une petite propriété qu'il avait achetée à Tampico, où il eut l'occasion de voir et de pratiquer les indigènes, il réalisa sa fortune et partit pour les États-Unis, puis pour la Nouvelle-Écosse. Ce fut là que le hasard lui indiqua une acquisition des plus avantageuses : mille acres de terrain fertile, de bois, de terres labourables, de cours d'eau, avec bâtiments, le tout pour une somme minime et annuelle. Cette situation charmante près de la rivière de la Haive, sur le bord de l'Atlantique, lui offrait une retraite bien autrement pittoresque que celle où je vous donne aujourd'hui une si bizarre hospitalité. Ma mère surtout désirait cette acquisition, bien que les histoires les plus étranges courussent dans le pays à propos de cette localité où personne ne voulait plus résider. Mille récits fantastiques avaient donné à Hufeisen-Bucht (la baie du fer à cheval), une sorte de gloire peu désirable qui n'avait pas peu contribué à discréter le domaine. Le fait est que personne n'osait y mettre le pied. Les contrebandiers seuls et les voleurs, moins superstitieux que les autres, venaient cacher leur butin dans les criques et sous les promontoires. C'était un lieu maudit que cet endroit délicieux, cet Hufeisen-Bucht (fer à cheval) en effet composé de sapins, de cèdres d'Amérique, de mélèzes et d'érables s'échelonnant sur une pente douce et laissant au bord de la mer un espace demi-circulaire semé d'un sable fin, étincelant de mica, et terminé par une pelouse du plus beau vert.

Les populations voisines, laborieuses et pauvres, sont étrangement superstitieuses. Ce sont des débris de colonies émigrantes, Hollandais et Allemands, venues à diverses époques se fondre dans la population française et anglo-saxonne des premiers colons. Leur silence, leur persévérance, leur attache obstinée aux traditions des ancêtres, la vie de Delft et de Rotterdam importée par eux dans les solitudes primitives, le costume des vieux Frisons et des bourgmestres de Bréda, conservé religieusement dans leurs fermes de la Nouvelle-Écosse, ont fourni d'agréables et fidèles peintures à un romancier de ces derniers temps, Washington Irving, avec lequel je ne prétends pas lutter. Ces gens-là sont d'un égoïsme naïf qui ne témoigne d'aucun raffinement social, mais qui n'en est pas plus agréable. Les villes sont petites et en petit nombre. Il n'y a ni villages, ni hameaux, ni bourgades ; à peine quelques groupes de familles disséminées à travers la campagne. L'individualité dans toute sa force et dans sa suprême beauté règne sur toute cette côte. Pas de liens, aucune dépendance mutuelle ; on songe à soi, et voilà tout. On ne se frotte pas à l'esprit des autres ; on n'en craint rien, on n'en espère rien ; on ne s'instruit de rien, et l'on reste enveloppé dans sa croûte depuis le berceau jusqu'à la mort.

Il est curieux de trouver des mœurs si sauvages et si antiques dans des contrées où la civilisation est d'hier. Halifax fut construite en 1749. En 1753 deux mille Allemands et Hollandais vinrent fonder et habiter Lunenburg ; plus de la moitié périrent de faim et de misère ; les restes de ces pauvres gens s'y maintinrent de leur mieux et y vivent aujourd'hui comme on vivait vers l'an 1400 en Franconie et à Groningue. Ce que j'ai à vous raconter vous donnera quelques notions sur la vie singulière de ces solitudes, et justifiera pleinement la terrible exécution de cette nuit.

Certains événements récents qui s'étaient passés à Hufeisen-Bucht expliquaient la terreur qu'inspire encore ce nom seul aux habitants de Lunenburg. Le dernier propriétaire, un Hollandais d'Amsterdam, nommé Van-Putten, y avait péri d'une mort sanglante avec toute sa famille. Comme mon père, Van-Putten avait trouvé délicieux l'aspect d'une multitude de petites îles verdoyantes semées à l'embouchure de la rivière, et comme lui, il s'était empressé de devenir à si bon compte roi de ce domaine enchanté; sa femme et deux grandes filles l'y suivirent. Avec quel orgueil il se qualifia de seigneur suzerain de ·Hufeisen-Bucht et transforma ce nom trop vulgaire en celui plus sonore de Van-Putten-Schloss (forteresse Van Putten)! On dit qu'il était admirable d'importance magistrale, ce bon Van-Putten, et les habitants de Shelburne et de Lunenburg ont gardé le souvenir des grandes basques hollandaises qui battaient ses cuisses, de ses boutons d'acier rayonnants, de son silence superbe, de ses pipes interminables, et de l'interminable jouissance qu'elles lui donnaient, mais surtout de la catastrophe qui réduisit tout ce bonheur en fumée et termina son existence.

Ce sont là des détails singuliers sur lesquels je ne m'arrête que pour combattre et détruire dans votre esprit de voyageur curieux l'idée absurde qui vous présente toujours l'Amérique comme une contrée homogène. Il y a vingt Amériques ; on peut sans se tromper juger le pays de vingt diverses façons. « Les gens des États-Unis (dit madame Troloppe) poussent la grossièreté jusqu'au sublime; » et elle a raison. « Leur courtoisie envers les femmes (dit M. Forster dans son voyage récent) les place au-dessus des nations d'Europe les plus civilisées; » et cela est vrai. A Boston, fumer dans les rues est défendu. A la Nouvelle-Orléans on se permet bien pis que cela. Notre Texas est peuplé de juges à la façon de Peters et de généraux à la façon de Mandrin; la Nouvelle-Écosse, dénuée de ces grandes aventures et de ces superbes bandits, est en revanche la patrie des spectres, des fantômes et des terreurs. Dans ce pays, prodigieusement vaporeux, si l'on vit en paix avec les humains, on fait mauvais ménage avec les morts. On y est un peu plus stupide sans y être plus moral.

Je reviens à Van Putten qui avait exploité et habité le Hufeisen-Bucht avant mon père. Il s'y trouvait fort bien. Cette solitude opulente et silencieuse charmait son cœur hollandais. Il y poussait des bouffées de fumée de pipe à ravir tous les Van Ostade du monde, et son teint rose fleurissait à vue d'œil. Un vieil habitant m'a raconté que cet orgueil et ce ravissement de propriétaire, se confondant avec ses habitudes germaniques, en avaient fait un singulier personnage : jamais il ne quittait sa femme sans la saluer profondément jusqu'à terre, sa grande canne à la main. Dans une solitude digne de Robinson il avait acclimaté l'étiquette d'un conseiller aulique de Frankfort-ober-Mein. Vous retrouverez encore de tels originaux, si vous visitez Halifax, Terre-Neuve et cette vieille Acadie, que vos Normands ont fondée. C'était par le même sentiment de grandeur féodale si étrangement importé au fond des bois qu'il se faisait suivre dans ses promenades matinales par un petit valet de ferme portant un immense hanap rempli de bière, et sculpté jadis à Nuremberg. Cette grande étendue de terrains, de forêts, de prairies, et même ces flots de la mer qui semblaient devenus ses esclaves, lui apportaient une volupté profonde qu'il savourait à longs traits en dégustant la liqueur faite avec son propre blé. Nulle race (et les communistes allemands n'ont qu'à se tenir pour avertis) n'est entichée de l'esprit de propriété autant que la race teutonique : notre propriétaire restait des demi-journées entières assis sur *son* promontoire, *son* hanap en main, et contemplant *son* horizon avec tendresse, pendant que l'oiseau de proie tournoyait sur sa tête, et que des milliers d'insectes lumineux épars au front des bois lui indiquaient l'étendue de sa monarchie.

Un soir cependant, comme enseveli dans la conviction de cette majesté de propriétaire, il avait laissé le soleil se coucher sous les vagues ; il lui sembla que les crêtes des divers promontoires dont la côte est dentelée s'animaient d'un spectacle nouveau et inexplicable. C'étaient des feux rouges sur lesquels apparaissaient des ombres noires qui s'évanouissaient bientôt ; ces lumières se répandaient comme autant de signaux phosphoriques, à des intervalles réguliers.

— *Gut gott !* qu'est-ce que cela peut être ! s'écria-t-il.

Il crut d'abord à de la magie, en véritable Allemand qu'il était. C'étaient tout simplement des indigènes de la baie des Miamis qui rendaient visite à leurs morts endormis sur ces rivages. Ils étaient alors en paix avec l'Angleterre, et l'on avait enterré le tomahawk en grande cérémonie. Mais c'était une paix fort peu sûre; ils se souvenaient toujours de la guerre d'extermination qu'on leur avait faite, et que l'Angleterre, pour arrêter leurs déprédations, n'avait pas inventé de meilleur moyen que de mettre leur tête à prix; trente livres sterling par sauvage vivant, vingt-cinq livres par chevelure de guerrier : excellent moyen, comme vous voyez, de s'en faire des amis. D'ailleurs vos Français leur avaient appris que les Anglais, les Allemands et les Hollandais sont précisément ces mêmes juifs qui ont crucifié le Sauveur. Tels étaient les redoutables voisins qui à des intervalles périodiques revenaient saluer les ossements de leurs pères et visiter les promontoires où dorment encore aujourd'hui les cendres de leur race.

Les ombres dansantes et voltigeantes que notre Hollandais avait aperçues venaient de remplir ce devoir funèbre; elles ne laissèrent pas que de lui inspirer quelques doutes sur l'utilité et l'agrément d'un pareil voisinage. Son intelligence n'était pas vive, mais il avait du cœur. Il alluma sur la pointe même qu'il occupait un feu en réponse aux signaux des sauvages qui ne manquèrent pas de pousser de grands cris pour reconnaître son appel et qui le lendemain rendirent à Hufeisen-Bucht et à son seigneur une visite solennelle. Le sachem qui conduisait la députation était un vieillard grave, à barbe blanche et à longs cheveux formant un nœud sur le haut de la tête. Il commença une danse armée, suivie d'un beau discours auquel le Hollandais ne comprit rien. Van-Putten y répondit néanmoins par une harangue tout aussi belle en *plattdeutsch,* qui dura une heure, que le sachem ne comprit pas davantage et écouta tout aussi gravement. Le plus clair de l'affaire, c'est que dans la main de Van-Putten un énorme pistolet d'arçon avait brillé d'une manière assez menaçante, et que le tomahawk du sachem avait aussi décrit plusieurs tours au-dessus de la tête du Hollandais. On se salua cérémonieusement, et tout fut dit.

C'était un malheur que Van-Putten ne comprit pas la langue de ces tribus sauvages du Nord. Il aurait su que le sachem, par sa harangue dansée et parlée, lui enjoignait avant tout de ne pas commettre de sacrilége en troublant *les os* des anciens. Il n'aurait pas ignoré qu'une partie de ces précieux débris reposaient dans son domaine même, à l'ombre de certains arbres magnifiques que le sachem lui avait montrés du doigt, sans que Van-Putten sût ce qu'il voulait dire.

Ce dernier faisait pour s'arrondir un assez joli commerce de bois cordé, commerce facile à cause de l'extrême abondance des forêts voisines, et fort lucratif à cause du bon marché des frais de transport. Van-Putten avait construit un bateau pour cet usage, et il le dirigeait fort habilement. Malheureusement, quelques semaines après, il s'avisa de toucher aux arbres sacrés, et le lendemain même, revenant de sa grande promenade seigneuriale, il trouva ses arbres brûlés, ses plants déracinés, sa femme et ses deux filles massacrées; la maison seule avait été respectée, parce que les Français, alliés des Miamis, l'avaient construite.

Van-Putten perdit la tête : il y avait certes de quoi. Le pauvre homme se pendit. Pendant dix années, les Miamis restèrent maîtres de leurs cimetières, et les saumons et les truites, les daims, les ours, les renards et les loups pullulèrent à loisir dans des eaux et des forêts que le pêcheur et le chasseur n'osaient plus explorer. Les gens des fermes et des côtes voisines étaient si effrayés, que le squelette du pendu resta balancé au battant de la grande cloche qu'il avait choisie pour sa propre exécution, sans que personne vînt le dépendre. Les Indiens n'avaient rien volé. Les contrebandiers américains, et entre autres ce scélérat de Peters, dévalisèrent la maison. Ils ne pouvaient trouver d'endroit plus favorable à leur commerce que ce petit havre, au sein duquel on ne pénétrait qu'en passant sous des arbres épais, dont le feuillage cachait un accès sinueux et obscur par lequel on arrivait jusqu'à la berge, en face de la maison.

Mon père ne s'inquiéta ni des bandits ni des fantômes, encore moins des sauvages, dont il connaissait les mœurs et la langue. La terrible réputation de l'Hufeisen-Bucht lui semblait une excellente garantie contre les *trappers* et les mauvais sujets du pays. Il se hâta d'obtenir sa concession et fit du domaine et de la maison la plus délicieuse retraite du monde. La singularité de mon ameublement vous a sans doute étonné : ce n'est rien auprès des bizarres contrastes de la maison paternelle. C'était une ferme-château à deux étages, que les colons français avaient construite en forme de T, le grand jambage formant une vaste salle oblongue, salle de repas et salon, et le trait horizontal, composant un autre corps de logis réservé à la cuisine, aux étables et aux soins domestiques. Un petit porche rustique de fort bon goût se trouvait placé en avant; il représentait la barre inférieure du T, et conduisait à la grande salle, percée de trois fenêtres qui ouvraient au midi. On lisait le nom d'Etienne Latour gravé sur une table de pierre, en face du péristyle. C'était lui qui avait reçu du roi de France la première concession de ces 1,000 acres fertiles sur les deux bords de la rivière la Haive. Personne ne vint nous troubler dans notre établissement. Les habitants de Lunenburg et de Shelburn ont peu de goût pour les envahisseurs. Ce fut sous cet aspect que mon père s'offrit à eux.

L'agrément de ses manières et la réserve polie qui se mêlait à sa courtoisie gracieuse accrurent les sentiments de méfiance qu'il inspirait. Les braves fermiers et bûcherons des alentours n'avaient rien connu qui lui ressemblât. Ses doublons espagnols, qu'on appelle dans le pays *spanish Joës*, et qu'il répandait d'une main assez libérale, prouvaient qu'il n'avait besoin de personne. Où les avait-il gagnés? Comment les possédait-il? Nul ne pouvait le dire. Ses voisins ne frayaient pas avec lui. En revanche, les tribus indiennes, à dix lieues à la ronde, professaient la plus haute vénération pour le « père de la baie verte ; » c'est ainsi qu'ils le nommaient. Un petit navire qu'il avait construit filait le long des côtes dangereuses de ces parages avec une rapidité et une sûreté dont tout le monde était surpris. Prédire les mauvais temps, annoncer le retour des brises favorables, séduire et attirer les Indiens, devenir leur ami et presque leur maître, se suffire et se passer de tout le monde, c'étaient là des qualités et des mérites que les superstitieux Teutons attribuaient volontiers à de secrètes accointances avec les pouvoirs invisibles; et quand la grande cloche suspendue par Van-Putten à la voûte de la salle principale sonnait à grandes volées et faisait pénétrer son lointain murmure à travers les feuillages des bois solitaires, on était fort tenté de croire que le propriétaire nouveau de l'Hufeisen-Bucht convoquait ses alliés. On l'aimait peu ; on le redoutait singulièrement, et on le respectait beaucoup. Vous savez, ajouta don Ramon avec un de ses tristes sourires, que si l'humanité protége quelquefois ce qu'elle aime, elle respecte bien davantage ce qu'elle craint.

Ce qui contribuait surtout aux superstitieuses terreurs dont l'Hufeisen-Bucht s'environnait, c'était la présence chez nous de deux êtres de sexes différents, peu communs dans ces parages. Caton (c'était le nom de l'homme, nègre de petite taille, déjà vieux, aux cheveux blancs, aux longs bras musculeux) portait une jaquette faite de peau de phoque, maintenue par une ceinture rouge où pendait une gibecière en fourrure et un grand couteau américain. Ses cheveux crépus se dressaient en épis blancs sur sa tête d'ébène, et retombaient par derrière et sur le front en petites mèches roides qui ressemblaient à des glaçons. D'énormes anneaux de cuivre ornaient ses oreilles, et une ouverture assez large, pratiquée dans le cartilage du nez, annonçait que jadis un troisième anneau avait occupé cette place. Une amulette suspendue à son cou et son tatouage verdâtre complétaient cet effrayant costume. Aucun Allemand de Lunenburg n'aurait voulu adresser la parole à Caton ou à sa femme, mère de ma négresse Vénus qui nous sert à déjeuner. En vain les savants et les puritains de Lunenburg redisaient à leurs voisins ce que répètent tous les jours les colons de la Floride, que ces Africains sont des hommes de la race de Caïn, prédestinés à rester noirs pour servir d'esclaves à la race de Sem et de Japhet. Cette explication ne satisfaisait personne. Ce qui restait certain, c'est que jamais à Schelm ou à Zutphen on n'avait vu rien de tel ; et la conclusion rigoureuse, c'est que mon père était un sorcier. »

VI

Fin du récit de don Ramon Vigueyra. — Le colporteur assassiné. — Départ. — Voyage dans les prairies. — Les Comanches. — Saint-Louis. — La prairie brûlée. — État actuel, population, industrie et avenir de Saint-Louis.

Saint-Louis, le 20 septembre 1849.

Don Ramon continua ainsi : « Ma jeunesse s'était écoulée paisible dans l'étrange solitude dont je vous ai parlé. J'y avais vécu fort heureux, et j'étais devenu assez bon chasseur, tireur adroit, habile à conduire une barque, à tuer un daim ou même un ours, et voilà tout. C'était bien la meilleure éducation que l'on pût me donner dans le pays où j'étais destiné à vivre. Ma sœur Teresa grandissait et devenait jolie ; nos bons amis les sauvages nous apportaient périodiquement de jolis cadeaux, et nous vivions comme le bon père Evandre dont parle votre Virgile. La concession faite à mon père avait dérangé les *Smugglers* auxquels les récifs et les cavernes de la côte offraient depuis longtemps de favorables retraites. Péters était, de leur bande, un des plus jeunes, des plus paresseux et des plus rusés. Ce drôle, auquel mes chiens de chasse ont donné son exeat définitif, ne s'appelait point Peters; son vrai nom était Daniel Doyle. Digne fils d'un Irlandais transporté à Botany-Bay pour vol, *burglary*, je ne sais comment il était arrivé fort jeune à New-York, où il avait été petit clerc chez un homme de loi, ce qui l'autorisait évidemment à se faire juge. Il avait fini par trouver son nid dans une société de flibustiers de second ordre, qui infestaient les limites du Canada et du Maine, revendant ici ce qu'ils avaient volé là, et tâchant d'introduire en fraude dans les colonies anglaises les marchandises prohibées. Leur habitude, depuis la mort de Van-Putten, était de mettre à profit pour leurs expéditions frauduleuses les ressources nombreuses et excellentes que leur offrait le havre d'Hufeisen. Leur faire la guerre tout seuls eût été folie. Les Indiens nous aidèrent. Leurs huttes éparses à peu de distance formaient autour de nous un rempart redoutable; toutes les fois que les petites embarcations des *Smugglers* paraissaient au large, on entendait retentir le long cri de guerre des sauvages, et le bugle américain de mon père leur répondait. Au son de ce bugle, dont les accents glapissants et tristes se font entendre à de si grandes distances, on voyait, du milieu de la neige au cœur de l'hiver, ou du sein des bois épais et verdoyants pendant l'été, sortir deux ou trois cents hommes armés qui n'auraient pas laissé debout un seul des compagnons de Peters.

Ils disparurent donc et nous laissèrent libres; nous n'aurions plus songé à eux si ce Peters ne fût revenu de temps à autre chasser nos daims et couper les arbres de nos bois. Une étrange convoitise s'était emparée de ce drôle; il avait trouvé de son goût ma sœur Teresa, et il essaya tout simplement de l'enlever, aidé par deux de ses honnêtes camarades. Nous fûmes appelés par ses cris, et le nègre Caton, dont je vous ai parlé, accourant avec mon père, gratifia le coquin d'une des meilleures volées de bois vert qu'un être humain puisse recevoir, puis le jeta à la mer, où il plongea de son mieux, et regagna son bateau comme il put.

Quelque temps après, Caton et sa femme ne suffisant plus à notre service, nous cherchâmes un jeune domestique pour les aider.

Mon père en fit demander un à Lunenburg et à Shelburne. Personne ne voulut venir. Après deux mois de recherches et de sollicitations, nous parvînmes enfin à nous procurer un petit garçon, presque idiot, fils d'un soldat anglais qui allait partir pour les Indes Occidentales. On eut beaucoup de peine à décider William, tant il avait peur de nous et de nos maléfices; car il était bien convenu que nous étions sorciers. Enfin il vint remplir son poste. Deux ou trois fois il essaya de fuir, et de s'embarquer sur quelques-uns des navires qui abordaient la côte. Personne n'osait le prendre à bord ni braver la colère et le ressentiment du sorcier d'Hufeisen-Bucht.

Un matin cependant il se jeta à la nage dans la rivière de la Hayve, atteignit le rivage, se mit à courir à travers les bois, et finit par arriver à la ville. Nous n'eûmes de ses nouvelles que quinze jours plus tard. Nous le vîmes débarquer dans le petit havre de Hufeisen, accompagné de plusieurs officiers de justice et de trente soldats. Ce garçon accusait de meurtre mon père, que l'on venait arrêter.

La veille même de la fuite de William, un de ces colporteurs qui parcourent, en vendant des rubans et de la toile, tous les sentiers perdus de ces solitudes, était venu avec un officier de marine demander asile à mon père. Il avait passé la nuit sous notre toit, et il était reparti le matin. Depuis cette époque, on ne l'avait pas revu. Voici le récit de William qui servait de base à l'accusation :

« Mon père était revenu de la chasse, disait-il, un peu après huit heures du soir; on avait envoyé le colporteur se coucher vers neuf heures dans une petite chambre attenant à l'étable. L'officier de marine et mon père étaient restés dans la grande salle jusqu'à près de minuit occupés à fumer et à boire, pendant que lui, William, était resté accroupi auprès de l'âtre. Il les avait entendus, disait-il toujours, raconter une foule d'histoires sanglantes, récits de corsaires, de siéges et de batailles, et spécialement la mort tragique de Van-Putten, ancien propriétaire de notre maison. Tout cela l'avait si fort effrayé, qu'il avait passé la nuit dans des rêves épouvantables qui l'éveillèrent en sursaut. Vers les trois heures du matin, comme il sommeillait encore à demi, toujours auprès de l'âtre qui jetait quelque lumière incertaine, ses yeux se rouvrirent, et par la porte d'entrée qui s'entrebâillait il vit distinctement sortir deux hommes emportant un cadavre, celui du colporteur, remarquable par ses proportions athlétiques. Les pieds étaient liés par une corde. Un manteau recouvrait les bras et les épaules. Les clartés vacillantes qui sortaient du foyer éclairaient la peau blanche et les longs cheveux noirs du colporteur, dont cependant, ajoutait-il, il n'avait pu reconnaître la figure et les traits. Il était bien certain que l'homme qui tenait les pieds du mort était mon père ; l'autre, qu'il n'avait jamais vu, avait la tournure et portait le costume d'un matelot. Muet de terreur, il avait entendu la neige craquer sous les pas des deux meurtriers, et le sifflement sourd du traîneau qui les emportait loin de la maison. Il était resté anéanti à la même place, et n'était revenu à lui qu'au moment où son maître, lui frappant sur l'épaule, l'avait éveillé pour lui dire de jeter du bois dans le feu et d'aller avertir dans sa chambre l'officier de marine.

Peu de temps après, le nègre et la négresse étaient venus préparer le déjeuner. Mon père et l'officier s'étaient hâtés de partir pour la chasse. » — « Qu'est devenu notre colporteur d'hier au soir? » avait demandé ce dernier à mon père. — « Il est parti, de très-grand matin, pendant que William dormait comme un grand paresseux. » — Les deux chasseurs disparus, William avait quitté la maison, cherché les traces du traîneau, avait suivi le sillon tracé par sa course jusqu'au bord de la mer ; et là, l'empreinte récente d'un corps déposé sur la neige, des pas nombreux qui l'avaient foulée, et une large ouverture pratiquée à coups de hache dans la glace avaient frappé ses regards. Il ne doutait point que le corps du malheureux n'eût été jeté dans ce trou. » Telle était l'accusation portée contre mon père, qui fut conduit à Lunenburg sous bonne escorte et que j'y accompagnai. Le procès ne fut pas long. Tous ces braves fermiers et bûcherons hollandais et allemands trouvèrent que c'était là une excellente occasion de se venger du sorcier espagnol. Cette crédulité folle, qui transformait la maison patriarcale de mon père en une caverne de magiciens, fit de son arrivée à Lunenburg une espèce de triomphe populaire. La haine et la crainte qu'il inspirait furent singulièrement envenimées, quand ce drôle, qui se faisait appeler le capitaine Peters, ajouta que, le matin même de l'assassinat, occupé à pêcher le saumon à la façon des Indiens, par une ouverture pratiquée dans la glace, il avait reconnu les deux meurtriers. Corroborant ainsi la version de William, il prétendit avoir vu du rivage les deux hommes qui lançaient le cadavre à la mer. La déposition du nègre Caton, sorcier comme nous, fut comptée pour rien. Un jury, quand il est composé d'hommes ignorants et prévenus, est le plus redoutable des tribunaux. Mon père, malgré le résumé favorable du juge, fut déclaré *coupable* à l'unanimité des voix; on le conduisit dans sa geôle, mauvais corps de garde fait de sapin. Le plancher était de bois et le toit se composait de trois ou quatre planches assez mal jointes qu'il fit éclater d'un coup de poing. J'avais le mot, et pendant qu'il sautait du toit sur la terre, je renversai le factionnaire, pauvre fermier des environs, dont je fichai en terre la baïonnette, le laissant enroulé comme un mort dans les plis de son manteau.

Il vous semble étrange, n'est-il pas vrai, que la justice soit ainsi rendue, et que ses sentences aient si peu d'effet. Comment voulez-vous qu'il en soit autrement? L'Angleterre s'occupe peu d'une colonie éloignée qui ne rapporte pas de grands bénéfices. On la laisse aller comme elle peut.

Personne ne doutait que le magicien n'eût employé son art redoutable pour échapper à ses geôliers; pendant que mon père allait demander refuge aux Indiens ses amis, je courus avertir ma mère. La frayeur du pauvre idiot William n'avait pas été dénuée de causes apparentes. Un paquet de fourrures roulé de manière à présenter à peu près la forme d'un corps, avait été, le matin même, emporté par un patron de barque que mon père avait chargé de le faire parvenir à sa destination. Les fourrures étaient retournées, le poil en dedans ; et empaquetées dans un manteau dont mon père, après avoir conduit le paquet jusqu'à la barque, devait envelopper ses épaules, elles offraient le simulacre d'une chevelure noire et d'une peau humaine. On avait marché doucement pour ne pas réveiller l'officier. Enfin le trou pratiqué dans la glace avait servi à un genre de pêche hivernale que nos amis les sauvages nous avaient enseignée et dont les résultats sont toujours fructueux. Ce garçon, épouvanté de ce qu'il avait vu et imaginé, s'était mis à fuir; puis il avait rencontré dans le bois Peters, auquel il avait raconté son histoire matinale, et qui l'avait engagé à passer la rivière et à se rendre à Lunenburg pour faire sa déposition sur le crime.

Qu'était devenu le colporteur? Il ne reparaissait pas. La vérité était que cet homme avait quitté avant l'aube notre maison en nous dérobant un gobelet d'argent, et que le scélérat de Peters, qui l'avait rencontré à deux mille de là, l'avait assassiné de sa main pour le voler. On retrouva le cadavre sous la neige deux mois après.

Ma mère était restée avec moi dans notre domaine. Dès que j'appris par un Indien que le colporteur était retrouvé, je me hâtai de me rendre à l'endroit qu'il m'indiquait. Hélas ! au moment où nous rapportions les débris du colporteur, le spectacle de notre maison incendiée frappa nos yeux. Peters, escorté de sa bande, l'avait envahie et s'était emparé de ma mère et de ma sœur. Je ne vous raconterai pas les horribles scènes qui se passèrent ni l'orgie dont Peters fut l'instigateur. Après l'orgie, ils mirent le feu à notre domaine et remontant dans leur barque, ils cinglèrent vers le Maine. Le dernier coup de pistolet que tirèrent ces brigands tua mon père sous mes yeux. Pour moi, réalisant tout ce que je pouvais recueillir, j'ai fui ces abominables rivages et traversant presque tout le diamètre de l'Amérique, je suis venu m'établir dans cette localité perdue où mon oncle, le maître de l'auberge de Nacogdoches, avait bâti sa maison. Comme j'avais un droit de concession sur l'Hufeisen-Bucht, je le cédai à des *squatters* qui s'occupent à le civiliser, c'est-à-dire à lui faire subir ces tristes améliorations par lesquelles la civilisation débute : plus de grands chênes, plus de douces retraites ; vous voyez sur le bord de la mer une surface nue, avec une ou deux huttes, voilà tout. Hufeisen-Bucht n'existe plus.

Depuis l'annexion du Texas à l'Union et l'arrivée de tous les sacripans, juges-généraux et généraux-juges que vous venez d'entrevoir, mon oncle n'osait plus demeurer ici ; mais c'était pour moi une espérance, et elle a été remplie. Il était impossible que ce misérable bandit, comme tous ceux de sa trempe, ne se réfugiât pas au Texas.

Peters est puni. Vous devez reconnaître que ma vengeance était juste. . . . . »

Le récit de don Ramon m'avait inspiré le désir de voir cette extrémité des colonies anglaises, et je partis dans la direction du nord. Reprenant ma course à travers les solitudes, escorté du métis et du nègre Jupiter que m'avait prêté don Ramon, j'emportai des provisions pour quinze jours. Nos aventures de chasseurs et nos campements à la belle étoile ne vous intéresseraient guère. Nous traversâmes un beau et sauvage pays, entrecoupé de nombreux cours d'eau, qui s'étendent comme un vaste éventail au milieu de gazons admirables de fraîcheur et de fécondité.

— Regardez là-bas, me dit le matin du troisième jour, Jupiter, après deux ou trois heures de route dans les forêts !... Là-bas, près de ce grand chêne.

— Je vois de la poussière, des chevaux..... une armée !

— Ce sont des Indiens et armés en guerre. Ils nous ont vus. Nous n'avons d'autre parti à prendre que de les attendre ou d'aller à eux.

— En avant! dans tous les dangers c'est le plus sûr.

Pendant que nous faisions trotter vers eux nos chevaux, deux ou trois cents cavaliers galopaient vers nous, rangés en bataille et formant un croissant régulier. Quand ils virent que nous venions à eux en droite ligne, ils firent halte. Un coup d'éperon hâta le trot de nos chevaux, en quelques secondes nous fûmes au milieu d'eux.

— *De donde vien usted hombre ?* demanda en bon espagnol un vieux chef qui s'avança vers moi.

— *Amigo,* dis-je au chef Comanche, Européen et venant de France.

— Que venez-vous faire ici ? reprit le chef en regardant mon compagnon et avec le meilleur accent espagnol. Avez-vous vendu votre terre pour venir prendre la nôtre ?

Le métis, qui était au fait des mœurs comanches, répondit gravement :

— Nous ne voulons pas nous établir ici; mon frère est un voyageur qui gagne Saint-Louis. Moi, j'ai visité les prairies de Saint-Louis, il y a quinze ans. J'y ai laissé des amis. Je les aimais, ces Français. Je désire les revoir avant de mourir.

— Comment s'appellent ces amis ?

— L'un s'appelait O'Gorman ; il m'a reçu et donné autrefois le pain, le sel et le vin.

— Honnête homme ! s'écria le Comanche, bon guerrier, O'Gorman. Je l'ai bien connu. A cause de lui, vous pouvez passer.

Le croissant s'ouvrit en grande cérémonie, et nous passâmes. Ces tribus, à peu près inconnues, sont nombreuses, et si elles ne se faisaient la guerre entre elles, elles deviendraient singulièrement redoutables. Quand les vols, les massacres, les battues des Texiens les fatiguent trop, elles reculent vers les solitudes de l'Arkansas et les sources du Missouri. Les Comanches, les Lepans, les Karrankroës, les Conchattes, les Kaïougas, les Kadoës, les Porini-Picts échappent ainsi aux atteintes de cette civilisation mortelle qui les absorberait et les dévorerait au lieu de les féconder. Mais, croyez-moi, leur dernier mot n'est pas dit; et le chef des Mormons pourrait bien avoir raison un jour.

Après huit jours de marche, nous entrâmes dans les prairies de Saint-Louis. C'est une erreur de croire qu'on ne trouve ces manifestations des forces primitives de la nature que du côté du Rio-Roxo ou de l'Arkansas. L'Alabama, le Mississipi, la Louisiane et les cantons les plus sauvages de l'Indiana, du Missouri, de l'Illinois, de l'Iowa, du Kentucky et du Tenessée offrent des modèles achevés de cette magnificence presque folle. Quelques bouquets d'arbres interrompaient seuls la monotone grandeur du paysage. Jusqu'aux limites de l'horizon se balance une gigantesque moisson de corolles pourpres et jaunes, violettes et bleues, presque toutes sans odeur, mais des teintes les plus éblouissantes à l'œil; vous diriez les vagues d'un océan de fleurs. Au milieu d'une splendeur si extraordinaire, on s'aperçoit qu'il manque quelque chose au continent américain. Ses oiseaux éclatants de plumage sont privés de voix, et ses fleurs peintes des plus vives nuances, sont sans parfums. Nous avancions au milieu de ces flots dont la croupe de nos chevaux était couverte, lorsqu'à la nuit tombante, nous aperçûmes une clarté pourpre qui grandissait comme une colonne mobile en s'approchant de nous. La prairie brûlait, accident fréquent en été et dangereux pour les voyageurs.

— Señor, me dit le métis, arrêtons-nous ; il y a quelque chose à faire ici ; ne bougez pas.

Il descendit de son cheval dont il me donna la bride, tira une serpe de sa carnassière, et se mit, secondé par Jupiter, à faucher les grandes herbes autour de nous, pendant que l'incendie qui s'était montré sur un point de l'horizon courait ou plutôt galopait dans une direction contraire au vent violent qui soufflait sur les flammes, et qui, ployant les hautes tiges des fleurs et du gazon, fournissait un aliment accumulé à l'action de l'incendie ; cette lutte du vent contre le feu, spectacle grandiose s'il en fût jamais, balançait sur le front du ciel qui devenait sombre, des gerbes d'étincelles rouges. A force de travailler à droite et à gauche, mes deux compagnons avaient fini par pratiquer une clairière en forme de cirque de plusieurs toises de diamètre, dont j'occupais le centre en tenant la bride des chevaux qui tremblaient de tous leurs membres. Le feu qui glissait avec une rapidité incroyable sur tout l'espace que nous pouvions découvrir atteignit bientôt la limite de la circonférence, et finit par se rejoindre en traçant autour de nous un zig-zag bleuâtre pour suivre au loin sa route avec plus de fureur. Nous nous remîmes en route sur des cendres encore chaudes, éclairées de distance en distance par les étincelles endormies qui s'éveillaient sous les pas de nos chevaux.

Sur les onze heures, nous arrivâmes sains et saufs à Saint-Louis, grand avant-poste de cette civilisation américaine qui marche plus rapide que la flamme même à laquelle nous venions d'échapper.

L'auberge d'où je vous écris cette lettre, *Planter's hotel*, vaut au moins les meilleurs hôtels de Paris ; quant à la ville, qui s'accroît chaque jour, c'est une des plus intéressantes de ce vaste continent.

Si vous prenez une carte de l'Amérique, vous reconnaîtrez que du lac Supérieur à Saint-Louis, et de Saint-Louis à la Nouvelle-Orléans d'un côté, d'un autre de Washington à Saint-Louis, et de Saint-Louis à Santa-Fé, la distance est la même. Cette ville se trouve donc précisément au centre de cet immense espace, dont toutes les grandes artères viennent aboutir au point précis qu'elle occupe; située sur la rive occidentale du Mississipi, à vingt milles de l'endroit où le Missouri vient y décharger ses eaux, à vingt autres milles de l'embouchure de l'Ohio qui s'y déverse du côté de l'est, elle touche aux Montagnes Rocheuses par le premier de ces fleuves, aux Alleghanies par le second, au grand lac du Canada et à l'Océan par le cours supérieur et inférieur du Mississipi. Ce sera un jour le plus grand entrepôt dont le globe ait été jusqu'ici le théâtre. L'année dernière, Saint-Louis a compté dans son port 1,500 bateaux à vapeur, et la progression ascendante ne laisse pas de se faire sentir. La population qui, en 1830, était de 5,000 âmes, était de 34,000 âmes en 1846; elle est aujourd'hui de 42,000 ; c'est un accroissement de plus de huit fois le premier chiffre.

Si jamais Washington perdait ses droits à servir de siége central au gouvernement de l'Union, ou si, ce qui n'est pas probable aujourd'hui, la vallée du Mississipi se détachait des autres États, Saint-Louis deviendrait incontestablement la capitale de la Confédération de l'ouest. Partout autour de moi s'agite et bruit une industrie active, entreprenante, infatigable. Les quais sont bordés de navires de toute espèce, mais surtout de vapeurs qui viennent de l'Ohio et de l'Illinois. Tout ce mouvement et la physionomie affairée des habitants contrastent avec la sombre beauté du paysage et les grandes lignes des montagnes boisées. La ville, presque toute de briques, descend par une pente douce jusqu'au bord de la mer, et le principe rectiligne qui a présidé à toutes les dispositions architecturales de ce nouveau monde produit un effet extraordinaire au milieu des courbes variées de la nature sauvage qui l'environne. Vous venez de la prairie, vous logez dans un hôtel où se trouvent les dernières recherches de la civilisation, et vous retombez ensuite dans la vie des bois et des *trappers*.

Demain, je pars de grand matin pour Louisville; je vous raconterai bientôt mes nouvelles expériences dans ce singulier pays, immense atelier d'expériences.

VII

Voyage sur l'Ohio. — Personnages. — Types.— Le géant de l'Ouest. — Un noir civilisé. — Cinq Français déserteurs. — Les matelots ministres. — Comment la civilisation s'étend.

Louisville, 25 septembre 1849.

Je vous écrivais naguère de Saint-Louis ; me voici à Louisville : toujours ces vieux noms français !

Hélas ! c'est tout ce qui reste ici de la France ; que vient faire Louis, Ludovic, *Hlud-Wig* dans ce pays neuf, entre l'Illinois, le Kentucky et le Tennessée. S'il m'apporte le souvenir de la patrie, il me rappelle aussi que les Français avaient des royaumes en Amérique, et qu'ils n'y ont plus un pouce de terre.

A mon arrivée à Saint-Louis, j'ai renvoyé à don Ramon Jupiter et le métis, et je me suis rembarqué sur un vapeur, bâtiment provisoire et peu solide, comme tout ce qui se fait ici ; rapide comme le vent et qui filait sur le fleuve avec la célérité d'une balle sortant du tube d'un fusil. En quittant Saint-Louis, le Mississipi que le Missouri son tributaire vient de grossir d'une masse énorme d'eaux troubles et fangeuses, vous emporte sur une pente fort rapide et va recevoir un second tribut non moins considérable, celui de l'Ohio. Le père Rhin, que les Allemands adorent comme le plus grand fleuve du monde, n'est rien, comparé à ce cours d'eau gigantesque. Ce qui lui donne un caractère particulier, ce sont les *bluffs* qui le bordent, escarpements et promontoires, tantôt reculant, tantôt avançant, affectant les formes et les attitudes les plus variées; roches coniques, pyramides arrondies, aplaties, surbaissées, chantournées avec un caprice souvent grotesque, et qui se couronnent de forêts et de hameaux. Dans les beaux temps, l'atmosphère américaine est d'une indicible limpidité; l'air, diaphane, permet à l'œil de pénétrer jusqu'aux dernières profondeurs de l'horizon. C'était une vive jouissance pour moi de rester debout sur le pont de la frêle machine, et de voir fuir au loin ces villages construits d'hier, perchés à la cime des monts ou baignant leurs pieds dans les eaux grondantes, tantôt enveloppés de feuillages comme des nids, tantôt suspendus à des pointes si aiguës et dominés par de si épaisses forêts qu'ils semblent prêts à tomber dans le fleuve.

A l'embouchure de l'Ohio, je changeai de vapeur pour remonter cette rivière, un des affluents les plus considérables du Mississipi. Paysage et voyageurs changèrent aussi. Les eaux étaient moins tumultueuses, les rives moins accidentées. Le grandiose devenait plus calme, les plans du paysage devenaient plus uniformes. Les passagers formaient une réunion bizarre que je contemplai à loisir, pendant que notre vapeur glissait sur ce grand lac mouvant de l'Ohio, nappe bleue d'un mille de largeur, bordée à droite et à gauche par des bois plus sombres que les bois druidiques. Il y avait là un nègre civilisé, plusieurs Africains parfaitement sauvages, une colonie d'Orientaux basanés, et ce qui est plus étrange, un comte et une comtesse à la façon des faux nobles de l'Europe, chevaliers et marquis de contrebande, qui ont souvent maille à partir avec la justice; deux escrocs, en un mot, le mâle et la femelle, parfaits dans leur espèce, et qui dupaient à merveille les Américains.

Ce couple ne m'intéressait guère, et je l'eus bientôt dépisté; quiconque a traversé le Palais-Royal ou le Regent's-Circus connaît de telles figures. Cette insolence d'emprunt, et ces grands airs de fausse aristocratie sentaient d'une lieue leur vieille Europe et le ranci d'une antique corruption. Je quittai l'endroit du pont où ils s'étaient assis, et j'allai me placer près du tambour des roues sur lequel étaient appuyés un Anglo-Américain et un Espagnol qui parlaient très-haut; une discussion vive s'était élevée entre eux. Il s'agissait de la cession de l'Orégon, sauvage contrée abandonnée par Polk à l'Angleterre, et située au delà des Montagnes-Rocheuses, plus loin que la Californie.

— 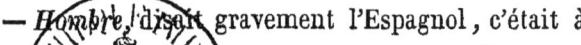 gravement l'Espagnol, c'était à nous qu'il fallait rendre tout ce pays qui nous appartient en réalité, la Californie comprise, sur laquelle vous avez mis la main si injustement.

— Je suppose, répondit vivement le républicain, que votre roi d'Espagne l'aurait gardée s'il l'avait pu, ainsi que le Mexique et le Pérou; mais les rois ne gardent rien, et c'est fort heureux!

— Nous verrons si les républiques sauront se garder elles-mêmes.

— Je suppose que c'est tout vu, répliqua l'Américain, en poussant un long éclat de rire qui n'était pas, il faut le dire, de la plus exquise courtoisie.

L'Espagnol se fâcha. Après avoir échangé plusieurs répliques et tripliques, les adversaires semblaient disposés à transformer leurs invectives en sévices, chose peu commune en ce pays, quand un colosse, dont le pas faisait trembler le pont de notre embarcation légère, s'approcha d'eux, et frappant sur l'épaule de l'Américain :

— Eh! frère Jonathan, lui dit-il, pourquoi se faire de la bile? Vous venez de la Nouvelle-Orléans, j'en suis sûr. Là-bas, vous êtes tous colères et chauds comme de jeunes dindons. C'est un fait!

Puis le colosse recommença sa promenade. Quand il revint de notre côté, il s'arrêta de nouveau en face de son compatriote :

— Sous la lumière du soleil, lui dit-il d'une voix franche et tonnante, plutôt que grossière, il n'y a que l'Amérique. C'est un fait ! Elle bat les autres peuples et les autres pays à plate couture... C'est un fait ! Mais je calcule qu'il est inutile de se tuer pour cette question de l'Orégon, mon bon ami ; elle est vidée, c'est un fait ! Ne vous fâchez donc pas, la colère rend malade, c'est encore un fait !

Et ce personnage, qui n'était ni ridicule, ni vulgaire, mais tout simplement un animal sauvage, se remit encore à arpenter le pont du bateau, comme les dieux homériques auraient pu le faire.

— Un vrai *Westerner !* s'écria l'Américain. C'est l'homme de l'Ouest tout entier. On ne peut pas s'y tromper. Quel gaillard ! Ses épaules ont quatre pieds d'envergure ! »

Je me mis alors à considérer plus attentivement ce rare modèle qui ne faisait attention à personne, n'avait l'air de se soucier de qui que ce soit, observait cependant tout, n'était embarrassé de rien et paraissait porter avec lui la conscience d'une souveraineté indélébile et incontestée. Les lois des convenances étaient aussi étrangères à son éducation que le peigne à sa chevelure et le vernis parisien à ses bottes de cuir jaunâtre. Il avait plus de six pieds, et ses proportions herculéennes étaient irréprochables. Une espèce de bonnet fourré sans visière couvrait des cheveux noirs qui s'échappaient à grandes boucles et avec une profusion extraordinaire sur son front, sur ses épaules et sur ses joues. Un nez droit, l'arcade sourcillière puissante, le menton massif et carré complétaient la ressemblance avec le vieux roi de la forêt : c'était un vrai lion sauvage. Son œil noir brillait de cette étincelle inquiète et inquisitive qui annonce à la fois le besoin d'apprendre et le besoin d'agir, et que l'on retrouve souvent dans le regard des animaux des bois. Il portait, malgré l'extrême chaleur, un gros paletot, ou plutôt un sac en drap de pilote, et les mains dans ses poches, adressant la parole au premier venu, questionnant celui-ci, interpellant celui-là, il agissait d'une façon si parfaitement naturelle qu'on eût dit le maître de tout l'équipage. Je ne résistai pas au désir d'approfondir cette curiosité antédiluvienne, et, comme il passait près de moi, me toisant à sa manière, sans insolence et sans déférence :

— Vous êtes donc, lui dis-je en l'interpellant comme il interpellait tout le monde, vous êtes donc de l'Ouest?

— Du fond de l'Ouest!

Et il continua sa route.

— Vous, reprit-il en revenant vers moi, vous êtes du vieux pays?... Anglais, hé?

— Non.

— Cela ne fait rien.

— Vous ne gardez donc pas l'Orégon?

— Étranger, me répondit-il, je compte bien que nous l'aurons l'Orégon, malgré le traître Polk et sa séquelle. L'Amérique républicaine ne doit s'arrêter qu'aux deux mers : l'Atlantique et le Pacifique. Les deux mers pour limites, voilà ! Je *suppute* qu'il n'y a pas de raison sous le soleil pour laisser un seul Espagnol en vie au nord de l'isthme de Panama. Ils sont chez nous, c'est un fait !

Je vis que mon homme, comme la plupart de ses compatriotes de l'ouest, était *démocrate* pur sang, homme de *tout de suite* ou *plus tôt que cela !* — Noms bizarres donnés en Amérique aux radicaux les plus complets. Quand il repassa près de moi, je repris la question de l'Orégon.

— Tenez, ne m'en parlez pas, étranger, me répondit-il, je deviendrais aussi stupide que ces messieurs ! Notez qu'ils étaient là, près de nous.

Il était magnifique dans sa colère, je ne pouvais m'empêcher de remarquer combien ce belliqueux démocrate continuait mal les traditions pacifiques de Franklin et de Washington.

— Vous voilà bien ami de la guerre, lui dis-je. Est-ce que vous ne vous rappelez pas ce que dit le *bonhomme Richard* et ce que pensent vos Quakers ?

— A la bonne heure ! s'écria-t-il, les vicaires et les médecins d'ames font leur métier. Les gens dont vous parlez étaient de bonnes gens, un peu vieilles femmes, et je calcule qu'ils sont morts ; il nous faut autre chose aujourd'hui ; la guerre au Canada, la guerre au Mexique, la guerre partout où nous ne sommes pas maîtres, sur ce continent du moins ! Que font ces milords anglais à Montréal et à Québec ? Je ne serai content, voyez-vous, que le jour où toute l'Amérique sera nôtre; c'est un fait! »

Il recommença sa promenade, me laissant dans l'ébahissement sur les fruits qu'ont portés les doctrines de William Penn, et sur la logique des choses humaines. Toutes les idées populaires de l'Union sont en effet tournées à la guerre. C'est le thème favori des démocrates ; cette nation qui grandit ressemble aux adolescents pleins de vigueur et qui voudraient faire des folies; laissez le temps couler; ils en feront, soyez-en sûr.

Mon *Westerner,* type parfait de la population qui s'agite au nord-ouest de l'Amérique, descendit dans l'entre-pont pour y allumer un cigare et je le perdis de vue. Un noir, complétement vêtu à l'Européenne, remarquable par la splendeur de son linge blanc, et l'élégance de ses manchettes, s'approcha de moi pour me demander si je voulais du *mint-julep,* de *l'egg-flip,* ou du *negus,* breuvages et mélanges divers dont les Américains possèdent une bibliothèque considérable. C'était le sommelier du vaisseau. Il parlait assez bien anglais avec un mélange de tournures espagnoles. Ce nègre libre, parvenu à une espèce de situation dans un pays qui repousse inexorablement la race africaine de toute communauté, de toute familiarité, me parut une anomalie qui méritait d'être étudiée. J'essaie, vous le savez, de comprendre un peu ce qui échappe aisément aux voyageurs, la vie réelle, la vie domestique, les passions, les aventures, les idées, le fond des mœurs ; chose peu facile en Amérique. Ici les nuances sont d'autant plus nombreuses que la population est pressée relativement à l'espace qu'elle occupe. Variété, c'est la devise des États-Unis ; elle y règne avec la liberté ; rien de plus complexe, rien de moins simple que les institutions et les mœurs américaines, rien qui ressemble le moins à un Louisianais qu'un homme du Maine. Nos Américains du Nord dont la vie est toute au dedans, ne se rapprochent en rien de ceux du Midi, qui ne vivent qu'au dehors. Voilà pourquoi l'Amérique septentrionale est si difficile à étudier : elle n'est pas une. Le système fédéral auquel elle est attachée à si juste titre n'est que l'expression définitive et logique de la variété qui les caractérise. Une fédération de provinces en état de formation et dont chacune se gouverne elle-même ; voilà l'Union. Mais laissons de côté cette philosophie. Une nouvelle curiosité s'offrait à moi : le sommelier noir était communicatif et nous causâmes.

— Le gentilhomme va à New-York ou à Boston peut-être, me demanda-t-il en m'offrant *l'egg-flip* aromatique que j'avais demandé. Il vient des prairies de l'Ouest ?

— Je viens du Texas et mon intention est de me diriger vers le Nord.

— Monsieur va visiter les Yankies, et il a raison. Curieux personnages, Monsieur, très-curieux !

— Les *Yankies*, je n'entends partout que ce mot. Qu'est-ce qu'il signifie? Veut-il dire Américain, républicain, membre de l'Union, colon de Floride, planteur?

— Rien de tout cela. Les gens du sud entendent par *Yankie*, l'habitant de l'ouest, et les gens de l'ouest rejettent la désignation sur les gens du nord.

— Quelles gens du nord? Canadiens ou New-Yorkiens? Anglais ou Américains?

— On n'en sait absolument rien. Quand vous voyez un gentilhomme à l'œil en dessous, à la mine refrognée, qui vous bouscule en passant et qui vous marche sur le pied, vous l'appelez *Yankie*. Les Louisianais prétendent que le vrai type de la race est à New-York; cette ville le renvoie aux Bostoniens, qui ne manquent pas de s'en débarrasser sur les New-Hampshiriens. Ceux-ci qui sont en effet assez rustiques et grands calculateurs, deux caractères de l'*Yankie*, n'acceptent pas le sobriquet qu'ils font voyager jusqu'à la Nouvelle-Angleterre, et à la Nouvelle-Écosse. Là, il faut bien que le voyage finisse au milieu des neiges et des brouillards. Ces habitants de l'extrême nord sont donc les légitimes *Yankies*. Vous allez les voir?

— Je l'espère.

— Dépêchez-vous, ne laissez pas le mauvais temps vous prendre. Vous pourrez vous trouver à Washington vers la fin de septembre, après deux mois de *recess*, c'est-à-dire de vacances, et au moment même où la législature ouvre ses séances. Il y a encore par là de bonnes figures à Washington.

J'admirais l'œil intelligent et la conversation vive de mon *cicerone* nègre que j'espérais bien questionner sur sa propre vie, quand j'entendis retentir derrière moi le plus singulier jargon imaginable. Je me retournai et je vis sortir de l'entre-pont trois ou quatre Orientaux, avec ceintures, robes flottantes, pistolets, poignards recourbés, et tous les accessoires de la vie asiatique. Leur teint était olivâtre, leur figure irrégulière. Ils portaient de longues robes blanches de mousseline, des colliers de pierres précieuses retombaient sur leur poitrine. L'un d'eux fumait, je fumais aussi. Il vint rallumer sa pipe à mon cigarre; et je fus étonné de l'entendre me remercier en français un peu gascon. Son costume était évidemment hindoustanien ou thibétain; mais il n'avait rien de la physionomie asiatique dont les traits sont si reconnaissables. Le front bombé et en saillie, le menton aigu et avancé, le nez épaté et camard, l'œil vif et à fleur de tête, le sourire et le regard pleins d'insolence et d'assurance : c'était la laideur intelligente du gamin de nos rues, quand il a grandi. Que pouvait-ce être que ce bizarre personnage? Ses camarades revinrent le trouver. En écoutant leur conversation, je remarquai qu'elle était une espèce d'argot, formé d'une douzaine de dialectes, de maltais, de romaïque, d'italien, de français, de provençal et d'un idiome asiatique que je ne connaissais pas.

— De quel pays êtes-vous? demandai-je à celui qui m'avait demandé du feu.

— Je suis de Marseille, me répondit-il avec un accent très-authentique. Il n'y paraît pas à mon costume; mais j'ai encore ma mère là-bas, et je vais aller la trouver. Bagasse! je l'échappe belle et je viens de loin, monsieur.

— D'où venez-vous donc?

— Du pays des Birmans avec mes camarades que voici; et tel que vous me voyez, j'ai été ministre, bagasse!

J'avais vu des choses plus étranges, et son récit ne m'étonna pas du tout. S'apercevant que son portefeuille ne faisait aucun effet sur moi, il reprit.

— En qualité de Français, je ne suis qu'un matelot, et encore un matelot déserteur: comme Birman, je suis grand seigneur. Ce serait long à vous conter.

— Contez toujours, vous m'intéressez fort.

— Oh! c'est drôle! Je servais à bord de la *Bayadère*, belle frégate française sous le commandement du capitaine Pigeard, qui nous traitait comme des chiens. Vers la fin de 1828, comme nous croisions en vue des côtes des Birmans, nous nous entendîmes, quatre de mes camarades et moi, tous Provençaux et pas *franchimans,* pour décamper ensemble. Le capitaine était méchant comme un tigre, surtout pour nous autres du Midi, et il y avait longtemps que nous étions fatigués de ses manières. Bref, nous mettons la chaloupe à la mer, nous voilà partis pour ne plus revenir, cinq gaillards disposés à tout, ne craignant rien ; chacun armé d'un mousqueton et d'un poignard ; ayant grand faim et de bons muscles ; c'était là toute notre fortune. D'ailleurs les localités nous étaient parfaitement inconnues. Nous nous dirigeâmes du côté de l'ouest, ne sachant pas même le nom du pays, couchant à la belle étoile sous les arbres, tuant quelques oiseaux et cueillant quelques grappes de fruit sauvage pour vivre. En allant toujours devant nous, nous étions bien sûrs de rencontrer des villages. Nous ne nous écartâmes donc pas de la ligne droite. Nous marchâmes ainsi pendant huit jours ; après quoi nous nous trouvâmes sur les bords d'une rivière plus large et plus rapide encore que l'Ohio et qui se nomme l'Irrawadi. Une masse d'eau si considérable annonçait que l'embouchure n'était pas éloignée. Nous descendîmes la rive gauche du fleuve et nous atteignîmes un village birman situé à près de douze milles de la mer. On ne nous reçut pas mal et comme nous savions faire tout ce que les marins fabriquent, on nous demanda de tisser des cordes et des câbles, espèce d'industrie dont le pays était privé.

Une maison et un jardin nous furent assignés, et nos affaires allèrent bon train. Malheureusement, il y avait quelques Européens dans le village ; un Écossais, deux Espagnols et deux Juifs smyrniotes étaient venus y prendre domicile. Nous dérangions le commerce des deux Juifs qui vendaient horriblement cher des cordes mal faites, achetées je ne sais où. Ils tâchèrent de nous nuire de leur mieux et l'occasion de nous perdre se présenta, quand la frégate *la Bayadère* vint jeter l'ancre auprès du village. Nos Juifs n'eurent rien de plus pressé que de nous dénoncer.

Nos amis les Birmans nous prévinrent du danger que nous courions et nous cachèrent dans les bois. Le capitaine nous chercha inutilement, *la Bayadère* leva l'ancre, et nous revînmes prendre possession de notre domicile, non sans donner quelques coups de bâton à messieurs les Juifs. Huit jours s'écoulèrent, un bateau à vapeur entra dans les eaux de l'Irrawadi et s'arrêta devant le village. Il avait reçu de Pigeard l'ordre de s'emparer de nous ; une douzaine de soldats de marine, commandés par un sous-lieutenant, se présentèrent devant notre maison, le sabre au poing. Nous barricadâmes nos portes, résolus à nous défendre comme des diables d'enfer, et nous montrâmes aux agresseurs la gueule de nos mousquetons qui passaient par les fenêtres. Le capitaine du bateau à vapeur prit lui-même la peine de venir à son tour, et essaya de parlementer. Rien ne nous toucha. Cinq pauvres gens, déterminés à ne pas se laisser prendre vivants, lui semblèrent bons à laisser en vie ; et au lieu de mettre le feu à notre maison, ce qu'il aurait très-bien pu faire, il nous envoya des armes et quelques instruments dont nous avions grand besoin.

Nous reprîmes donc notre petit commerce. En deux ans nous avions fait une vraie fortune et sans les querelles de nos femmes, dont chacun de nous avait six pour sa part, nous vivions les plus heureux du monde. On nous aimait dans le village, et il était fort question de nous.

Les troupes du pays se battaient comme se battent les canards sauvages, celui-ci à droite, celui-là à gauche, sans aucun ordre. Le chef du district entendit parler de nous, nous fit venir et nous pria d'apprendre l'exercice à un bataillon de recrues. Nous réussîmes à le discipliner, et le roi du pays voulut nous voir. C'était un grand homme mince et pâle, d'environ cinquante ans, dont la barbe, divisée en deux tresses ou queues, tombait agréablement sur sa poitrine.

Des Européens étaient pour lui une trouvaille; après nous avoir donné des bateaux à construire et des troupes à dresser, il nous confia les premières places de son royaume. Moi, j'étais conseiller privé pour ma part; mes quatre collègues se partageaient les ministères de la marine, du commerce, de l'intérieur et des fortifications. Cela ne dura pas. Le successeur, comme à l'ordinaire, voulut changer ce que le père avait fait, et nous mit à la porte. Nous avions vécu dans l'abondance, au milieu d'un pays où la vie ne coûte rien; nos petites économies, tant en diamants qu'en or monnayé et en bijoux de toute espèce, pouvaient monter à 500,000 francs. Nous jetâmes tout cela dans une grande chaloupe et nous quittâmes la capitale, où il ne faisait plus bon pour nous. Arrivés au village où nous avions fait le métier de cordier, nous trouvâmes un consul français, dont la maison portait le drapeau tricolore, ce qui nous étonna fort et nous prouva que la France était fidèle au plaisir qu'elle a de se révolutionner tous les dix ans. Nous nous demandions ce que nous allions faire, lorsque le souverain birman, mécontent de notre fuite, envoya des troupes pour nous arrêter au passage, et nous eûmes à soutenir, ma foi, un siége en règle de dix jours contre deux cents Birmans, que nous réduisîmes de plus de moitié. Le consul anglais s'intéressa à nous; pendant la nuit du dixième jour de ce fameux siége, nous trouvâmes moyen de nous sauver avec notre trésor. Une barque anglaise nous mit à bord d'un vaisseau américain revenant des Indes-Orientales, et nous voici.

— Comment trouvez-vous l'Amérique?

— Cent fois moins civilisée que le pays des Birmans. Je vous dirai pourquoi.

VIII

De Louisville au lac Ontario. — Activité américaine. — L'ingénieur. — Pittsburgh. — Les lions noirs. — Scène dans un wagon. — Le conducteur. — Une morte par imagination. — Attaque de Galvestno.

Pavillon du Niagara, le 30 septembre 1849.

Je ne vous aurais point parlé de ces matelots provençaux qui ont fait une si belle fortune en Asie, s'ils n'attestaient l'énorme mouvement de civilisation auquel le globe est aujourd'hui livré, mouvement qui s'opère par des moyens quelquefois puérils ou bizarres, et dont la situation même de l'Amérique est le fait capital. Que le monde et l'humanité se dirigent lentement vers une grande et complète unité de mœurs et d'idées, diversifiée seulement par quelques nuances de climat et d'institutions; que cette solidarité universelle de tous les membres de la grande famille s'annonce vaguement, et que ce soit là le vrai but, relégué dans une bien lointaine perspective, des agitations terribles dont nous sommes témoins en Europe, c'est ce dont je ne puis douter.

L'Amérique du Nord en est, comme je viens de vous le dire, le témoignage le plus frappant : les idées, les mœurs, les souvenirs disparates s'y donnent rendez-vous; les noms mêmes s'y heurtent bizarrement. Vous trouvez Madrid à côté d'Orléans et Carthage près du Caire. Attica n'est pas éloignée du Niagara, et Batavia se trouve à six milles d'Attica. Près de Rochester voici Égypte, puis Palmyre, ensuite Vienne, et enfin Genève. Un peu à droite s'élève la ville d'Ithaque, et sur la même ligne, vers l'ouest, Syracuse, Rome et Utique. Il y a même en Amérique deux villes de Londres, l'une dans le Connecticut, l'autre dans le Canada occidental. Non-seulement le voyageur peut observer aux États-Unis les formes diverses sous lesquelles les races saxonne, espagnole, indienne, irlandaise, gallo-romaine se métamorphosent et se confondent, mais l'Allemagne centrale et la Hollande ont payé leur tribut à cette gigantesque fusion.

Je reviens à mes Birmans-Provençaux, qui n'aimaient point les mœurs américaines et qui s'expliquaient fort nettement là-dessus. Un pays où il fallait travailler beaucoup, agir, voyager, entreprendre et lutter pour faire fortune, ne pouvait pas, selon eux, se comparer à la région fortunée qu'ils venaient de quitter, et où, pour devenir grands seigneurs, ils n'avaient eu qu'à tisser du chanvre et à dresser des recrues.

— Là-bas, me disaient-ils, on gagne beaucoup en ne faisant rien. Ici, la population est d'une activité effrayante. Tout le monde se pousse et se presse. Nul repos. On ne jouit de rien. Chez ces braves Birmans, vous vous levez tard, une de vos femmes vous prépare à déjeuner ; douze domestiques vous servent ; vous fumez et vous croisez vos bras la moitié de la journée ; pendant l'autre moitié vous passez la revue de quelques bandits. Pour ce beau travail, on vous donne des diamants et de l'or. En Amérique, tout est à faire : des forêts partout, des canaux à creuser, des chemins de fer à réparer, point de vieux palais, de pagodes antiques, de monuments vénérables ; c'est un pays de meurs-de-faim et de sauvages que votre Amérique ; aussi nous dépêchons-nous de retourner en Europe.

Telle était l'opinion philosophique de ces messieurs. Ils avaient raison en ceci ; l'Asie est la grand'mère, l'Amérique la petite-fille. Cette dernière commence à peine à vivre. Il n'y a guère plus de deux siècles que les puritains calvinistes ont semé sur un roc le germe des États-Unis ; la force d'expansion a été formidable ; elle l'est encore, et de temps en temps des catastrophes résultent de la violence même du mouvement. La chaudière brise ses parois. En Amérique, il faut avancer : tout marche avec une fureur dont le vieux monde ne peut pas se faire d'idée. Une ville qui n'a pas quadruplé sa population depuis vingt ans est en retard. Charleston, par exemple, qui ne s'est accrue que de 5,000 âmes ou à peu près depuis 1810, passe pour complétement arriérée. Un Américain stationnaire est impossible : ce serait vouloir faucher les gerbes et recueillir le blé avant la moisson. *Going ahead,* « en avant ! *to be smart,* « être vif, » sont ici les mots sacramentels. Mais quelle folie de vouloir, dans des pays qui ont trop de population, imiter ceux qui en manquent, et dans un monde où le travail primitif est opéré depuis longtemps, copier une contrée qui a tout à faire et tout à défricher !

Nous fûmes bientôt à Louisville, d'où ma dernière lettre était datée. Les Provençaux continuèrent leur route vers Philadelphie où ils comptaient s'embarquer, et je passai deux jours dans un excellent hôtel, pour me diriger sur Cincinnati, de là sur Pittsburgh, et remonter vers le nord le plus rapidement possible. Toutes les villes de la vallée de l'Ohio sont en progrès ; l'Ohio sépare les États à esclaves des États sans esclaves. Ce dernier côté est incomparablement mieux cultivé et plus florissant.

La vallée de l'Ohio, qui n'est qu'une branche collatérale de la vallée du Mississipi, englobe presque tout le territoire des États de Kentucky, d'Ohio et d'Indiana, une petite portion du Tennessée, à peu près tout l'Illinois et les parties de la Virginie et de la Pensylvanie, situées au nord de la chaîne des Alléghanys. Le fleuve, moins impétueux que le Mississipi dans lequel il se déverse, et toujours limpide, excepté dans les grandes crues, reçoit au nord le Wabash, au sud le Tennessée et le Cumberland ; ces fleuves sont navigables à la vapeur, et la plupart à des distances considérables. Je vous ai dit que tout était grandiose dans le pays ; jugez-en : l'Ohio a dans tout son cours un mille et deux tiers de mille de largeur. Du point de jonction jusqu'à Louisville, on compte 380 milles, et de Louisville à Cincinnati, 120 milles ; rien n'est plus curieux que de voir les bateaux à vapeur arriver à la fois par tous ces cours d'eau encadrés dans les forêts noires et épaisses de l'Ouest, interrompues de temps à autre par des terres d'alluvion qui descendent jusqu'au bord des eaux. Toujours même contraste ; quand le silence du désert vient à cesser, les grandes voix de l'industrie se font entendre. Ici la nature dans son repos, plus loin la bruyante activité du travail. Louisville comptait 500 âmes en 1801 ; sa population actuelle est de 35,000 âmes. Celle de Cincinnati, en 1804, était de 750 personnes, elle est aujourd'hui de 60,000 ; quatre-vingts fois le premier chiffre !

A Pittsburgh, centre de l'exploitation métallurgique et minéralogique des États, je ne manquai pas de visiter mon ami l'ingénieur, homme d'esprit et de bon sens, celui qui m'avait donné pendant mon premier séjour à Pittsburgh des renseignements si curieux sur les Mormons et sur leur chef.

— Ah ! vous voilà, me dit-il, que revenez-vous faire par ici ? Vous voyagez comme un Américain : au sud aujourd'hui, demain au nord ! *How smart!* Quelle vivacité !

— Je me dirige vers le Nord avec toute l'activité possible, et je presse mon voyage. .

— Pourquoi ?

— Je veux me trouver à Washington avant l'ouverture de la session législative. Pendant le temps qui me reste, je compte visiter cette corne septentrionale de l'Amérique, qui se termine par le banc de Terre-Neuve comme un chapeau pointu, et qui est lardée de glaçons quand elle n'est pas couronnée de brumes.

— Vous avez parfaitement raison. Il ne faut pas attendre les mauvais temps. La Nouvelle-Ecosse n'est guère tenable aux approches de l'hiver ; hâtez-vous et traversez les lacs. Ne manquez pas de saluer en passant le Niagara, qui est le plus grand « lion » du pays. Restez seulement deux jours à Pittsburgh pour vous refaire, et passez ces deux jours chez moi. C'est une ville qui mérite fort d'être vue ; elle avait 500 habitans au commencement du siècle, elle en a 2,000.

Le lendemain, je fus assez surpris de voir entrer chez mon hôte ce même José, le « steward » ou sommelier noir du bateau à vapeur de l'Ohio.

— C'est un brave garçon, me dit M. D...., que j'emploie dans l'occasion pour mes affaires, et qui est fort intelligent et fort honnête. Les Américains seraient honteux de l'employer, il est noir ; vous ne pouvez rien imaginer de cruel comme le préjugé de couleur qui règne ici. Non-seulement les noirs, mais les mulâtres sont en horreur, surtout au Sud. Il suffit d'une goutte de sang africain dans les veines d'un homme pour qu'on le repousse de toute société humaine.

— Ce José dont vous parlez me semble pourtant avoir atteint une assez bonne situation.

— Il est « steward », voilà tout, une espèce de domestique. Les Américains ne s'opposent pas à ce que les noirs s'enrichissent ; ils leur permettent les beaux habits, les montres d'or et le linge fin ; ce qu'ils leur refusent absolument, c'est la dignité d'homme et de citoyen.

— Il y a des accommodements pour tout.

— En repoussant le nègre bien loin de tout ce qui constitue la force et la dignité humaines, les Républicains des États-Unis lui permettent d'être dandy, fashionable et ridicule autant qu'il le veut. Ils lui ferment la porte de leurs églises, mais ils lui donnent une église séparée. Ils lui ordonnent de faire bande à part. Nul ne pardonnerait à un noir de se mêler de politique ; on trouve fort bon que le nègre paraisse dans les promenades couvert de velours et étincelant de brocard ; cette race enfant se prête d'ailleurs avec joie aux volontés de ses maîtres. Il n'y a pas de grande ville d'Amérique, où vous ne puissiez vous donner le spectacle d'un *lion* noir ou d'une *lionne* noire, vraies curiosités. Le chapeau le plus lustré est planté de travers sur les cheveux les plus crépus. Une splendide boutique de bijouterie est suspendue au gilet du dandy nègre. Un jabot brodé pyramidal vient caresser des lèvres d'ébène, et des manchettes de dentelle se relèvent jusqu'aux coudes pour retomber sur des mains colossales ; les basques immenses, ornées de boutons guillochés et étincelants, suivent les ondulations de la taille qu'il balance élégamment en faisant jouer sa canne ou sa cravache autour d'un doigt chargé de diamants. Là lionne *noire* porte une cinquantaine d'aunes de mousseline blanche, étendant ses dimensions jusqu'à une circonférence qui occupe tout le trottoir! des boucles d'oreilles exagérées, un éventail énorme, un chapeau empanaché complètent son attirail. Si vous marchez derrière elle, la souplesse de la taille, la recherche extrême du costume et la richesse des étoffes ne vous laissent pas soupçonner ce qui vous attend quand vous allez avoir dépassé la promeneuse ; nez épaté, front fuyant, lèvres sans pareilles; indélébiles caractères de la race africaine. Je me souviens qu'un jour j'allais à Boston en chemin de fer, et nous n'avions pas fait plus d'un demi-mille quand une scène singulière et triste, dont un mulâtre fut le héros et la victime, se passa dans le wagon où j'étais. Tout au bout, à cette place qu'on appelle celle du président, était assis un jeune mulâtre dont la peau se nuançait à peine d'une imperceptible demi-teinte. Il était bien mis : cravate blanche, gants de couleur brune, excellente tenue et une physionomie modeste. De temps en temps le conducteur passait la tête par la porte et examinait l'intérieur du wagon. Je remarquai que le pauvre jeune homme se troublait et baissait les yeux dès que paraissait le conducteur. C'était chose triste et touchante que le long regard suppliant qui s'échappait des cils abaissés de ses paupières, se dirigeant vers le,cerbère des wagons. Enfin celui-ci entra dans le nôtre, marcha droit au mulâtre et sans lui dire un mot, de son doigt étendu lui montra la porte ouverte. Le jeune homme se leva et disparut humblement; une grosse larme roulait dans ses yeux.

— C'est bien fait, s'écria un petit jeune homme de vingt ans, à la face rose et aux longs cheveux blonds. La face de pain d'épices a ce qu'elle mérite!

Tout le monde de rire.

— Il se tiendra à sa place une autre fois, reprit un grand Alabamien d'un ton calme.

Nos républicains n'eurent pas d'autre observation à faire là-dessus. Quand repassa par la porte du wagon la tête osseuse et rouge du conducteur montrant une grande bouche riante et des dents blanches, il fut très-bien accueilli.

— On renvoie les chiens au chenil! s'écria-t-il.

— Et vous avez bien fait, dit un autre.

— Avez-vous jamais vu ces beaux minois qui font les gentilshommes? Parce que celui-ci est un peu blanchi, et assez mal blanchi, par parenthèse, on se donne des airs, on entre dans la bonne société, on a des prétentions! Ah! ah! la terre de pipe voudrait être de la porcelaine!... On y mettra bon ordre.

L'approbation était générale.

— Où l'avez-vous placé, demandai-je au conducteur?... Dans le tender?

— Ma foi, c'est ce qu'il méritait ; je l'ai mis tout simplement dans le wagon noir.

— Qu'est-ce que le wagon noir?

— C'est la cage aux nègres.

— Peut-on voir cela?

— Oh! si cela vous amuse! tenez, traversez le wagon des bagages, vous les verrez là-bas dans leur trou, bavardant comme des pies borgnes. Ils sont en vie et tout grouillants, je vous assure.

J'étais curieux de savoir ce qu'était devenu le pauvre mulâtre. Entre le tender et les bagages, dans une caisse qui n'était pas chauffée, on avait entassé la république nègre : douze personnes de tous les âges et de différents sexes. Une mère encore jeune enveloppait son enfant d'une mauvaise couverture de laine, pour le garantir du froid. Le mulâtre se tenait dans un coin, mordant sa canne. Les Africains l'avaient accueilli par de grandes moqueries qui avaient mis le comble à sa misère : il était trop blanc pour les nègres, et trop noir pour les blancs. Son regard, naguère si humble, pétillait de colère et de vengeance. A ma vue, il devint pâle comme la mort, et je me hâtai de me retirer pour ne pas avoir l'air d'insulter à sa peine. Combien de fois, à une table d'hôte, ai-je vu les convives se lever à l'approche d'un mulâtre ou d'un quarteron, lui signifiant ainsi qu'ils n'entendaient pas l'admettre sur leur niveau!

— Dans les États du Nord ces préjugés de couleur ne sont-ils pas moins violents que dans les États du Sud?

— Au Sud, le nègre est plus opprimé; au Nord, il est plus humilié. Un Louisianais regarde un nègre comme une bête fauve ; un Pensylvanien le traite comme un quart d'homme.

— Mais des citoyens! des républicains! Que disent de cela vos philosophes, et comment, en face de la déclaration des droits, expliquent-ils cette anomalie incroyable?

— Les esprits philosophiques, rares partout, le sont aux États-Unis plus qu'ailleurs ; personne ne se rend compte du véritable motif de la haine des Américains pour les noirs. Je crois que le calvinisme y est pour beaucoup. Le noir étant prédestiné à souffrir, il faut qu'il souffre : c'est la race de Caïn. Je pense aussi que l'orgueil républicain ici, comme dans les Républiques anciennes, prend volontiers pour piédestal le dos des esclaves. Pauvre humanité!

— Pauvre humanité! répétai-je.

. . . .

— Quelle route allez-vous prendre pour vous rendre aux lacs?

— Je ne sais. Vous me renseignerez.

— Voici une bonne occasion. José le noir va partir demain pour Genesee par la plus belle route du monde, les bords du Genesee, qui traverse une région très-pittoresque de la Pensylvanie, et que les Européens ne connaissent pas du tout. Prenez José pour guide; il est très-adroit et connaît le pays.

— De tout mon cœur. Vivent les routes.de traverse ! en général, les voyageurs passent et repassent par les mêmes sentiers; c'est plus commode et moins instructif. Ils vont de Boston à New-York, et de New-York à Boston, se faisant recommander aux hommes célèbres du pays et marchant sur la trace des touristes qui les ont précédés. Le beau moyen d'apprendre quelque chose de neuf! Jetons la plume au vent, et marchons à l'aventure. Votre guide est lui-même un *non-descript* « un être à part; » à ce titre il me plaît beaucoup et je l'accepte. Que va-t-il faire là-bas?

— Il va vendre, au nom de son ancien maître qui était Espagnol, une petite maison et un domaine dont ce dernier vient d'hériter à Genesee, et qui appartenait à une vieille dame espagnole mariée à un officier de la guerre de la révolution. Cette dame, restée veuve, avait fait exploiter par un fermier sa terre de Genesee et était venue habiter les limites de la Virginie, où elle vient de mourir de la façon la plus singulière. La Caroline du Nord, comme vous savez, est limitrophe de la Virginie, et ces deux provinces jouissent, sous le rapport de la salubrité, de réputations différentes. Le sol de la Caroline est bas, marécageux, malsain ; celui de la Virginie est montueux, accidenté, en général salubre. Notre vieille dame, devenue veuve, ne crut pouvoir mieux faire que d'aller habiter en Virginie une maison assez jolie, située sur le flanc d'un coteau. De son balcon et de ses fenêtres elle avait le nez sur les étangs et les marais de la Caroline ; mais elle n'en était pas moins en Virginie, et la Virginie est éminemment salubre. Cela la satisfaisait et elle vivait tranquille, sûre d'aller jusqu'à cent ans. Mais voici que l'on trace un nouveau cadastre ; on envoie des inspecteurs en Virginie, et ils mettent le coteau de la bonne dame dans la Caroline. Ce fut pour elle le coup de la mort : la Caroline était si malsaine !... Elle prit le lit, et huit jours après elle n'était plus. C'est elle qui laisse pour héritier don Ignazio, et José va tâcher de tirer des mains des attorneys l'héritage de son maître. Vous partirez avec lui ?

— Certainement !

. . . .

Deux jours après, Jose et moi nous étions en route pour Genesée, sur la crête même qui sépare les deux grands bassins, celui du Mississipi et celui des Lacs. Le paysage agreste, varié, mêlé de cultures très-soignées, de roches abruptes, de grandes prairies et de bouquets d'arbres, débris des vieilles forêts, est un des plus charmants que j'aie vus.

— Eh bien, Jose, dis-je à mon compagnon de route qui marchait lentement en portant sa petite valise, vous m'avez promis votre histoire et j'y compte.

— Elle est fort simple, Monsieur. J'ai commencé ma petite fortune à la Havane et au Texas ; vous allez savoir comment. Mon père, Africain de la côte de Guinée, appartenait à un riche Espagnol, propriétaire à la Havane. Ce dernier me donna à son fils. Don Ignazio, c'était le nom du fils, me traita bien, et me donna avec ma liberté une petite somme d'argent; j'appris à lire et à écrire. Les Espagnols, malgré leur orgueil, sont assez humains envers nous autres; ils nous soignent malades et nous gardent, devenus vieux. Don Ignazio eut des discussions graves avec le gouverneur de l'île, le fameux Tacon, qui était fort impérieux. Ignazio avait la tête chaude. Il se mit à courir les aventures, réalisa sa fortune, arma un petit brick, réunit une bande d'aventuriers et profitant de la guerre qui était déclarée entre l'Espagne et les colonies, se mit à faire des prises en mer. Sa bande lui était fort dévouée. Aidé par elle, il réussissait de temps à autre à faire quelques bonnes captures, ménageait les équipages, s'emparait de l'argent et des marchandises, et ne manquait pas d'en avertir le gouverneur Tacon, que cela mettait en fureur. Il m'aurait volontiers emmené avec lui; mais le métier ne convenait pas à mon humeur pacifique. Je commençai un petit commerce qui me réussit bien, commerce de menues merceries, de dentelles et d'objets d'habillement dont les gens de notre race sont, comme vous le savez, très-curieux. Cependant le fils de mon maître s'était enrichi de son côté sur une plus grande échelle. Il s'était emparé de la petite île de Galveston, alors déserte, dont il faisait le centre de ses opérations. Le hasard voulut qu'un jour, dans un café de la Havane, je me trouvasse à côté de deux Américains fort bavards. C'étaient de ces aventuriers hâbleurs que vous avez rencontrés au Texas en si grand nombre. Ces gens, qui étaient d'Opelousas, mêlaient le nom de don Ignazio à leur conversation. Je prêtai l'oreille.

— Combien sommes-nous? demande l'un.

— A peu près soixante, répondit l'autre, tant de l'Arkansas que de la Louisiane. C'est bien assez, j'espère, pour venir à bout d'une quarantaine de mauvais Espagnols.

— Ignazio n'est pas commode, et les gens qu'il a sous sa main ne le sont pas plus que lui.

— Bah! l'affaire est très-bonne; nous ne la manquerons pas. Tacon nous donne de l'argent et des fusils.

Cela me parut grave, et j'écoutai plus attentivement.

— Les Peaux-Rouges nous aideront, continua l'Américain; ce sont des Couchattes, et ils ne font de quartier à personne. Ils sont maintenant en guerre avec Ignazio, persuadés que c'est lui et sa bande qui enlèvent leur bétail, tandis que ces expéditions sont faites par nous. Il est convenu qu'on prendra son temps, et que les Peaux-Rouges, au nombre de cinq ou six cents, attaqueront l'île; nous les suivrons de près. Ignazio ne se doutera de rien. Nous tomberons la nuit sur les drôles, et le magot sera à nous.

— Quand?

— Il nous faut encore un mois pour arranger tout cela et bien nous entendre avec les Peaux-Rouges.

— Je suis des vôtres.

Je les quittai; j'étais assez instruit. Je traversai le golfe, et je me rendis à Galveston, où j'appris à Ignazio ce qui le menaçait.

— Très-bien, me dit-il; il faut les prendre au piége qu'ils nous ont tendu, et ce ne sera pas difficile.

Il envoya des espions qui lui rendirent un compte très-détaillé de tous les mouvements de ses ennemis, distribua ses sentinelles sur les côtes de l'île, et s'attendit à soutenir une véritable guerre. Je m'en retournai à Santiago, prêt à lui donner tous les renseignements qui pourraient lui devenir utiles. Ces messieurs, qui ne se croyaient pas dépistés, suivirent leur plan d'opération.

Pendant une nuit fort obscure du mois de mars, les confédérés, Couchattes et Américains, abordèrent l'île dans une soixantaine de canots. Cette île est une langue de terre oblongue et très-étroite, parfaitement unie, sans arbres et sans autre édifice qu'une espèce de blockhaus situé au centre. Tout se taisait. Un ou deux chevaux errants dans le pacage s'offraient seuls aux regards des envahisseurs. Ils se crurent parfaitement sûrs de leur fait, et les Américains dirent aux Peaux-Rouges : « Nous allons marcher à l'avant-garde et nous n'avons pas le moindre besoin de vous. » Les Peaux-

Rouges disputèrent à leurs amis l'honneur de l'expédition, et tous, marchant sans précautions, à cause du grand silence qui les rassurait, se dirigèrent vers le blockhaus. Il y avait là trois petits canons disposés derrière une palissade; la palissade tomba, et ce fut une exécution terrible. La garnison continua le feu; et Peaux-Rouges et Américains, se culbutant jusqu'à la mer, eurent à peine le temps de s'entasser dans les canots. Mais on avait prévu cette déroute complète, et deux petits schooners, barrant le passage aux fugitifs, achevèrent leur destruction et s'emparèrent des soixante canots et de toutes les armes.

Voilà ce que m'apprit un petit nègre que m'envoya don Ignazio. A la lettre qu'il m'écrivait, était jointe une somme de 13,000 dollars, dont j'usai pour continuer mon commerce et que je mis fort bien à profit. Il m'annonçait en même temps qu'il renonçait à son état et devenait citoyen des États-Unis, où il comptait devenir propriétaire et capitaine d'un des steamboats du Mississipi. Il ajoutait que si, dans deux mois, je voulais venir le trouver à la Nouvelle-Orléans, dans un endroit qu'il m'indiquait, il me réservait à son bord une situation qui pourrait continuer ma fortune. C'est ainsi que je devins sommelier d'un vapeur, excellent état, Monsieur, et qui rapporte à peu près 30 pour 100 du capital. J'ai eu le malheur de le perdre, mais on s'était accoutumé à moi, et le nouveau propriétaire a jugé convenable de me conserver.

Voilà, Monsieur, toute mon histoire; je suis peut-être le seul nègre qui se soit élevé aussi haut dans ce pays-ci. Je fais de l'argent, à condition de servir humblement les républicains.

. . . .

Je suis obligé de suspendre ma lettre, on m'appelle pour aller rendre visite au célèbre et grandiose Niagara, qui gronde à mes pieds. Je vous conterai les révolutions que vient de subir récemment ce vieux monarque.

IX

Le Niagara.— Erosion des rochers.— Les deux cataractes. — Voûte de cristal. — De Syracuse à Utique, en passant par Rome.— Comment on descend le Saint-Laurent. —« S'absquantilater. »— Notions, locations, supputations. — Conversation bizarre. — Un Français du temps de Louis XIV.— Le Canada perdu.— Mésaventure de sir Francis Head.

Pavillon du Niagara, 10 octobre 1849.

Je vous ai promis des détails précis sur les révolutions récentes du Niagara. Je suis à même de vous édifier sur la destinée actuelle de ce grand personnage et sur son avenir. Me voici en face de son trône et accompagné de l'habile ingénieur qui a lancé sur les flots du Saint-Laurent un pont suspendu en fil de fer d'une si étonnante hardiesse.

L'*Hôtel du Pavillon*, que je suis venu habiter, après avoir quitté José, le sommelier noir, domine la cataracte et se trouve à peu près à deux cents pieds au-dessus du niveau du fleuve. La cataracte, vous le savez, se divise en deux parties, l'une appartenant au Canada, l'autre aux États-Unis. Entre les deux subdivisions de cette terrasse et de cette chute d'eau gigantesques se trouve l'île aux Chèvres qui les sépare et qui se rattache à la rive américaine par le pont suspendu, construction presque féerique dont les fils de fer tordus apparaissent de loin aux voyageurs comme les fils de la Vierge balancés aux branches de deux saules. Du balcon de la chambre où je vous écris, on ne découvre que la partie américaine de la cataracte, et maintenant que la lune brille au sud, cette partie elle-même qui fait face au nord-ouest est ensevelie dans l'ombre. Je n'entends que le perpétuel tonnerre et le sombre mugissement de cette énorme nappe d'eau croulante. Elle absorbe tous les autres bruits de la nature ; et elle est invisible au milieu de la clarté dont les forêts sont inondées. Tout cela est grand plutôt que beau ; vous avez une lune qui semble plus large, un ciel plus bleu ; des profondeurs aériennes plus reculées, des nuages plus blancs, une brise plus forte, une pluie aux gouttes plus épaisses, des horizons plus éloignés que dans l'ancien monde ; enfin un escalier d'eaux bondissantes qui engloberait aisément trois cents cataractes comme celle de Schaffhouse. Si l'Européen nouveau-venu dans ces régions, au lieu d'exagérer ses impressions réelles s'occupe de les interroger, il reconnaîtra que le véritable effet produit sur lui par ce développement colossal de toutes les forces de la nature, c'est moins un sentiment de plaisir qu'une sorte de stupeur et d'éblouissement.

Vous n'ignorez pas que la cataracte se détruit elle-même progressivement et recule d'année en année ; retraite douce et lente qui ne tire pas à conséquence, comme je vais vous le prouver. Cette gigantesque corniche de rochers, d'où les eaux font depuis la création un saut de deux cents pieds sur une largeur de trois quarts de mille, s'use nécessairement un peu sous une action si continue et si énergique. Le rocher perd ainsi environ un pied par an, et la masse d'eau recule d'autant, bien entendu. Si l'on supposait qu'elle a autrefois occupé l'emplacement de Kingston, il lui aurait fallu 40,000 années pour venir occuper sa localité présente. Il lui faudra encore 100,000 années pour atteindre le lac Erié, vers lequel se dirige sa marche rétrograde.

J'avais voulu embrasser la cataracte d'en haut et à vol d'oiseau. C'est d'en bas et en face de la chute qu'il faut la contempler. Je fus désappointé d'abord, comme tous les voyageurs, parce que, comme eux, je m'y pris mal et choisis un mauvais point de vue. Elle se prolonge sur une double ligne brisée, tellement vaste, que la largeur de cette terrasse disproportionnée à son élévation, amoindrit considérablement l'effet général. Le Niagara, comme tout ce qui est grand, gagne à être étudié.

C'est de Clifton-House, en face de la cataracte dite Américaine, qu'il faut contempler ce grand phénomène. On y arrive par une allée fort belle qui suit la rive gauche de la rivière. Hier, à midi, le soleil brillait de toute sa splendeur, et les vapeurs matinales s'étaient dissipées, quand je m'acheminai vers Clifton-House. Toujours assourdi par l'éternel tonnerre du fleuve, mais respirant avec joie l'air salubre et frais des forêts et des lacs, j'atteignis bientôt le portique d'où je pus mesurer de l'œil la double terrasse de rochers. Quelques flocons, semblables à de la neige ou à de l'écume tourbillonnaient à la base de la double nappe d'eau, spectacle vraiment magnifique. Au centre de ce qu'on appelle le *fer à cheval*, un pilier de vapeurs s'élevait comme une colonne torse et ondoyait en bannière blanche sur le front de la cataracte. Cette *chute du fer à cheval* doit son nom à une courbe rentrante que forme la grande corniche d'où se précipitent les flots. L'œil suit à droite et à gauche les deux lignes irrégulières et obliques aboutissant au rocher isolé du centre qui se nomme l'*Ile aux Chèvres*, et qui occupe à peu près le quart de l'espace tout entier. Supposez une terrasse immense composée de blocs de pierres ou de roches, qui commencerait au pavillon de Flore des Tuileries, et qui, par une ligne oblique que briserait le Pont-Neuf, irait aboutir au Jardin des Plantes. Supposez au-dessous de cette ligne transversale, creusée sur quelques points et interrompue par le terre-plein du Pont-Neuf, un précipice de cent cinquante et même de deux cents pieds, où tomberaient les eaux lancées du sommet de la terrasse, laissant à sec la statue de Henri IV et quelques toises à l'entour: voilà le Niagara.

Ce qui vous étonnera, et ce qui est conforme aux faiblesses de notre esprit, c'est que la célèbre chute m'a surtout paru importante et sublime au point d'où je ne pouvais pas la voir. Sous la courbe humide et transparente qu'elle décrit en se précipitant, et là seulement, il faut le dire, j'ai enfin trouvé les émotions solennelles auxquelles tout bon voyageur se prépare et qui m'avaient fait faute. Vers les trois heures, je suivis mon ami l'ingénieur, et nous nous engageâmes bravement sur le pont qui conduit à l'île aux Chèvres. Comment il est parvenu à l'édifier en pareille situation? c'est ce dont je ne puis me faire aucune idée : des fils de fer convenablement disposés et enroulés supportent cette légère et prodigieuse machine. Le pont tremblait, les eaux grondaient sous nos pieds ; leur miroir mobile se déroulait comme une étoffe d'argent sur un cylindre qu'on mettrait en mouvement ; enfin nous arrivâmes. Une fois que j'eus mis le pied sur l'île, je me trouvai entre la chute d'eau américaine et celle du Canada, les oreilles remplies de leur tumulte et le corps baigné du rejaillissement de leurs eaux. Il est très-singulier, je vous assure, de se sentir ainsi pressé entre deux fournaises liquides. Au-dessous du rocher descendait par une pente assez abrupte un petit taillis épais au fond duquel s'ouvre un précipice. Un escalier de bois en spirale facilite la descente, et conduit le voyageur non-seulement au pied, mais au-dessous de la cataracte.

— Allez tout seul, me dit l'ingénieur; le nègre Zambo vous accompagnera; pour moi, je suis blasé sur ces jouissances.

Zambo, notre guide noir, qui ricanait toujours sous sa toile cirée, était, j'en suis sûr, tout à fait du même avis que l'ingénieur. Il me précéda sur l'escalier, et montrant ses grosses dents blanches et moqueuses :

— *Massa*, me dit-il, c'est bien nuit, tout à fait nuit là-bas; et toujours pluie, toujours pluie!

Plus nous descendions, en effet, plus les ténèbres s'épaississaient. A droite et à gauche, au milieu de la pénombre, les couleurs de l'iris dansaient et chatoyaient, formant une valse éternelle. Plus on regarde, moins on voit. En descendant encore, nous nous trouvâmes au pied et au-dessous de la grande chute. C'est là que commence la magie, le palais de cristal d'Ondine-la-Fée. Les deux nappes d'eau, séparées à leur berceau, passent par-dessus la base de l'île et y réunissant leur double jet, de manière à ne former qu'une seule arcade qui roule toujours et sous laquelle vous

8

passez. J'étais trempé, mais j'admirais ; et Zambo, dont les dents claquaient de froid, avait l'air de se moquer de moi de tout son cœur.

— *Massa*, me dit-il, regardez en haut. Cela pleut beaucoup ; mais *Massa* sera bientôt séché?

Je fis ce qu'il me disait, et la douche froide qu'il avait annoncée baigna mon visage. En effet, la chose valait la peine d'être vue. Tout souvenir des paysages ordinaires et des spectacles terrestres a disparu. Si vous levez les yeux, vous ne voyez plus qu'une arcade magnifique et tourbillonnante, blanchâtre et nacrée dans son ensemble ; étincelant aux deux extrémités du segment de cercle que décrivent les eaux d'une lumière bleue et mobile d'un vert pâle au centre ; vert sillonné de veines blanches comme le plus beau marbre. Je conviens qu'on achète un peu cher ce radieux spectacle. Les énormes sabots et les habits imperméables dont je m'étais muni ne m'empêchaient pas d'être mouillé jusqu'aux os, à la grande satisfaction de mon guide nègre, accoutumé à cette douche éternelle qui le fait vivre...

Montréal, 15 octobre 1849.

J'ai voyagé fort vite. J'avais encore dans les oreilles le tonnerre du Niagara, quand après avoir remonté le Saint-Laurent, je débarquai à Buffalo, ville singulière située à la pointe du lac Erié, et qui réunit tous les caractères d'un port de mer. C'est à elle que vient aboutir la navigation de ces mers intérieures, reliées par des canaux admirables. De Buffalo à Rochester, et de Rochester à Auburn, par le lac Cayouga, mon voyage fut d'une vélocité telle que je n'eus juste que le temps de remarquer la beauté variée du paysage et l'extrême propreté des villages, assez semblables sous ce rapport aux hameaux qui avoisinent le lac de Constance et le lac de Genève. D'Auburn, je me dirigeai sur la petite ville nommée Syracuse, et de Syracuse à Utica, en passant par Rome.

Nous étions une douzaine dans le même wagon, la plupart fermiers et marchands de blé de ces régions fécondes.

— Quelle est cette ville, demandai-je à mon voisin, gros homme à l'air aimable, et qui rentrait dans le type convenu de John Bull, là-bas ce clocher blanc qui surmonte une douzaine de maisons rouges en briques?

— C'est Rome.

— Rome?

— Certainement! J'en sais quelque chose : *je vis dans Rome* (*I live in to Rome*), tel que vous me voyez. Avant peu de temps, Rome fera parler d'elle. Les cochons y sont superbes.

— Je n'en doute pas.

— Belle *location* que Rome!

Comme je ne répondais rien, il reprit :

— Je vous parle que c'est une superbe *location*.

Je répliquai au hasard :

— Certainement.

— Je *compte* que vous savez, étranger, ce que c'est qu'une *location ?* reprit-il.

— Pas du tout.

Il partit d'un éclat de rire homérique.

— Vous autres du vieux monde, vous n'avez pas de *notion,* pas la moindre *notion* des choses.

— Je n'ai pas en effet de *notion* là-dessus, répondis-je, en riant.

— Une *location,* voyez-vous, étranger, je *calcule* que c'est un endroit où l'on bâtit ; et je *suppute* que nulle partie du monde n'a d'aussi belles *locations,* ni des *fixités* plus délicieuses.

Je prenais là une leçon de langue américaine à si bon marché, que je crus devoir animer la conversation du brave fermier romain.

— Qu'est-ce que c'est que des *fixités ?* lui demandai-je.

— C'est incroyable qu'on ne sache pas cela. Une *fixité,* c'est une maison, un champ que l'on cultive, un lieu où l'on s'arrête.

— Très-bien ! j'aime à m'instruire et je vous suis obligé.

— Ah çà, depuis combien de temps, étranger, vous êtes-vous *absquantilaté* de votre pays ?

— Abs...? quan...?

— *Abs-quan-ti-la-té,* reprit mon homme en détachant les syllabes et en riant de manière à faire retentir les échos lointains du lac Cayouga.

— Vous me trouverez encore bien ignorant, lui dis-je, voici un nouveau mot que je ne comprends pas.

— On voit bien que vous êtes un pigeon tout neuf, étranger. Cela veut dire ce que les Anglais appellent « se faire moindre, » s'en aller. Depuis combien de temps avez-vous quitté le vieux pays sauvage?

— Depuis un an à peu près. J'ai traversé toute l'Amérique.

— Jusqu'aux *Nez bleus?*

— Vous dites ?

— Je vous demande si vous avez vu les *Nez bleus,* les gelés du Canada et de Shelburn ?

— Je vais leur rendre visite, pour revenir à Washington.

— *Capitale notion!* Vous voulez voir toute l'Amérique? Il n'y a pas de pays semblable, n'est-ce pas? Nous *battons* l'univers à plate couture, nous le passons, et *d'une grande demi-aune,* hein?

Je répondis à ce bon citoyen, pur type du petit commerçant et du fermier de New-Hampshire, que je trouvais beaucoup de belles et bonnes choses dans son pays, et que surtout j'estimais le patriotisme ardent qui le faisait parler, et qui animait également tous les Américains que j'avais rencontrés sur ma route. Il continua son panégyrique de l'Union dans le dialecte spécial des

8.

classes agricoles et ouvrières. Un des plus bizarres termes de cette phraséologie, c'est *absquantilating*, pour « s'en aller, » *to go out*. Les philosophes ne manqueront pas de remarquer que ces expressions prétendues nouvelles appartiennent au jargon vulgaire des faubourgs de Londres, qu'elles ont eu jadis droit de bourgeoisie dans Blackfriars et Westminster, enfin que la plupart se rapportent à des idées d'industrie, de commerce et de spéculation.

Après avoir dépassé les chutes de Trenton, je louai un petit cheval, et me rendis, par une route de traverse, à Kingston où je m'embarquai sur le Saint-Laurent. Deux bateaux à vapeur descendent ce fleuve, l'un qui ne va que jusqu'à Lachine, l'autre qui continue sa route jusqu'à Montréal. Je choisis celui des deux qui après avoir franchi les célèbres Rapides de Lachine, s'arrête à ce village où je voulais me reposer. C'est une navigation formidable et magnifique, curieux exemple du grand combat de la nature américaine domptée par l'homme. Voilà le vrai drame du pays où je me trouve, drame qui en constitue l'intérêt et qui n'a rien d'équivalent en Europe. L'homme civilisé européen déclare la guerre à l'homme dont les intérêts heurtent les siens. Ici il n'y a qu'un grand intérêt universel : forcer la nature dans ses retranchements, dessécher les marais, corriger les miasmes, museler les fureurs des grandes cascades, creuser des canaux, abattre les bois, fertiliser les prairies sauvages, relier par des sillons de fer les villes éloignées. Souvent il arrive que ces puissances ennemies, l'homme et les éléments, se disputent encore la victoire. Spectacle admirable.

Ainsi le *grand sault* du Saint-Laurent à franchir est un vrai tour de force qui ne laisse pas tranquille ceux qui l'exécutent, et dont on garde toujours la mémoire.

Il y avait sur notre vapeur, outre le pilote et le capitaine, qui ne parlait que pour donner des ordres d'un ton fort sévère, un ou deux habitants du Maine, au maintien roide et à la figure rouge, et toute une colonie de jeunes Anglo-Canadiennes appartenant à l'une des familles les plus respectables du pays, bien élevées, timides comme des colombes, et placées sous la garde d'une vraie gouvernante anglaise aussi *prim* et aussi sentencieuse que les filles de Cromwell. Quand nous eûmes dépassé l'embouchure de l'Oswegatchie, rivière dont les eaux noires comme de l'encre charrient une quantité considérable de limon, nous franchîmes sans peine les deux ou trois premiers Rapides qui n'ont rien de bien effrayant, et nous fîmes halte pendant quelques minutes au débarcadère de Dickenson (*Dickenson's landing*), pour nous préparer au grand saut que nous allions exécuter. C'est là que commence le beau canal Saint-Laurent, destiné à éviter ce pas difficile aux navires qui ne sont pas construits pour l'affronter. Bientôt nous nous remîmes en route ; la vapeur recommença son office ; le capitaine et ses hommes devinrent plus actifs, plus sombres et plus attentifs qu'auparavant; et toute la colonie féminine, pâle comme la mort, se réfugia dans la cabine. Je restai seul sur le pont. Les flots se brisaient et déferlaient contre les côtes nombreuses et verdoyantes qui nous séparaient de la rive américaine ; le vapeur côtoyait la rive du Canada beaucoup plus dangereuse. La Rapide, qui a gardé son vieux nom français, le *Grand Sault*, était devant nous. Ses eaux tumultueuses écumaient, grondaient, bouillonnaient avec une épouvantable fureur; un bruit de tonnerre se faisait entendre, et partout à la surface plombée des lames mugissantes surgissaient les crêtes blanches et écumeuses qu'un éternel orage faisait tourbillonner. Pendant un quart de mille nous glissâmes sur une pente assez vive, jusqu'au moment où l'agitation des lames, devenue plus impétueuse, nous annonça que le péril augmentait. Nous n'avions encore entrevu que les préliminaires du vrai Rapide ; chacun retenait son souffle, et une espèce de stupeur avait saisi l'équipage, passagers et matelots, le pilote y compris. C'était le moment de la crise. La cataracte nous embrassait de son étreinte la plus folle. Il me sembla d'abord que nous restions immobiles, enveloppés d'un chaos de lames foudroyantes, et que tout, rochers, forêts, rivages, horizons, bondissaient et tournoyaient dans une valse gigantesque. Bientôt je reconnus que le bateau descendait ou plutôt tombait comme une pierre qu'on aurait lancée dans un gouffre

Ses roues, mues par la flamme, continuaient bravement leur combat, et leur rotation accrue par le poids qui les pressait devenait insaisissable à l'œil. Nous fîmes ainsi plusieurs milles en cinq ou six minutes. Enfin cette scène formidable devint plus calme : tout s'apaisa, et le navire sembla respirer. Je croyais sortir d'un rêve. Derrière nous la cataracte grondait toujours ; le plan était moins incliné ; le lit du fleuve s'était resserré, et le courant très-rapide encore nous emportait, mais ne nous précipitait plus.

Après une telle expérience, les autres Rapides que nous franchîmes, le saut du Coteau, celui des Cascades, et même celui de Lachine me semblèrent de véritables jeux d'enfant. Je me trouvais auprès du pilote dont la physionomie singulière, le teint brun, le front haut, la mine austère et le nez arqué m'avaient semblé tout à fait caractéristiques. J'appris que c'était un Indien chippeway devenu civilisé.

— Il n'y a pas grand danger ici, lui dis-je, n'est-il pas vrai ?

— Il y a moins d'eau, mais plus de danger, me répondit-il laconiquement dans un baragouin fort étrange ; nous causerons tout à l'heure ; que chacun se tienne à sa place et ne bouge pas.

L'œil fixé sur la roue que son bras maintenait, il semblait apporter le plus grand soin à ce que l'embarcation ne quittât pas une ligne précise sur laquelle son regard était arrêté. Vers la fin de notre descente, la quille effleura un fond de rochers, le bateau oscilla violemment, l'eau vint jaillir en grandes lames sur le pont, quelques passagers en eurent jusqu'aux genoux, et le pilote me dit :

— C'est fini ; mais sur ces rochers-là plus d'un vaisseau a laissé sa carcasse.

A notre gauche s'élevait la belle capitale du vieux Canada.

. . . .

Dès mon arrivée à Montréal, je fus frappé d'une différence énorme entre l'industrie, la civilisation, l'activité des États-Unis indépendants et l'espèce de torpeur dans laquelle végètent, malgré les efforts de l'Angleterre, ces admirables colonies que nous autres Français nous avons fondées et abandonnées. C'est le même contraste qui en Irlande oppose les cantons cultivés par les Écossais de race anglo-saxonne à ceux que les Keltes irlandais occupent. L'absence d'un intérêt réel et d'un avenir certain agit sur les peuples comme les narcotiques sur le cerveau ; ce sont là les éléments délétères qui paralysant le crédit, détruisant l'espoir, suspendant le progrès, frappent les nations de léthargie et enfin de mort.

Sous la conduite d'un vieux gentilhomme fermier du Canada, Français jusque dans la moelle des os, et parlant encore la langue de Louis XIV, j'accomplis, selon mon dessein, une tournée rapide dans ces provinces intéressantes, dont je me réserve de vous décrire un jour les mœurs et l'état présent.—« La France a perdu toutes choses de ces côtés-ci, me disait M. de F.... De l'embouchure du Saint-Laurent jusqu'aux grands Lacs, et de ces derniers jusqu'à l'embouchure du Mississipi, vous trouvez encore des traces extraordinaires de notre domination, aujourd'hui disparue. Sous le règne du feu roi Louis XIV, à peine l'Angleterre occupait-elle une mince bande de terrain le long des côtes de la mer Atlantique ; et nous avions, nous, un cercle de plusieurs milliers de lieues, défendu par de belles forteresses et de bons bastions. Le vieux et savant voyageur Thevet avait baptisé tout cela du nom de France Antarctique. Où sont les châteaux, les comptoirs, les églises que nous avions bâtis ? Cet empire magnifique qu'un autre peuple moins ardemment prompt à renverser, plus capable de fonder, aurait défendu jusqu'à la dernière goutte de son sang, qu'est-il devenu ? on ne voit plus notre drapeau nulle part, qu'il soit blanc ou des trois couleurs. Vous savez par quels degrés successifs et rapides ce beau pouvoir s'est écroulé. Au lieu d'envoyer follement des troupes au secours de cette colonie puritaine et anglaise, qui certes se serait défendue et libérée toute seule, M. le marquis de Vergennes et M. le comte de Choiseul auraient mieux agi, s'il leur était venu en tête de songer à nos propres possessions, et de conserver notre vieille colonie toute française. La cession de ce beau pays fut un des premiers signes de débilité et d'affaissement que donna le grand corps social français. Au commencement du présent siècle, la France céda encore pour quelques écus la Louisiane, un pays qui a des avantages de toute espèce en commerce, en agriculture et en politique, un pays dans lequel un homme de génie taillerait à son aise des républiques et des royaumes. C'est cette conduite qui fait rire à nos dépens les Anglais et nos voisins, messieurs les prétendus réformés de l'Amérique qui ne sont, après tout, que des Anglais exagérés. Tout cela finira par nous absorber dans l'Union. Les Anglais s'y préparent. Tous les jours ils s'occupent de relâcher peu à peu les chaînes de la métropole ; ils donnent plus de pouvoir aux municipalités, aux corps électoraux, et favorisent ainsi les plans des *sympathiseurs,* comme s'appellent les Américains qui favorisent l'annexion du Canada. Il est arrivé à ce propos une aventure véritablement originale à sir Francis Head, homme célèbre par son bel esprit et les jolis livres qu'il a faits. Il était gouverneur et tory, et il fut obligé de réprimer une petite insurrection du côté de Toronto. Après cette algarade, où le succès lui était resté, un certain Bilfield, avocat et homme de talent, qui avait excité l'émeute par un feu continuel de paroles, jugea convenable de venir se remettre volontairement entre les mains du gouverneur, en lui demandant grâce pour le passé. Sir Francis en usa fort généreusement, et lui remit un paquet de lettres interceptées, la correspondance de Bilfield avec le célèbre

Papineau; il y avait là de quoi le faire pendre. Il demanda en même temps à Bilfield une promesse écrite de passer aux États-Unis et de ne plus remettre les pieds dans les possessions anglaises. Bilfield signa, partit et se fit citoyen de l'Union, qui le reçut à bras ouverts. A peine ce traité était-il passé, arrive un courrier venant de Québec, lequel apportait au gouverneur une dépêche ministérielle qui lui annonçait l'arrivée de son successeur et le tançait vertement pour avoir été trop sévère envers Bilfield et n'avoir pas assez cédé aux principes démocratiques. Je ne vous dis pas que ce ne fût très-habile. Grâce à de telles habiletés le Canada n'échappe pas encore aux mains de ses possesseurs. Mais qui fut penaud et surpris? Notre gouverneur qui s'en retourna dans son Angleterre, pour y écrire des romans et des voyages, genre de travail où il est passé maître. »

Nous partons demain, M. de F... et moi, pour Boston, où il a des affaires à traiter. De là, je compte me rendre seul à Washington par la voie la plus prompte, pour y assister aux séances des deux Chambres. J'espère passer en revue avec vous les orateurs et les hommes politiques de ce vieux monde qui sait si bien renouveler le passé sans briser l'avenir.

X

Une anecdote sur Fenimore Cooper. — De Montréal à Shelburn et de Shelburn à Washington. — Histoire de Wilhelm Canandaigua. — La Caravane en Californie. — Le Capitole. — Une séance de la chambre des Représentants. — Départ pour l'Europe.

Washington, 25 octobre 1849.

Le célèbre romancier Fenimore Cooper, dont vous connaissez les ouvrages, vient de m'apparaître dans une capacité toute à fait nouvelle. Je faisais route, et route très-rapide, vers Washington, en compagnie de M. de F., l'Anglo-Canadien dont je vous ai parlé, et nous passions par Utica, petite ville que j'avais déjà visitée en allant à Montréal. Le temps était beau; nous nous promenions nonchalamment par les rues, quand une vingtaine de gens attroupés devant une porte un peu plus grande que les autres attira notre attention. Nous entrâmes. C'était la Cour de justice du lieu. Un homme de taille assez élevée, maigre, à l'œil vif, et dont les cheveux blancs et bouclés accompagnaient avec assez de grâce une figure expressive et agréable, plaidait devant un tribunal composé de trois juges et de quelques assesseurs vêtus d'habits bourgeois, sans robes, sans toques et sans insignes d'aucune espèce, une cause qui semblait intéresser beaucoup l'auditoire, les juges et lui-même. C'était Cooper.

Un nommé Stone, dont le nom, comme vous savez, signifie *Lapierre,* avait publié dans je ne sais quel journal américain une diatribe violente contre l'ouvrage de Cooper sur *la Marine des États-Unis* et sur son Histoire. Attaqué en calomnie par l'historien, Stone avait opposé une *fin de non-recevoir,* ce que l'on appelle en Angleterre et en Amérique un *demurrer.* Cooper s'était chargé de soutenir en personne la validité de l'attaque ; une orange placée sous sa main lui servait à rafraîchir de temps à autre ses lèvres altérées, et à restaurer son éloquence médiocrement abondante et facile. Il s'arrêtait de phrase en phrase, revenant toujours à la bienheureuse orange, procédé commode que je m'empresse de communiquer à vos orateurs inexpérimentés. Une grande partie de son argumentation roulait sur un fait accessoire qui ne se rattachait que d'une manière oblique à la plaidoirie elle-même. Stone, démocrate déterminé, et adversaire naturel de Cooper dont l'opinion politique, entachée de préjugés européens et monarchiques, n'agrée point à la majorité de ses compatriotes, a publié, il y a quelques années, un ouvrage historique sur la même matière. Il paraît que de grossières erreurs s'y trouvent. Cooper en donnait le détail, et là-dessus il ne manquait pas de triompher. Un dernier argument, mis en avant par l'avocat de sa propre cause, finit par enlever tous les suffrages. L'argument n'était pas fort, comme vous allez voir : « *Lapierre* (Stone), s'écria-t-il, est trop exposé lui-même à la critique pour avoir le droit de critiquer ses confrères. Sa maison est une maison de verre ; est-ce à *Lapierre* de jeter *la pierre* sur la maison de son voisin ? »

Cet abominable jeu de mots lui assura la victoire.

— Qu'en dites-vous ? me demanda M. de F... au moment où la foule s'écoulait après avoir applaudi.

— Voilà une méthode neuve en fait de critique littéraire.

— C'est mieux que cela. Fenimore Cooper a perdu depuis longtemps la popularité que ses romans nationaux lui avaient acquise. Dans deux ou trois ouvrages sévères il a maltraité ses concitoyens, les accusant de vanité, de cupidité et de tous les vices que le bon Dieu nous a donnés, et que le père Adam et la mère Ève ont eu l'imprudence de nous léguer, à tous tant que nous sommes. Les jeunes peuples sont comme les jeunes gens, ils n'aiment pas qu'on les gronde. Cooper, depuis longtemps dédaigné de ses compatriotes, très-chatouilleux sur le point d'honneur national, a vu l'étendue de sa faute. Il essaie aujourd'hui de la racheter un peu, en baisant la patte du lion populaire. C'est là que tend cette grande exhibition à laquelle nous venons d'assister tout à l'heure. Elle ne lui a pas trop mal réussi.

— C'est original et peu dangereux.

— Comme vous voudrez, reprit l'imperturbable gentilhomme ; mais, tout originale que soit la scène, je la trouve ignoble, pour mon compte. Sous le feu roi Louis XV, MM. les philosophes jetaient les hauts cris à la moindre flatterie que l'on adressait au souverain ou à ses favoris. Un duc ou un comte tenant le bougeoir du roi était traité de personnage indigne et ridicule. Voici un homme de grand talent qui tient le bougeoir de la plèbe sans qu'on y trouve à redire. Il fait le bouffon pour amuser trois ou quatre brocanteurs qui le méprisent. Le beau métier!

— Les États-Unis, répondis-je à ce vieux sujet de S. M. Louis XV, doivent leur force à ces mœurs rudes, militantes, hardies, entreprenantes, moitié sauvages, moitié civilisées, armées de toutes les ressources de l'industrie moderne, puissantes de toutes les énergies de l'homme primitif.

M. de F. allait me répondre, car il n'était jamais à court, selon la louable habitude des Français du bon temps, quand il fut coudoyé rudement et presque renversé par un passant qui venait à nous. Les deux hommes se retournèrent et se reconnurent.

— C'est Wilhelm! s'écria M. de F.

— Je suis content de vous voir, monsieur de F., reprit l'inconnu, vêtu à l'européenne, mais sans cravate et les mains enfoncées dans d'immenses poches de pantalons ou *trowsers,* qui allaient se perdre dans ses bottes, à la façon des Cosaques des steppes. Ne m'appelez plus Wilhelm; j'ai renoncé à ce vieux nom teutonique aussi bien qu'à la baronnie de mon père. Je m'appelle Canandaigua, s'il vous plaît; et depuis l'époque assez éloignée où je vous rencontrai à Québec je suis devenu un vrai sauvage.

— Faites-nous l'honneur de dîner avec nous, vous nous conterez tout cela. Ce sera curieux.

Il accepta; nous regagnâmes ensemble notre hôtellerie, fort bonne par parenthèse : l'Union est le pays des excellentes auberges. Nous passâmes la soirée ensemble, et j'eus le loisir d'étudier un des types les plus dignes d'attention que présente la société américaine, mélange extraordinaire de toutes les civilisations possibles.

Canandaigua, ou, si vous voulez, Wilhelm von Lessow, est l'homme civilisé revenu à la vie sauvage, l'embrassant avec cette ferveur d'enthousiasme que les convertis apportent toujours dans leurs croyances nouvelles. Imaginez un homme de trente ans, assez petit et maigre, les traits vivement et finement sculptés, le front haut, l'œil noir et emboîté dans une arcade profonde, les dents blanches comme de l'ivoire, le teint verdi et bronzé par l'action double et contraire du hâle et de la bise, les cheveux noirs et longs tombant sur ses épaules.

Élevé dans une université d'Allemagne, et sachant toutes les langues d'Europe, il a composé à son usage une langue spéciale dans laquelle une foule d'idiotismes, empruntés aux langues indigènes de l'Amérique se mêlent au russe, à l'allemand et à l'anglais. Les longues années de silence qu'il a passées dans le désert l'ont déshabitué de la parole ; il y a comme une sourdine à sa voix dont les sons étouffés et doux produisent un effet bizarre. Cet homme, qui s'exprime avec effort, n'en est pas moins capable de lire et de comprendre Hegel, Schelling et Carlyle, et je me suis plu à l'entendre commenter et discuter avec mon compagnon de route les doctrines des plus profonds penseurs des temps modernes. Revenu à quelques-uns des instincts de la vie sauvage, il ne peut ni s'asseoir à table ni rester longtemps en repos. Jamais sa prunelle ne s'arrête sur un objet déterminé. La mobilité perpétuelle semble nécessaire à son corps comme à la direction de son regard. Attendre, mais non craindre un ennemi quelconque et s'apprêter à le repousser, telle est l'expression habituelle et le sens évident de son attitude et de son visage. Rien ne me paraissait plus curieux à examiner que ce produit de l'intelligence européenne à sa haute expression et de la vie nomade dans son extrême liberté.

— De quel côté vous dirigez-vous maintenant? lui demanda M. de F..., quand nous eûmes dîné.

— Je vais, répondit Canandaigua, chasser le buffle dans les prairies de l'ouest, ou allumer mon feu d'herbes sèches dans les gorges profondes des montagnes Rocheuses. Il n'y a que moi, voyez-vous, qui vive comme il faut vivre. Vous, au milieu de votre fumée, de votre tourbe, de vos vapeurs méphitiques et de vos briques mal cuites, vous n'existez pas en réalité. Ce n'est qu'ici, dans cette Amérique neuve, que je peux satisfaire la plus belle des passions, la passion de la liberté; vous avez des milliers de maîtres; je n'en ai qu'un, le Seigneur d'en haut.

— Mais, lui dis-je, vous vous privez de bien des jouissances.

— Desquelles ?

— Vous n'avez pas de bibliothèque à votre disposition.

— J'ai ma Bible.

— Vous ne pouvez causer qu'avec vous-même, et cette causerie-là fatigue à la longue, même le plus grand philosophe.

— Que voulez-vous que je fasse de la société ou que la société fasse de moi? Je n'ai plus de nom parmi les hommes et je ne les connais plus. Tel que vous me voyez, j'ai passé dix ans dans les parties les plus sauvages de l'Amérique, vers les branches supérieures du Missouri et de la rivière Colombie. J'avais réuni vingt-quatre hommes Canadiens, Espagnols et Indiens, de fameux gaillards, je vous assure, que j'étais parvenu à discipliner. Cette troupe, qui avait à son service une trentaine de mules et de mulets, faisait sous ma direction un singulier commerce. Une grande charrette était remplie de fusils, de tabac, d'eau-de-vie, de colliers, d'ustensiles et de tout ce que les Indiens sauvages peuvent estimer ou rechercher. Nous trafiquions avec eux, le pistolet au poing et le fusil armé. Ils s'accoutumèrent à nous voir et à nous respecter. Au bout d'un certain temps, les gains furent assez considérables pour que nous fussions obligés d'emmener avec nous une dizaine de charrettes et plus de quarante mules. Mes hommes, armés jusqu'aux dents, traversaient ainsi toutes les solitudes, même celles qu'habitent les Pieds-Noirs, les plus intraitables et les plus féroces des sauvages, et y continuaient leur trafic qui nous enrichissait par la valeur relative des échanges. On nous donnait souvent un vieux fusil facile à remettre en état pour quelques épingles, que l'indigène trouvait plus utiles, ou une quinzaine de daims sauvages pour une pipe. Je ris quand je vois vos philosophes revenir au système des échanges; c'est le commerce barbare tout simplement. La nuit, nous disposions nos charrettes en cercle pour pouvoir nous défendre avec plus d'efficacité et de facilité contre les tribus farouches de ces dernières limites du désert. Souvent de longs hurlements jaillissant du fond des bois nous annonçaient que l'assaut allait avoir lieu ; aussitôt disposant nos carabines de manière à faire passer la gueule des canons par les interstices des charrettes, nous nous servions de ces meurtrières improvisées assez habilement pour repousser et détruire nos ennemis. Après une vingtaine de leçons de ce genre, ils se tinrent tout à fait tranquilles. Le lendemain de ces combats, on recommençait à trafiquer comme à l'ordinaire. Ma troupe vécut longtemps de cette manière au fond des gorges sauvages des montagnes Rocheuses, abritée par ces pics de dix mille pieds de haut, que recouvre une neige éternelle ; forcée quelquefois de faire deux cent milles pour trouver de l'eau, et s'approchant tantôt de la Californie, au sud, tantôt des possessions canadiennes, vers le nord. Toujours trafiquant, chassant, bivouaquant et nous enrichissant toujours, nous parcourûmes ainsi un espace de plus de deux mille milles. Quand nos charrettes étaient pleines, nous faisions halte dans quelque centre, et nous réalisions nos bénéfices. En revenant à Santa-Fé après cette immense tournée, la troupe était de près de cent hommes et de quatre cents mulets. Les objets vendus à la Nouvelle-Orléans, à Santa-Fé, à Mobile, et échangés contre de l'or et de l'argent, doublèrent et bientôt quadruplèrent notre capital. Cette vie nous plaisait. Nous nous remîmes en route et nous tentâmes de nouveaux passages ; nous finîmes par nous engager dans un désert tellement aride, que cent cinquante de mes mules et plusieurs hommes moururent de froid, de fatigue et de faim. Ma troupe, qui m'avait obéi constamment, commença à se débander, et j'eus beaucoup de peine à rétablir l'ordre ; je crois qu'ils m'auraient fait un mauvais parti si je n'avais pas cassé la tête d'un coup de pistolet au chef de la sédition. J'ordonnai ensuite à tout le monde de rester campé au même endroit ; et me plaçant sous la conduite de deux In-

diens, je revins chercher des provisions à Santa-Fé. A
mon retour, je les distribuai et nous nous remîmes en
marche. Trois nouvelles années d'expéditions, d'aventures et de courses semblables portèrent la part de
chacun de mes hommes à 20,000 francs de France ou
à peu près, et la mienne à près de 100,000. Je crus
alors que je pourrais reprendre goût à la vie civilisée,
essayer un peu de l'Europe. Je me trompais. Les
grandes villes m'étouffaient; les villages et la vie
champêtre de vos contrées m'assommaient d'ennui. Je
ne prenais goût à rien, et je ne comprenais aucun de
vos plaisirs. Je tentai vainement de me fixer en Allemagne, en Angleterre, en France, en Italie. Je ne
pouvais vivre nulle part. Ni l'Opéra de Paris ou de
Londres, ni les antiquités de Rome, ni le Parlement
de Westminster ne me satisfaisaient. Tout cela me
semblait jeux d'enfants. Cette existence bornée, pressée, limitée ne suffisait plus à mon activité. Je ne
respirais plus, monsieur, je n'avais plus ma vigueur
d'esprit et de corps. Ce que vous appelez civilisation,
c'est dépérissement; — progrès, c'est décadence; —
renouvellement, c'est affaiblissement réel. Votre société jalouse, hargneuse, haineuse, envieuse et bavarde, remplit les cœurs d'amertume, les cerveaux de
sécrétions âcres et amères; le foie, de bile; le corps,
d'humeurs malsaines, et l'âme, d'envie. Une course à
travers la forêt vierge, une douzaine de brassées dans
les eaux froides du torrent qui tombe de nos mon-

tagnes, voilà ce qui trempe les nerfs, épure le sang, repose le corps, apprend à aimer et à admirer; c'est une vie, monsieur, si solennelle, si forte, si pure, si active, si virile et si puissante que je ne compte pas comme appartenant à mon existence réelle les jours que j'ai perdus hors du désert.

— Vous êtes l'enfant gâté de la vie sauvage, lui dis-je, et il vous est parfaitement libre d'aimer à faire le coup de pistolet avec les Pieds-Noirs pour vendre vos marchandises, ou de vous battre contre les ours et les neiges, sans compter la soif et la faim. Mais, dites-moi, où ne trouvez-vous pas la guerre? Civilisée en Europe et se résumant en luttes politiques, ou barbare et matérielle au fond de vos gorges de montagnes, qu'importe? N'est-ce pas la destinée humaine? le progrès par l'antagonisme et l'amélioration par le travail; la conquête résultant de la souffrance, l'humanité soumise à une lutte éternelle!

— A la bonne heure! Je choisis la lutte qui me va le mieux.

— Et vous êtes, continuai-je, un civilisateur malgré vous. Si des hommes tels que vous l'êtes ne se rencontraient pas, qui donc défricherait ces grands déserts? qui oserait même y pousser des reconnaissances?

— Vous pouvez avoir raison; et cela m'est parfaitement égal. Je retourne en Californie par le plus court chemin, ma Bible dans ma poche, mon *bowie-knife* au côté, avec de bonne poudre, du plomb, deux fusils de chasse admirables; et je souhaite le bonsoir à l'Europe et à ses pompes!

— Bonne chance, lui dit M. de F.! Je ne vous accompagnerai pas.

. . . .

Ce fut entre Canandaigua et le marquis, c'est-à-dire entre le passé de Louis XIV et l'avenir niché dans les montagnes Rocheuses, que je fis route jusqu'à Washington. Une fois arrivé, je n'eus qu'une idée et un désir : voir le Capitole et assister avant mon départ à une séance de la Chambre des représentants. M. de F... me servit de patron et de cicérone, et je dois dire que son titre de marquis le recommandait merveilleusement auprès des républicains de l'Union. Les titres exercent sur eux une séduction irrésistible.

Il y a des villes qui n'existent que par leurs eaux thermales, et d'autres par leurs foires et leurs marchés. Washington ne vit que par la politique. La ville est déserte, les maisons sont closes une grande partie de l'année, tant que les Chambres ne siégent pas. Comme pour indiquer cette supériorité méprisante de la politique, le Capitole tourne le dos à la ville.

Ceux qui fondèrent Washington et qui construisirent le palais législatif autour duquel les édifices particuliers sont venus se grouper, imaginèrent que la population de la cité nouvelle se porterait de préférence du côté de l'Orient, aussi le fronton de l'édifice et son grand portique furent-ils tournés dans cette direction. Leurs prévisions furent trompées : la cité réfractaire s'édifia du côté du nord, et les colonnades du portique ne regardèrent que le vide. Vous approchez du Capitole, et ne voyez à l'entour rien qui annonce une civilisation active ; point de boutiques, de magasins ni d'équipages; fontaines murmurantes, fraîcheur des feuillages, tout vous parle de solitude. Au printemps, les vertes chevelures des marronniers, leurs teintes roussâtres et diaprées en automne, font ressortir encore la blancheur élégante des portiques, la transparente légèreté des colonnades. Ce temple qui s'élève sur une hauteur semble plutôt fantastique que grave. Un portique d'ordre corinthien d'une grande profondeur domine les degrés qui y conduisent, et se couronne d'un dôme vaste, d'accord avec l'édifice. Il y a de la grandeur dans l'ensemble, surtout de l'harmonie et de la grâce.

Je trouvais tout cela fort beau, quoique singulièrement déplacé dans un pays peu fait pour ces ornements, et qui ne comporte guère les fabriques de Poëlemburg ou de Watteau, quand je m'avisai de m'approcher d'un groupe en marbre, échantillon malheureux de sculpture américaine, le seul qu'on ait eu le temps d'exécuter, de quatre groupes auxquels sont réservés les piédestaux qui accompagnent les degrés. Ce sont des figures théâtrales représentant Christophe Colomb tenant le globe de la terre dans sa main gauche, et une femme indienne, à peu près nue, qui rampe ridiculement à ses pieds; celle-ci représente l'Amérique. L'exécution matérielle du groupe est assez soignée; la conception absurde et l'effet déplorable. La porte centrale, flanquée de deux autres figures insignifiantes (la Paix et la Guerre), nous conduisit à une rotonde éclairée par le grand dôme; une partie des murailles est illustrée (comme on dit aujourd'hui) par une série de méchantes peintures consacrées à reproduire les événements principaux de la guerre de l'Indépendance; les parties restées vides seront sans doute occupées par les exploits de la dernière guerre du Mexique. Une porte, qui ouvre à droite, mène à la Chambre des représentants, énorme salle demi-circulaire, fort mal éclairée par un jour supérieur de même forme. Un rang de piliers massifs en pierre indigène, unie comme le marbre, grise et d'un fort beau poli, suit le contour demi-sphérique de la muraille; c'est dans cet espace réservé que se placent les étrangers. Le centre de la corde de l'arc est consacré au fauteuil du *speaker;* les Américains n'ont répudié aucune des traditions de la patrie. Derrière le fauteuil, et le long du mur, une seconde rangée de pilastres soutient une galerie supérieure réservée aux privilégiés (où ne se fourre pas le privilége?) et aux amis particuliers des représentants. Les siéges de ces derniers rayonnent dans toutes les directions jusqu'au fer à cheval entouré de pilastres, laissant au centre, en face de la table du secrétaire, un espace libre, demi-circulaire aussi. On entend mal, on ne voit guère, on est gêné; le tout a un certain air de cénotaphe; et l'arrangement général, il faut le dire, est aussi défectueux que celui de vos derniers essais en ce genre. Les lois de l'acoustique ne sont point observées, celles de l'optique ne le sont pas davantage. Rien de tout cela ne vaut la simplicité commode de la Chambre des Communes anglaises. C'est au philosophe de nous dire s'il n'est pas complétement impossible que neuf ou sept cents hommes puissent s'entendre au physique et au moral.

Je viens de vous dire qu'il y a des priviléges partout, même aux États-Unis. En vertu de cette vieille loi, j'allai me placer avec mon ami M. de F... et un Américain très-spirituel. M. W. A. (parent du célèbre et charmant poëte Longfellow), tout près du fauteuil de l'*orateur*. Je fus frappé d'abord de la bigarrure expressive que m'offrait l'assemblée. Figures, attitudes, costumes, langage même, tout différait.

— Ma foi, s'écria M. de F..., je crois voir la grange aux baladins que Scarron décrit dans son *Roman comique*.

— L'unité, répondit notre ami, appartient aux monarchies. Les gens qui sont ici représentent la variété; ils viennent de tous les points de ce grand pays. Vous ne pouvez raisonnablement leur demander rien qui ressemble aux uniformes allures des membres de l'ancien parlement français ou des communes de Londres. Ce Carolinien, qui s'étend là bas tout à son aise, possède deux cents esclaves, comme autrefois Scipion ou Métellus; et la langueur de son regard, la nonchalance de sa pose vous disent assez qu'il est habitué à ne rien faire. C'est d'ailleurs un orateur distingué. Son plus proche voisin, à l'œil noir et inquiet, au regard toujours mobile, avec ses grandes guêtres boutonnées au-dessus du genou, ses longs cheveux noirs et ses joues ridées, vient des régions sauvages que vous avez visitées, par de là les Alleghanys; le mousquet et même le *lasso* lui sont plus familiers que l'art de réthorique. A l'extrémité du fer à cheval, sur la droite, vous reconnaissez à son teint rouge comme une pomme d'api et aux fourrures dont il se charge dès le commencement de l'automne, un vieux fermier habitant du Maine. Ses mains calleuses viennent de quitter la charrue, et quoiqu'il parle lentement et difficilement, il donne parfois de bons avis. Celui-ci, dont le col de chemise passe à droite de deux pouces et disparaît à gauche totalement, arrive d'Indiana. Il siége exactement et il dort toujours.

— Et ce membre qui n'est pas loin de nous, qui mâche perpétuellement je ne sais quoi, et dont les expectorations dirigées en jets actifs et résolus arrivent presque jusqu'à mes bottes, qui est-il?

— C'est un Alabamien, fort maigre, comme vous voyez, et que l'ardeur du soleil natal a réduit à un état de dessiccation formidable. Dans son pays, la triste manie de mâcher du tabac est devenue une nécessité normale. Le chapeau de cet autre membre pour l'Arkansas vous paraît réduit à un débris fort bizarre; c'est un honnête homme et un vigoureux esprit. Toutes les races sont ici; regardez plutôt; voici le contour massif et carré du Hollandais; la svelte tournure et l'œil impérieux du Franc, les chairs olivâtres et le grand œil noir de l'Espagnol; les pommettes saillantes et la vive physionomie du Kelte, le grand front et les larges épaules de l'Allemand. Cette fusion, ou, si vous le voulez, cette confusion de tant de variétés de la famille humaine est le caractère distinctif de l'Amérique. Notre *speaker* (orateur) est M. Winthrop, élu par la ville de Boston; ses manières sont élégantes et distinguées. Cet autre membre à l'air pensif et calme est aussi un homme fort instruit, M. Seddon, nommé par la capitale de la Virginie. Le type consacré de John Bull, la figure arrondie et l'air jovial de M. Pendleton le détachent de tous ses confrères. Comme c'est le seul whig que nous ait envoyé la Virginie, on l'appelle ordinairement *l'Étoile solitaire*, et il en rit lui-même.

— Quel est, je vous prie, ce petit homme si calme et qui est debout au milieu de l'hémicycle!

— C'est le juge Douglas, de l'Illinois. Il ressemble plutôt, comme vous le voyez, à un adolescent qu'à un homme, et il parle toujours à demi-voix. Mais il n'y a pas d'orateur plus caustique, plus provoquant, plus acerbe. Dès qu'il a prononcé deux phrases, elles mettent toute l'assemblée en rumeur.

— Et la tribune?

— Il n'y en a pas.

— Vous vous passez de tribune?

— Certainement, et les affaires n'en vont pas plus mal. Pas de tribune, parler simplement! *On one's feet*. L'admirable prétexte pour n'être ni emphatique, ni divagateur, ni diffus, surtout pour ne point lire de discours écrits! J'ai vu vos assemblées européennes, anglaises, françaises, espagnoles, et j'avoue qu'en fait de politique le discours écrit a toujours été mon horreur. Sans doute à cause de ma mauvaise éducation, il m'a semblé que la politique était une chose d'affaires et non de rhétorique, qu'il s'agissait de faits et non de phrases, et que le meilleur conseil du monde pouvait tomber de la bouche la moins éloquente. Ce qui a tué Charles Ier, c'est la tribune, c'est-à-dire la chaire religieuse, seule tribune de cette époque. Sans la tribune, Louis XVI ne serait pas mort : détestable invention de rhétoriciens vaniteux!

— Et le banc des ministres?

— Ce lieu de torture n'existe pas chez nous.

— Mais comment se classent les partis?

— Ils ne se classent pas. Démocrates et whigs, protectionistes, amis ou ennemis du Président, adversaires et partisans du tarif, marchands, manufacturiers, banquiers, planteurs, propriétaires, fédéralistes, nullificateurs se confondent dans une espèce de cohue amicale et américaine. C'est que nous avons une patrie commune avant d'avoir des partis. Nous pensons à nourrir notre mère avant de nous battre sur son sein, au risque de la tuer. L'assemblée que vous voyez est une fidèle représentation du pays, qui l'envoie ici. Ce pays est multiple, incomplet, sauvage ; il est neuf, un peu confus, plein d'espérance et de vigueur, de contrastes et de variété. Notre assemblée représentative est faite à notre image. Vous autres Européens, ayez des institutions qui vous ressemblent aussi et des assemblées faites à votre propre image, non à la nôtre. Si vous prétendiez créer jamais une Chambre exactement semblable à celle-ci, vous seriez tout bonnement absurdes.

. . . .

La leçon était excellente. En effet, ce que j'ai vu dans cette vaste contrée, que je vais quitter, c'est le fac-simile colossal de notre Chambre des Représentants en 1850. J'y ai rencontré, non pas comme en France, deux ou trois classes d'hommes presque confondues dans l'unité des vieux intérêts et des vieilles habitudes, mais tous les degrés de la vie sauvage et tous ceux de la vie civilisée. Ces degrés s'échelonnent sans se confondre. Le Normand acadien et catholique de Shelburn coudoie le Français de Louis XIV, antiquité conservée intacte au Canada; celui-ci, arriéré de deux siècles, se trouve à Montréal et à Québec en face de l'émigré anglais venu de Londres, souvent appartenant aux premières familles et habitué à tout ce que les salons du xix° siècle et la vie élégante des derniers temps ont de plus orné et de plus exquis. A côté de ce dernier personnage vous avez l'*yankee* du Maine et l'habitant du bord des lacs, un mélange singulier du colon, du fermier, du maquignon, du marchand, héros désagréable, hargneux, très-utile par la persévérance de ses desseins, la subtilité de ses vues, la fermeté de ses idées, la sévérité sèche de ses habitudes et son excessive habileté dans les affaires. Vous admirez plus loin le quaker pacifique et sagace, le Bostonien élégant et littéraire, et vous descendez, en suivant la vallée gigantesque du Mississipi, jusqu'au Virginien ami du luxe, qui essaie de reconstituer sur la base de l'esclavage une espèce de féodalité nouvelle. A la Nouvelle-Orléans abondent les aventuriers de toute nature : artistes manqués, musiciens incomplets, joueurs, viveurs, faiseurs de dupes, spéculateurs de toutes les races, le tout confondu gaîment dans une orgie perpétuelle que n'arrête pas le plus grand mouvement de commerce et d'industrie imaginable. Ensuite se présentent les races métis de la Californie et du Texas : chasseurs des bois, Indiens demi-civilisés, civilisés redevenus Indiens, Espagnols que l'Amérique a conquis, Chiliens mariés à des négresses, républicains convertis à la vie sauvage, enthousiastes bibliques répudiant la démocratie comme les Mormons, millénaires demi-fanatiques et demi-escrocs. Je regrette de quitter, trop vite pour en épuiser la curieuse étude, cette fournaise bouillante, où tous les éléments fermentent à la fois, d'où jaillit une écume épaisse avec des flots de fumée, mais où se prépare un monde ; — cet atelier d'expériences gigantesques.

TRENTE-HUIT JOURS

DANS LES SAVANES

DE L'ILE DE CUBA

I

Départ de la Nouvelle-Orléans. — O'Neil et doña Seraphita. — Aspect de Cuba. — Comment on évite une quarantaine. — Le Gobernador. — Jedediah Gibson.

Un Allemand aujourd'hui domicilié à la Havane a publié, il y a peu d'années, dans cette ville, où la civilisation espagnole est peut-être plus avancée que dans beaucoup de cités de la Péninsule ibérique, un agréable volume intitulé : *Escapades de jeunesse et séjour dans les savanes de Cuba.* On y trouve, revêtues d'un coloris assez frais, des particularités intéressantes sur l'état intérieur de cette colonie, que la comtesse Merlin a si brillamment et si fidèlement décrite dans ses volumes intitulés : *La Havane,* et spécialement sur les localités les moins connues et les plus rarement visitées de ses magnifiques savanes. Si quelques parties de l'île se sont modifiées depuis l'administration sévère du fameux général Tacon, dont les créoles ont conservé un redoutable souvenir; si la création récente de deux chemins de fer et le contre-coup des mouvements européens ont fait subir quelques changements aux habitudes aristocratiques de *Puerto Principe*, de la *Habana* et de *Matanzas*, les forêts vierges, les prairies et les grèves habitées seulement par l'*iguano*, et traversées au galop par le *guajiro* espagnol, espèce de métayer chevaleresque et de *fermier-troubadour*, sont restées les mêmes. Ce seront ces détails surtout que nous emprunterons à M. de F..., tout en resserrant beaucoup sa prolixe et raisonneuse narration. Son style germano-américain-havanais est, à ces trois titres, habile à dire les choses les plus simples en beaucoup de paroles. M. de F..., usant de ses droits, est de temps à autre divagateur comme Jean-Paul Richter, philosophe comme Hegel, diffus comme un orateur du sénat de Washington et emphatique comme Calderon de la Barca. Ce qu'il a dit en cinq cent soixante-deux pages, nous espérons bien le faire comprendre à nos lecteurs en un espace infiniment plus limité; nous tâcherons seulement de ne perdre rien d'essentiel, et surtout de ne négliger aucun détail de ces mœurs inconnues en Europe, et même peu observées des indolents créoles et des spéculateurs américains; détails spéciaux qu'il a pris sur le fait, et qui constituent le vrai mérite et l'intérêt de son livre.

Il commence, en bon Allemand jaloux de ne pas altérer le crédit dû à la solidité et à la moralité de son caractère et de ses habitudes, par s'excuser d'avoir été un peu fou dans ses années d'adolescence, ce qui arrive à quelques-uns d'entre nous; et il expose comment, son père l'ayant placé chez un banquier de la Nouvelle-Orléans, il quitta un beau jour le comptoir et le registre qui l'ennuyaient, et s'en alla de concert avec l'Irlandais O'Neil, héros de son âge, faire une petite excursion à la Havane.

— Je ne crois pas, dit-il, que l'on puisse commettre d'extravagance plus folle et plus étourdie que celle dont je me rendis coupable entre ma vingtième et ma vingt et unième année. Je faillis me faire fusiller par une autorité despotique et en général peu clémente, le tout pour me donner le plaisir d'une école buissonnière, sans aucun motif raisonnable, si ce n'est de voir le monde. La faim, la fatigue, le naufrage, une jambe à peu près cassée, m'apprirent à vivre et couronnèrent mon éducation d'une manière difficile à oublier. J'eus l'occasion assez rare de voir de près des savanes inexplorées et vraiment délicieuses, de parcourir des lieux que nul voyageur ne visite et où de singulières aventures m'accueillirent. La bizarrerie et la nouveauté des faits et du paysage me portent à raconter dans ses détails l'étrange odyssée dont je veux parler.

Quand j'ai avancé que mon seul motif était la curiosité du premier âge, je n'ai pas dit toute la vérité. De fort beaux yeux y étaient aussi pour quelque chose. Doña Seraphita del Pulgar (ce nom déguisé doit suffire au lecteur) avait traversé la Nouvelle-Orléans avec son père, et dans la maison de banque où ma famille m'avait placé j'avais eu occasion de la voir, ou plutôt de l'entrevoir. Je savais que la famille de Séraphita demeurait à la Havane ; c'était mon seul renseignement. Quant à O'Neil, mon compagnon, il n'avait pas même comme moi cette grande excuse de l'amour ou de la fantaisie. O'Neil aimait les aventures comme un artiste aime les aspects pittoresques ou l'harmonie des sons. O'Neil s'était donné un prétexte pour s'expliquer son escapade. Orphelin et sans autre fortune que les quatre-vingt-huit dollars que lui avait valus une petite spéculation sur les cotons, il avait entendu dire qu'une certaine famille O'Neil habitait et exploitait un *cafetal* du côté de Rio-Gordo, à la Havane. Ces O'Neil étaient nécessairement ses oncles, et il partait à la recherche de l'opulente famille, « comme Japhet à la recherche de son père. » Il est vrai que les O'Neil en Irlande sont aussi communs que le sable sur le bord de la mer. Mais tout argument de bon sens se serait brisé contre la volonté d'O'Neil, qui avait vingt et un ans ; j'en avais vingt. Nous partîmes ensemble de la Nouvelle-Orléans par un beau dimanche du mois de mai, et à la grâce de Dieu ! Notre caisse d'expédition contenait en tout cent trente et un dollars, et nous allions à la conquête du monde, tout simplement.

J'en suis fâché pour les moralistes ; le souvenir des folies et des escapades de la jeunesse ne laisse pas toujours, il s'en faut bien, dans notre cœur ces traces de profonds remords et de repentir amer qui devraient s'y attacher, en bonne philosophie du moins. Pourvu qu'il y ait eu danger, excitation, sentiment de la vie un peu plus vif et plus intense, on se rappelle avec plaisir de tels faits et gestes, et même avec un certain orgueil. Voilà ce qui prête à la vie militaire un si agréable relief. Le sang a coulé plus rapide et les artères ont battu plus vite. On a vu la mort de fort près ; cependant on vit encore. Pour être contents d'eux-mêmes, parlez-moi d'un vieux soldat ou d'un vieux marin ; ils n'ont que des frais de souvenir et pas de frais d'imagination à faire pour s'intéresser à quelque chose ; et ce quelque chose, c'est leur personnalité, c'est leur verdeur, ce sont leurs beaux jours.

Même les plus humbles d'entre nous ont compté des moments de triomphe et de défaite, car notre vie à tous est une épopée au petit pied. Quel est celui qui, dans sa jeunesse, n'a pas couru un peu les aventures? Pour moi, mon séjour dans l'île de Cuba me tient lieu de la campagne d'Egypte ; c'est bien la plus absurde chose du monde, et c'est de là pourtant que date ma fortune. Je renonçais à de fort belles espérances, et je jetais la plume au vent d'une façon absurde ; je ne m'en repens pas du tout.

Ce qui est encore beaucoup plus immoral, c'est que

très-souvent ces fantaisies du premier âge se trouvent couronnées par des résultats utiles, comme une bonne comédie de l'ancienne école est terminée par un mariage, tandis que nos plus sévères et nos plus subtils calculs sont déjoués presque toujours par l'ironie du destin. Il faut avouer que ce dernier se moque un peu de nous, et que le bon plaisir accoutumé de ce monarque est de faire un jouet de notre sagesse. C'est la seule morale que l'on puisse tirer de Gil Blas, si Gil Blas a une morale; et voilà pourquoi Gil Blas est un si admirable livre : il reproduit la vie elle-même dans son caprice et son énigme, laissant à d'autres qui se croient profonds et se prétendent habiles, le soin d'expliquer les innombrables zigzags et les singuliers méandres de la destinée.

Notre traversée fut rapide et heureuse ; une fois en vue de Cuba, nous fîmes une réflexion que nous aurions dû faire avant de partir, si nous avions été des gens sages. La magnifique tour du Moro se profilait à l'horizon, quand je dis à O'Neil :

— Et nos passe-ports?

— Ah! oui, nos passe-ports !

— Les Dons espagnols ne sont pas commodes sur cet article.

— Au diable les passe-ports et les Dons !

— Oui, au diable! c'est bientôt dit; vous auriez dû penser à cela, vous, vous êtes mon aîné.

— On y pourvoira, s'écria O'Neil, qui croisait ses mains derrière son dos et affectait un air solennel toutes les fois qu'il prenait une résolution insensée.

— Si nous retournions à la Nouvelle-Orléans !

— Et mon oncle qu'il faut que je trouve !

Après ces mots, O'Neil ne me répondit plus qu'en sifflant *l'Yankie Doodle,* air national qui semble inventé pour endormir les phoques sur la plage. Retourner sans avoir visité Cuba était impossible. Combien de fois mon père, qui était poëte et allemand (moi-même je suis né à Stettin), m'avait-il dit merveilles de la beauté pittoresque de cette île ravissante, combien de fois m'avait-il vanté l'hospitalité des habitants et le charme des campagnes qui, disait-il, ne produisent point d'insectes et de reptiles venimeux, à l'exception d'un seul animal dont je parlerai tout à l'heure ! Il avait raison : l'agouti, l'iguano, le lézard, les caméléons les plus prismatiques et les plus brillants; les palombes, espèces de tourterelles-perdrix qui ne prennent jamais leur essor qu'à deux et volent toujours de conserve ; une autre espèce de tourterelle si familière qu'elle vient se percher doucement sur l'épaule du voyageur ; voilà les races innocentes, gracieuses comme les Péruviens avant l'arrivée de Pizarre, auxquelles semble avoir appartenu primitivement cette île, qui mérite tous les éloges dont les voyageurs l'ont comblée.

L'aspect de Cuba, vue de la pleine mer, est aussi

riant que lumineux; le mouvement industriel du port semble moins révéler l'âpre désir du gain et les sévères habitudes du commerce que la facile et naturelle activité d'une vie qui déborde et s'épanche : ces noirs, qui roulent des tonneaux en chantant, ces mille barques fendant l'eau diaphane, ces balles de café empilées sur la jetée, ces baigneurs sur la grève ou dans la mer, les travaux tumultueux du port, le plus bruyant assurément qui soit au monde, composent un ensemble plein de tapage, de soleil et de gaîté qui nous rendait fort désagréable l'idée de repartir subitement. Aussi employâmes-nous pour nous délivrer de cette contrainte deux moyens très-hasardeux. Mon Irlandais eut les honneurs de l'invention ; cette race, originairement méridionale, ne se fait faute, comme on sait, d'aucune audace de ce genre, et c'est à O'Neil que je dois réellement la plus extravagante des entreprises comme aussi la plus heureuse témérité de ma vie. Une fois entrés dans le port, nous écrivîmes au consul américain en le priant de répondre pour nous; O'Neil tenait la plume. Un, deux, trois jours se passent ; aucune réponse. Le ciel, la mer, le soleil, tout nous sollicitait à quitter le navire.

— Le consul américain ne nous répond pas, s'écria O'Neil ! C'est un drôle, et je lui jouerai, si votre flegme allemand s'y prête, un tour de notre métier.

— Ma foi, comme vous voudrez ! Mais que prétendez-vous faire ?

O'Neil avait déjà pris une grande feuille de papier, et il traçait de sa plus belle main les lignes suivantes :

« Excellence,

» Deux commerçants, dont la jalousie et l'oppression du consul américain des États-Unis, M. W....., exposent la fortune et compromettent la sécurité, se prosternent humblement aux pieds de Votre Grandeur et implorent votre protection. Nous sommes retenus indûment et arbitrairement par sa tyrannie à bord du vaisseau *le Sea-Sprite,* et il est probable que, grâce à son mauvais vouloir, une spéculation importante, motif de notre voyage, manquera totalement. Nous nous plaçons sous la protection d'un descendant de Pizarre et de Cortez, et nous prions Votre Excellence, de vouloir bien nous faire conduire le plus tôt possible auprès de Votre Grandeur. »

Nous signâmes bravement et comme deux vrais fous que nous étions cette épître, qui eut un plein succès. Il y a une hostilité permanente entre les gouverneurs autocratiques de Cuba et les consuls *yankies* ou américains des États-Unis, lesquels sont véhémentement soupçonnés d'avoir pour la Havane une de ces tendresses fraternelles qui aboutissent à des annexations comme celle du Texas. Le *gobernador general,* personnage plus puissant dans ses domaines que l'empereur de la Chine au milieu de ses mandarins, nous envoya prendre à notre bord, nous reçut admirablement bien, écouta les fabuleuses histoires d'O'Neil relativement au consul, lequel, par parenthèse, était allé à Batavano explorer une forêt d'acajou que son intention était d'exploiter ; nous dispensa d'achever la quarantaine, et nous remit un *salvo-conducto* signé de sa propre main, espèce de talisman féerique devant lequel tous les obstacles devraient tomber.

— « Ah ça! dis-je à O'Neil, voilà qui est bien commencé ; mais si le consul revient, notre affaire me semble se compliquer beaucoup. Vous vous êtes moqué de lui ; il se vengera. On nous renfermera, pour nous apprendre à calomnier les consuls, dans cette grosse tour que vous voyez là-bas ; et Dieu sait quand les Dons nous en laisseront sortir.

— J'ai mon plan, répondit O'Neil.

Et deux heures après nous avions loué une *volante*, espèce de cabriolet qu'on ne voit guère qu'à la Havane et au Mexique, un nègre vêtu de rose et de jaune, cocher de la *volante*, et un petit cheval noir, qui filait comme le vent. Nous allions à Matanzas, pour voir du pays, et dérouter ceux qui pouvaient se mettre à notre poursuite. Là, nous congédiâmes le nègre, la *volante* et le cheval, et nous tînmes conseil. Le temps était magnifique, le ciel riant, le paysage splendide et doux.

— Remontons dans cette direction oblique et contraire à celle que nous avons suivie, me dit O'Neil en me montrant une forêt, ou plutôt un immense portique composé de colonnades rondes, polies, égales, placées à des distances presque régulières et couronnées de larges feuilles épanouies en panaches qui formaient à cent pieds de terre un dôme épais au-dessus des tiges des palmiers. — Si le consul est mécontent, et si le gouverneur se souvient de nous, on enverra de ce côté, et l'on ne manquera pas de croire que nous avons suivi la côte, après avoir traversé Matanzas. Voici une route charmante, fraîche, odorante, adorable; notre poche est bien garnie, les gens hospitaliers, et tout ira bien.

Ce qu'il disait de l'hospitalité cubanaise est parfaitement vrai. S'il est un lieu dans le monde où l'hospitalité soit pratiquée à la façon de Gessner et où l'idylle mêlée du luxe et du comfort de la vie civilisée, devienne une réalité, c'est assurément l'île de Cuba. La plupart des voyageurs se contentent d'admirer la Havane et de se laisser prendre aux yeux noirs et aux sourires ingénus et vifs des jeunes Espagnoles. Il faut avoir, comme moi, parcouru tous les sentiers détournés et les chemins de traverse, ou plutôt les vastes forêts sans chemins et les grèves lumineuses de cette île ; il faut avoir trouvé dans les plus petites cabanes, comme dans les riches *cafetales* éloignés de toutes les villes et de tous les ports, un cordial et charmant accueil, pour apprécier dans son étendue réelle cette délicatesse généreuse, mêlée de grâce naturelle et de sentiments presque héroïques. Les Havanais n'ont de cruauté qu'envers les noirs marrons. Ils aiment peu les Américains de l'Union, ce qui ne les empêche même pas de recevoir avec la plus franche amabilité les voyageurs souvent peu policés qui leur arrivent de New-York ou de Boston. Et ce n'est pas seulement de banale courtoisie ou d'aimables paroles que l'on vous couvre. Cette *musica celestial* ne suffit pas. C'est de présents que l'on vous comble malgré vous. Nous l'éprouvâmes bien pendant notre escapade. On dirait que la douce et naïve humeur des aborigènes péruviens s'est communiquée à la population espagnole de l'île.

Entrez-vous dans un village? Les enfants vous entourent et vous appellent *tio*, « mon oncle. » Leur empressement n'a rien de servile, de gênant ou d'importun. Puisse la civilisation moderne ne pas détruire cette charmante saveur de grâce enfantine et de sympathie! Il est certain que le voyageur qui vient de quitter les États-Unis, tout habitué à la rude insolence et à la farouche liberté des habitants du Kentucky, trouve dans l'affabilité havanaise un contraste complet et ravissant. Sans cette cordiale aménité jamais nous ne serions parvenus à nous sauver, je n'écrirais pas mes aventures de jeunesse, et selon toute probabilité ma captivité dans le Moro se serait promptement terminée par cette fièvre des prisons qui enlève si lestement son homme et qui épargne au bourreau la peine d'exercer son art. De villa en villa, d'habitation en habitation nous n'avons rencontré dans cette île étrangère que généreuses et actives âmes, et pas un seul Espagnol disposé à nous liver sans défense à la merci de ceux que nous avions raillés.

Cependant, nous allions toujours devant nous; O'Neil avait emporté quelques provisions qui nous servirent à déjeuner sous un de ces grands arbres dont l'éventail nous protégeait. Puis, nous reprîmes notre route, décidés à nous arrêter et à demander asile dans le premier *cafetal* qui s'offrirait à nous. Cheminant ainsi, nous aboutîmes à travers la forêt de palmiers au *Camino del Centro*, lorsque la lune commençait à monter dans le ciel.

A cette époque, les routes de Cuba étaient peu nombreuses et ne valaient rien. Celle qui traversait l'île d'un bout à l'autre se nommait el *Camino del Centro;* la plupart des villes principales y étaient échelonnées ; de chaque ville ou bourgade partait un autre chemin, allant au port spécialement affecté à la ville, et qui n'était jamais éloigné de plus de vingt ou trente milles, car l'île est aussi longue qu'étroite. Les nègres marrons, sachant que ces routes secondaires étaient assez peu fréquentées, et que de temps à autre des chariots de marchandises allant de la mer aux villes, ou de ces dernières à la mer, étaient forcés de s'y engager, ne manquaient pas de se tenir embusqués sous les halliers des environs, dans l'espoir de quelque bonne capture.

Rien n'est plus terrible ni plus cruel que ces noirs marrons; la peur les rend féroces; sachant qu'ils ne doivent attendre aucune merci, et frappés d'un complet anathème, ils se vengent comme ils le peuvent sur le voyageur qu'ils rencontrent; quand ils trouvent un chef intrépide et habile, ils deviennent encore plus formidables. Nous ignorions ces détails, et dans notre situation, ce que nous voulions surtout éviter, c'était la grande route, sur laquelle nous rêvions les *tenientes, alguazils* et *capitanes de partido* de S. A. le gouverneur. Aussi nous hâtâmes-nous de nous jeter dans la première route de traverse qui s'offrit à nous du côté opposé à celui que nous avions suivi déjà.

Nous avions à peine fait quelques pas dans ce sentier détourné, et la nuit, cette nuit sous les tropiques dont la magnifique et douce splendeur a été souvent décrite et ne le sera jamais dans toute sa grâce et sa beauté, couvrait les forêts voisines de ce réseau de douces et voluptueuses clartés qui enivrent l'âme et les sens, quand une détonation se fit entendre. Nous vîmes déboucher d'un ravin couvert de goyaviers fort épais, qui descendait vers un précipice obscur, trois nègres, évidemment fugitifs ou marrons, qui se dirigeaient de notre côté.

— Ah! ah! s'écria O'Neil, voilà notre première affaire.

Et il ajusta sa carabine, arme excellente achetée à Boston, qui fit tomber à l'instant même un des personnages qui nous assaillaient. Cependant les deux autres couraient toujours vers nous. Je tirai, ma balle fut perdue. Le combat allait devenir une lutte corps à corps, et adossé contre un arbre, j'attendais mes adversaires, tenant ouvert le *bowie-knife* dont tout homme élevé en Amérique sait user, quand nous entendîmes des aboiements de chiens, et des pas précipités dans le taillis. Quatre énormes bouledogues, de cette race habituée à faire la chasse aux noirs et qui remonte à l'époque même de la conquête espagnole, se précipitèrent sur les nègres marrons, dont l'un, plus agile que son camarade, se réfugia sur un arbre, tandis que l'autre était mis en lambeaux par le terrible animal.

Tayo ! tayo ! criait la voix d'un homme qui les suivait de loin, et qui, monté à cheval, nous apparut bientôt à la clarté de la lune. C'était un curieux héros. Il avait des pantoufles jaunes, des éperons à ses pantoufles, une mandoline sur les épaules, une épée au côté, un grand manteau, une veste brodée comme notre ami Figaro, un chapeau de paille de riz, pointu comme un clocher, et dont les bords avaient plus de quatre pieds de diamètre, deux pistolets à la ceinture et une grande pique. C'était un *guajiro*, ou *fermier-chevalier-planteur-troubadour* cubanais, espèce d'hommes aussi rare qu'amusante et singulière.

Il rappela ses chiens, ajusta le nègre monté sur son arbre, le tua sans plus de pitié qu'un oiseau de proie, repoussa du bout de sa pique les cadavres, et venant à nous, qu'il salua comme *caballeros*, nous offrit, du haut de son coursier et de la façon la plus courtoise, le souper et le coucher sous le toit de sa ferme. Don Gil Perez de la Mescua, car ils sont tous nobles, savait mille chansons, en composait lui-même, et nous traita comme des rois. Quand il sut notre histoire, trois jours après, il nous dit :

— Caballeros, je vous conseille de vous diriger le plus promptement possible vers un port voisin, et de partir pour Yucatan ou la Nouvelle-Orléans, comme vous voudrez. Nous autres Espagnols, nous n'aimons pas qu'on nous raille, et le *gobernador* vous aura bientôt fait votre procès s'il sait que vous avez obtenu de lui ce *salvo-conducto* en vous moquant de lui. Je vous donnerai tous les renseignements possibles et vous conduirai, si vous voulez, à Santo-Spiritu. Je serais désolé que d'aussi aimables *caballeros* vissent la tour du Moro de trop près.

L'excellent guajiro avait raison ; et sa femme Manuelita, fort laide par parenthèse, mais très-savante en l'art de la cuisine, était du même avis que lui. Partir, sans pouvoir même apercevoir Seraphita, c'était cruel ! Mais nous comprenions l'un et l'autre que notre pied ne posait plus sur les terres libres de l'Union ; et le *Moro* nous faisait grand'peur. Non-seulement Perez nous traça exactement sur le papier la route qui devait nous conduire à Santo-Spiritu, mais il nous chargea de provisions, de fruits confits, d'excellent rhum, de bananes grillées et de viandes sèches ; il nous offrit même de l'argent avant de nous inviter à *aller avec Dieu,* selon l'idiome espagnol.

Nous quittâmes donc ce brave guajiro. Bien d'autres chances nous étaient réservées ; et grâce à l'étourderie mystificative d'O'Neil, notre situation devint encore plus dangereuse le surlendemain. Après avoir exactement suivi les indications détaillées de Gil Perez, et après avoir passé une excellente nuit à la belle étoile sans nous inquiéter de l'avenir, nous nous étions assis pour déjeuner, sur les midi, au pied d'une petite élévation tapissée de fleurs larges et gigantesques, aux corolles grandes comme des urnes, quand deux chevaux, puis trois autres, montés par des cavaliers vêtus à l'européenne, passèrent à huit ou dix toises de nous dans la savane. Les voyageurs nous aperçurent. Celui qui semblait le chef du groupe poussa son cheval de notre côté. Nous nous levâmes, et la conversation, engagée en anglais, nous apprit que ce gentilhomme était précisément celui que nous avions le moins besoin de rencontrer, notre consul des États-Unis. Assez oublieux de ses devoirs, il se délectait à chasser dans ces régions peu fréquentées. Il voulut savoir qui nous étions. Dieu sait quelles fabuleuses et bizarres histoires lui fit O'Neil sur son père, un des plus riches planteurs du Tennessée, sur son oncle membre du Congrès, sur ses domaines renfermant une mine de cuivre, près du lac Michigan. Jamais imagination irlandaise ne se donna des coudées plus franches. Ce qui devait nous rassurer, c'est que M. Jedediah Gibson (tel était le nom du consul) n'avait pas reçu nos lettres, n'avait point paru à la Havane depuis quinze jours; enfin, qu'ignorant tout ce qui nous concernait, et ne comptant, malgré ses fonctions de consul, retourner à son poste, que dans huit jours au plus tôt, il ne pouvait d'ici-là nous jouer aucun mauvais tour. Ce M. Jedediah Gibson, consul peu exact, homme riche, était intéressé comme *partenaire* passif (*sleeping partner*), dans une des principales maisons de banque de la Nouvelle-Orléans et copropriétaire d'une usine florissante près de Boston; nous le savions très-bien, et ce fut pour mon scélérat d'O'Neil une occasion de plaisanterie que le drôle jugea excellente, mais que M. Jedediah ne trouva pas telle.

Jedediah, notre compatriote, sachant que nous allions à Santo-Spiritu chez un parent d'O'Neil, telle était du moins la fable que ce dernier lui avait contée avec son sang-froid habituel, fit descendre de cheval deux de ses domestiques mulâtres et nous invita complaisamment à monter à leur place, s'offrant à nous accompagner jusqu'à la ville. Tant de bonne grâce aurait touché le cœur d'O'Neil, si le cœur d'un Irlando-Américain était sensible. Jedediah, anabaptiste fervent, déplaisait à O'Neil; O'Neil avait cette secte en exécration profonde. Cette haine s'éveilla plus violente lorsque Jedediah Gibson se mit à nous débiter en route des sermons interminables sur l'évidente nécessité d'un second baptême et sur la seconde régénération des adultes. Là-dessus, brisant une conversation qui l'ennuyait, O'Neil parla banque, commerce, cotonnades, usines, intérêt de l'argent; prenant ensuite le ton le plus innocent et le plus candide :

— A propos, lui dit-il, les sinistres se multiplient fort dans les États de l'Union, la banque de Salem vient de suspendre ses paiements ; la maison de la Nouvelle-Orléans appartenant à Trimbeck et compagnie (celle-même dans laquelle mon ami Jedediah avait des fonds) est complétement ruinée, la ville entière de Copenhague, dans le Missouri, vient de brûler, et un incendie a dévoré les immenses usines d'Habbakuk, Simcock et compagnie (celles de Jedediah), près de Boston.

Jedediah pendant ce beau discours avait alternativement pâli et rougi d'une manière effroyable. Il serra convulsivement les rênes de son cheval.

— Vous dites!... s'écria-t-il, en balbutiant avec peine.... Où avez-vu cela?.... Qui vous a dit?.... répétez...

O'Neil lui donna les renseignements et les détails désirables sur ces incontestables faits ; il lui cita les journaux, leurs titres, leurs dates, les circonstances des deux incendies, le montant des pertes, choses dont pas un mot n'était pas vrai.

— Gentlemen, nous dit Jedediah d'une voix défaillante, je repars à franc-étrier pour la Havane où j'ai des intérêts graves... Prenez avec vous mon nègre Juliano qui me ramènera mes chevaux ; je suis forcé de vous quitter brusquement. Adieu !

Et il enfonça les éperons avec fureur dans les flancs de son cheval, pendant que son escorte étonnée le suivait au galop, mais à distance.

Le nègre Juliano nous suivait. Comme j'ignorais s'il savait l'anglais, ou le comprenait même, je gardai le silence ; mais le regard ironique de mon compagnon de route se croisait incessamment avec mon regard plein de reproches ; conversation silencieuse qui ne fut interrompue que par une exclamation subite d'O'Neil.

— Ah ! diable !

— Eh bien ?

— J'ai laissé ma ceinture chez le guajiro !

— Votre ceinture ! m'écriai-je avec un étonnement sincère, car je me rappelais bien ne lui avoir rien vu de pareil.

Il me fit un signe, et se retournant vers le nègre Juliano :

— Deux dollars pour toi, *perro*, lui dit-il, si tu vas me chercher là-bas chez don Gil Perez le guajiro, près du rio Norte, une ceinture de cuir rouge, contenant quatre-vingts dollars dans une bourse. Je l'ai laissée sur la table de ma chambre. Tu nous retrouveras tous les deux chez el senor Gil Peter O'Neil, à Santo-Spiritu, où nous allons.

— Je connais le guajiro, répondit le noir; soyez tranquilles, et, retournant la bride de son cheval, il détala presque aussi vite que son maître.

Dès que nous eûmes cessé d'entendre le bruit des pas du coursier qui emportait le pauvre Juliano, O'Neil éclata de rire.

— Ah çà, que prétends-tu faire maintenant?

— Nous embarquer le plus tôt possible à Santo-Spiritu, où se trouve à l'ancre, comme nous l'a dit Jedediah, un brick américain qui nous ramènera chez nous.

— La belle expédition !

— Aimes-tu mieux laisser tes os dans la prison du gouverneur?

— Et Seraphita?

— Et mon oncle? soupira O'Neil.

— Au surplus dépêchons-nous!

— Et vite! Si Jedediah nous retrouve, aidé du *gobernador* que nous avons mystifié aussi, il est homme à nous faire passer de mauvais quarts d'heure. Jedediah est orgueilleux...

— Comme un Espagnol...

— Et vindicatif...

— Comme un dévot.

— Gare à nous!

— Et les chevaux?...

— Nous les laisserons à la première *posada*, Juliano les y retrouvera sains et saufs.

Dieu en avait ordonné autrement ; le violent orage qui s'annonçait allait commencer pour nous une série de péripéties comiques et tragiques, mêlées, comme toute la vie humaine, de hasards et d'amours, de catastrophes et de facéties, non sans quelques coups de poignard et quelques découvertes étranges.

II

Un orage à la Havane. — Le nègre libre. — De Cuba à la Jamaïque. — Un nid de pirates. — La naïade indienne.

Un orage à la Havane n'est pas une tempête ordinaire. Il ne s'agit plus d'une colère passagère des éléments ; c'est l'anéantissement de la nature qui semble s'annoncer. Le vent vous emporte avec les troncs des baobabs et des palmiers ; la pluie battante devient une mer houleuse, à laquelle il n'y a pas moyen de résister ; heureux qui peut trouver un abri ! Nous nous hâtâmes de descendre dans une espèce de chemin creux qui conduisait à un grand vallon, abrité par des roches escarpées, très-boisées, et par conséquent moins accessible aux rafales. Le ciel était en feu. Nos chevaux frissonnaient de peur.

— Où allons-nous ? demandai-je à O'Neil.

— Parbleu, je vous le demande à vous-même : où nous pourrons et où nos chevaux voudront.

Une source vive coulait le long d'un rocher perpendiculaire, qui formait comme une muraille placée là exprès pour nous abriter un peu. Nous suivîmes le ruisseau et la muraille naturelle, pendant que la foudre se brisait en éclats sur les crêtes de ce même rocher. Après avoir ainsi marché plus de cinq heures sans que la tempête fût apaisée, trempés jusqu'aux os, et mourant de faim, nous crûmes apercevoir vers la droite, au bas d'une rampe qui s'abaissait en pente naturelle vers des profondeurs obscures, une petite lumière.

— Voilà une habitation ! dis-je à O'Neil.

— Bah ! c'est quelqu'une de ces grosses mouches qui portent avec elles leur lanterne et qui sont communes dans ce pays-ci !

— Je n'en crois rien ; la lumière est trop fixe. Tournons de ce côté-là.

— Je ne vois pas de route, et le tonnerre avec ses éclairs ne suffit pas pour nous diriger. Mon avis est de choisir le premier creux de roche et d'attendre le matin.

En effet la nuit était venue, et nous étions parfaitement perdus. La lumière lointaine brillait toujours, comme pour nous railler. Les chevaux, rendus de fatigue et tremblants, refusaient d'avancer. Nous

nous embossâmes de notre mieux dans nos manteaux, et accotés contre un fragment de roche, les pieds dans l'eau, nous laissâmes la foudre gronder et les éclairs sillonner la nue. Jamais nuit ne fut ou ne parut plus longue. Les premières clartés du jour, obscurcies par la tempête qui ne s'apaisait pas, nous prouvèrent que je ne m'étais pas trompé ; nous aperçûmes une espèce de hutte, de pauvre apparence, à un demi-mille à peu près de distance dans un creux que formait le terrain. En remontant le cheval de Jedediah, O'Neil avait la fièvre, et je fus obligé de l'aider ; à peine pouvait-il se tenir. Enfin nous arrivâmes à la hutte.

Un nègre libre, ce qui est bien de toutes les espèces de nègres la plus misérable, l'habitait avec sa femme ; non-seulement ces pauvres gens nous accueillirent fort bien, mais Flora, c'est le nom de la négresse, qui avait comme la plupart des vieilles femmes, des prétentions à la médecine, soigna O'Neil avec une attention maternelle; elle s'y connaissait bien ; les breuvages inconnus de l'Europe et faits de plantes du pays, qu'elle fit boire à mon compagnon, le rétablirent en cinq jours. mais il était très-faible ; un peu de vin lui était devenu nécessaire, et nous avions épuisé nos provisions. L'hôte nègre, qui s'appelait Joachim, alla donc au village ou *pueblicito* voisin pour se procurer un peu de vin.

Les nouvelles qu'il rapporta du village n'étaient pas rassurantes. Deux *capitanes de partido* venaient de le traverser, à la recherche, disaient-ils, de deux malfaiteurs anglo-américains qui avaient volé des chevaux, éludé les lois de la quarantaine, et que l'on soupçonnait d'être des espions anglais en rapport d'intérêt avec les ennemis de l'État. On offrait une récompense de cent dollars à qui les ramènerait à la Havane « morts ou vifs. » Ces malfaiteurs n'étaient autres que nous-mêmes, et Joachim s'en doutait bien.

— Señores, nous dit-il, ne vous fiez à personne. Il y a par ici des gens dont la peau est blanche et dont le cœur est noir. Quant à moi et à ma femme, vous pouvez être tranquilles.

Le pauvre diable disait vrai. Nous n'avions rien à craindre de sa loyauté désintéressée. Pendant les huit jours nécessaires au complet rétablissement d'O'Neil, nous restâmes cachés dans sa chaumière; et après lui avoir donné une vingtaine de dollars, qui pour lui valaient un millier d'écus, nous partîmes sans savoir où nous allions, dans le seul dessein d'éviter les habitations et de parvenir à quelque point de la côte où nous trouverions peut-être une embarcation secourable. Les savanes devaient offrir aux chevaux dont nous nous trouvions les détenteurs illégaux, une nourriture abondante, et nous comptions bien, si nous étions assez heureux pour nous embarquer, les renvoyer avec nos compliments à Jedediah Gibson, leur véritable maître.

Telle est l'élasticité de la jeunesse, qu'en nous lançant, et sans aucun guide, dans ces riantes et fertiles savanes inhabitées, nous étions l'un et l'autre fort peu disposés à la mélancolie. Cependant notre position n'était pas belle. Comment nous sauver, et que faire? Nous avions blessé la vanité du maître souverain de l'île et privé un Américain de son amusement favori. Nous étions proscrits et notre tête mise à prix. Avoir infligé à deux puissants seigneurs une de ces blessures qu'ils ne pardonnent pas, était un crime digne de mort. Nous étions étrangers, jeunes, sans pouvoir, sans crédit, sans amis, et nous ne savions pas même la carte du pays où nous nous engagions. Enfin, il y allait pour nous de la vie et de la liberté, le tout pour une enfantine et ridicule fredaine qu'il avait plu à mon ami l'Irlandais de s'amuser à commettre, et pour quelques contes absurdes dont il s'était avisé.

Nous n'avions aucun moyen de revenir là-dessus, et je ne connais pas de plus folle prétention que de combattre le sort et de lutter contre les faits acquis et la nécessité victorieuse ; aussi nous abandonnâmes-nous à ce que Dieu voudrait faire de nous. Pendant trois jours, nous errâmes çà et là, ne rencontrant que des *iguanos* fort innocents, malgré leur figure de crocodile ; buvant l'eau des sources, mangeant le fruit des bananiers, chassant aux *palombes* et aux *agoutis*, et menant une vie tout à fait primitive et patriarcale qui n'avait rien de désagréable. Nos chevaux s'étaient refaits. Nous avions soin de nous orienter de manière à nous diriger vers la pointe de l'île, où peut-être trouverions-nous, du moins nous l'espérions, quelque moyen de salut. Pas un être humain ne nous était apparu depuis ces trois journées. S'il y a quelque chose d'étonnant, c'est de penser que des espaces de terre si vastes et si fertiles sont tout à fait dépourvus d'habitants, pendant que des régions à peu près stériles de l'Europe ne suffisent pas à nourrir l'énorme population qui s'y presse.

Bientôt cependant l'aspect des terrains changea, la végétation devint plus maigre, plus jaune, moins saine, puis disparut. Plus de sources vives, à peine du gazon ; enfin nous touchâmes à des roches pelées, entremêlées d'espaces sablonneux, sans apparence d'habitation. Il nous fallait absolument de l'eau pour nous et pour nos chevaux. Nous changeâmes de direction, et en tournant à droite nous finîmes, vers le soir du quatrième jour, par découvrir une petite plantation située sur les bords d'une crique marécageuse. Les premiers noirs qui nous aperçurent nous apportèrent, sans même que nous leur demandassions rien, des oranges, des bananes, de l'eau et du rhum, tant l'hospitalité est là générale et comme naturelle. Leur maître, Espagnol assez pauvre, nommé don Urtubio y Salazar, faisait commerce de sucre avec la Trinité ; et je pense bien, d'après la situation des lieux, qu'il joignait un peu de contrebande à son négoce ordinaire. Une grande barque à voiles, lui appartenant, venait d'arriver, à ce que nous apprirent les noirs, qui nous offrirent d'entrer dans leurs cabines, ce que mon camarade refusa.

— Où voulez-vous donc que nous couchions? lui demandai-je.

— Où? dans le bateau à voiles de don Salazar.

— Il faut le trouver.

— Ce sera bientôt fait. Remontons un peu les bords de la crique. Prenons l'embarcation. Nous sommes un peu marins tous les deux. Nos deux chevaux attachés sur le rivage au premier arbre venu sembleront au patron de la barque une compensation suffisante ; et nous voilà sauvés.

C'était, après tout, le meilleur parti à prendre; dans les circonstances folles, c'est aux fous que la sagesse appartient. En effet, après avoir marché un quart d'heure en tenant nos chevaux par la bride, nous vîmes le bateau qu'un noir et un enfant étaient occupés à décharger. La nuit approchait; l'un et l'autre se hâtaient de leur mieux ; et après avoir solidement amarré le petit navire et suspendu deux énormes paquets à une perche, dont un bout reposait sur l'épaule de l'enfant, et dont l'autre était tenu par le nègre, ils se dirigèrent assez lentement vers l'habitation.

Quant à nous, nous avions grand soin de rester cois, clos et couverts. Les huttes des nègres étaient à si peu de distance de nous que nous entendions les enfants crier. Nous nous occupions à remplir d'eau nos gourdes et une petite cruche que nous avions emportée, et à recueillir autant de fruits que nous pouvions en trouver sur les arbres voisins, quand une vieille négresse, s'approchant à pas de loup de la barque et rampant plutôt qu'elle ne marchait, entra dans la chaloupe, la visita de fond en comble, et n'y trouvant apparemment rien qu'elle pût voler, se retira en prononçant le plus beau juron espagnol que de ma vie j'aie entendu. O'Neil sortit de notre cachette, attacha les chevaux à un caroubier sauvage, et pendant que je tournais l'habitation pour m'approvisionner d'oranges et de limons dans un petit bois que j'avais aperçu, se mit à faire l'inspection de la barque, où il plaça nos vivres et nos armes, tout ce que nous possédions, pour nous mettre en mer et tenter la fortune.

Vers neuf heures du soir nous levâmes l'ancre, car nous avions une petite ancre, et je m'emparai du gouvernail. O'Neil, moins vigoureux que moi, s'endormit sur un paquet de cordes; en moins d'une heure, le bateau eut franchi la barre et nous nous trouvâmes en pleine mer. J'éveillai mon compagnon pour qu'il m'aidât à déployer la voile, qui était en bon état, et nous nous dirigeâmes vers l'est, en ayant soin de nous éloigner le plus possible de la plantation, dont le maître allait se trouver privé de son moyen habituel de transport. La nuit était belle, quoique la lune ne se montrât pas. Une brise fraîche soufflait nord-ouest, et en moins de deux heures nous étions à plus de deux milles de la terre, que nous voyions se dessiner fort nettement sur le fond bleu du ciel.

Le petit navire dont nous nous étions emparés portait vingt-deux pieds de long, deux voiles et deux rames. Un tonneau de cendre, du charbon, une hache, un couteau, un gobelet d'étain et un petit coffre fermé, voilà tout ce que nous y trouvâmes. La situation était améliorée, après tout ; si nous parvenions à longer la côte sans éprouver dé sinistre, et en nous dirigeant toujours à l'est, nous ne pouvions manquer de toucher la Jamaïque, où nous serions du moins en sûreté contre le consul américain et le gouverneur de Cuba; seulement nous n'avions pas assez de provisions, et l'eau devait nous manquer bientôt.

Jusqu'au soir la traversée fut heureuse, et nous prîmes terre dans une petite baie sur les bords de laquelle passaient un grand nombre de bestiaux. Nous descendîmes armés de nos fusils, et nous ne tardâmes pas à entendre le salut ordinaire des Espagnols retentir à nos oreilles :

— « Étrangers, Dieu soit avec vous ! »

L'homme qui nous saluait ainsi et qui était à cheval, était un *montero* de fort bonne mine, à qui nous demandâmes s'il pouvait nous fournir quelques provisions dont nous avions besoin. Il nous prit pour des *contrabandistas* venus de la Jamaïque, héros très-populaires dans l'île de Cuba comme dans la mère-patrie, et nous conduisit à son habitation, où nous passâmes la nuit. Le lendemain il chargea son cheval et deux mules de deux grandes jarres pleines d'eau; il y joignit trente et une noix de coco, deux jambons fumés, cent oranges et bananes, huit ou dix livres de *tassao* (tranches de bœuf desséché et fumé), et douze pains de quatre livres qu'il vendit bon marché, sans rien exiger pour la nuit. Après nous avoir escortés jusqu'à notre barque, il nous souhaita gravement le bonjour, et fredonnant une *seguidilla* il reprit le chemin de sa sauvage demeure, où il vit encore sans doute, éloigné de tous les centres de civilisation et plus riche peut-être en réalité que les capitalistes des grandes villes.

Nous reprîmes la mer, le vent changea. Une forte brise nord soulevait les vagues; la barque se remplissait d'eau; à peine avions-nous le temps et la force de la vider. Nous ne tardâmes pas à perdre malgré nous la côte de vue; enfin nous n'étions plus maîtres de notre petit navire. Nos vivres étaient mouillés, nos pains se réduisaient en bouillie; et nous passâmes ainsi la journée entière à soutenir une lutte inutile. Il fallait bien aller comme nous pouvions, suivre le vent, le flot, les hasards de la mer, et nous fier au destin.

Vers le soir, nous aperçûmes devant nous une longue muraille de brisants qui s'étendaient presque jusqu'à l'horizon, et dont les crêtes blanches et tumultueuses nous annonçaient un danger voisin. Notre barque, emportée par le courant, nous précipitait, malgré nous, sur ce rempart de lames houleuses. Nous nous attendions à y périr, incapables de maîtriser notre course impétueuse, quand nous reconnûmes que nous étions au milieu d'un véritable archipel de petits rochers, d'îlots à fleur d'eau, d'écueils et de bancs de sable. L'écume tourbillonnait, les lames déferlaient en tous sens, et nous ne savions plus guère où nous nous trouvions. Tout à coup la barque prit un élan plus vif, s'engagea dans une ouverture étroite que nous n'avions pas aperçue, et glissa entre deux pans de roc perpendiculaires, où le jour pénétrait à peine.

Cette singulière entrée, obscure et très-menaçante, était cependant notre salut. Après avoir filé, avec une impétuosité digne d'une machine à vapeur, dans cette ténébreuse ouverture, nous sentîmes notre marche tout à coup ralentie. Le hasard et le courant nous avaient fait pénétrer à notre insu dans un lac intérieur, de plusieurs milles de tour, qui n'a que cette seule entrée, lac tout parsemé d'îles verdoyantes et bordé ou plutôt couronné de forêts épaisses et comme caché dans leur sein. Il y a certes un Dieu pour les étourdis comme pour les amants. Une fois encore nous étions sauvés.

— Je crois vraiment que nous sommes au port s'écria O'Neil en repliant la voile; qui diable se serait douté de l'existence d'un lac derrière la pointe des Caballones!

— Les boucaniers s'en étaient bien doutés, repris-je, et ce qui le prouve, c'est qu'ils avaient fait de ce lieu où nous sommes le centre de leurs opérations : voici des cordages sur la grève, des planches et jusqu'à une ancre rouillée.

— Je verrai cela demain matin. Abordons avant tout; je n'en puis plus.

Incapables l'un et l'autre de nouveaux efforts, nous prîmes terre, et, après avoir solidement amarré la barque qui n'avait pas d'avaries, nous nous réfugiâmes et nous nous étendîmes, sans prononcer un mot de plus, sous un fourré épais, où un sommeil de plomb s'empara de nous à l'instant.

Le lendemain le vent soufflait avec plus de violence; nous nettoyâmes nos armes et les mîmes en état, et, après un frugal déjeuner, nous commençâmes la reconnaissance de l'asile inespéré où nous nous trouvions. Le bassin du lac, profondément encaissé dans ses rives, qui s'élevaient de dix à douze pieds au-dessus du niveau de l'eau, offrait sur un ou deux points un accès plus facile et une grève plate, sablonneuse et brillante. Les îlots qui s'y trouvaient semés, tous de formation volcanique, donnaient au paysage l'aspect le plus varié. Vers la gauche, à trente toises environ du bassin, le terrain allait s'élevant par degrés, puis la pente, devenant tout à coup abrupte et rapide, se terminait tout à coup par un large plateau couronné de grands bananiers; observatoire vraiment admirable que nous atteignîmes avec difficulté, mais qui paya nos fatigues en nous découvrant le plus splendide des spectacles. La pleine mer s'étendait jusqu'à l'horizon ; entre elle et nous mille rochers aux pics dentelés et inégaux dressaient, à plus de cent pieds au-dessus de l'écume blanche qui se brisait sur leurs bases, une longue muraille aux crêtes calcinées et crénelées. Les nombreux fragments de navires, planches, cordages, et jusqu'à des canons, que nous apercevions dans les dentelures hérissées et dans les anfractuosités de ces parages ne laissaient pas de doute sur les sinistres nombreux dont ils avaient été témoins depuis un temps immémorial. C'était pour des pirates une situation admirable. Du point où nous étions, rien de plus facile que de voir ce qui se passait en pleine mer ; la petite anse où le sort nous avait jetés offrait aux boucaniers un asile certain après une expédition heureuse ou malheureuse.

Nous redescendîmes pour faire sécher nos provisions, et remontant sur notre barque, après les avoir exposées au grand soleil sur le rivage, nous commençâmes la *circumnavigation* du lac. Dans plusieurs grottes ou creux de rocher, de vieux canons de petit calibre et tout rouillés, des cordages, des débris de haubans confirmèrent l'opinion que la veille j'avais exprimée. C'était évidemment le vieux sanctuaire des boucaniers. Tout au fond de la baie, à dix toises environ du rivage du lac, à demi caché sous de grands arbres, nous aperçûmes enfin une espèce de toiture singulière qui annonçait une habitation. Point de fumée, de bruit, ni de mouvement, rien qui pût indiquer la présence de l'homme. Nous armâmes néanmoins nos fusils, et mettant pied à terre, nous nous approchâmes avec quelques précautions.

Une coque de chaloupe renversée couronnait une chaumière plus longue que large et faite de planches d'embarcations ; l'étambot d'un navire percé à jour servait de portique. Tout cela était dilapidé et délabré ; la porte détachée se trouvait renversée en dedans, nous la poussâmes et nous fûmes très-étonnés d'entrer dans une chambre commode, élégante, avec deux fenêtres donnant sur une espèce de jardin anglais. Des chaises d'acajou, des tables avec des tapis riches tombant en lambeaux, une lampe de fabrique américaine, suspendue au plafond par une chaîne de cuivre, des divans couverts d'un velours cramoisi tout usé, et un buste de Napoléon sur une tablette d'où se déroulait, au-dessous d'une glace de Venise, une grande carte géographique, annonçaient que peu d'années s'étaient écoulées depuis que les pirates avaient déserté leur logis. Un petit escalier tournant, pratiqué au fond de la chambre, conduisait du rez-de-chaussée au premier et unique étage et descendait dans les caves. Nous appelâmes, personne ne répondit ; je tirai un coup de fusil par la fenêtre, l'écho des rochers et du lac le répéta dix fois de la manière la plus distincte, et ce fut tout. L'étage supérieur, où nous montâmes, beaucoup plus dégarni que le rez-de-chaussée, ressemblait à une infirmerie ou à un dortoir. Trois bois de lit fort bas, des ustensiles de ménage, des matelas sur le plancher, une ou deux chaises de paille en composaient le mobilier. Plusieurs malles ou valises de matelot étaient empilées dans un coin ; les serrures étaient vieilles et rouillées, et nous les brisâmes sans peine. Nous y trouvâmes du linge, des habits en lambeaux et usés, et plusieurs livres espagnols et français, entre autres, la *Vida de Santa Teresa* et l'*Histoire des boucaniers et flibustiers*. Les marges et les feuilles de garde de ce dernier ouvrage, que l'on semblait avoir feuilleté et relu, étaient chargées de notes manuscrites, telles que celles-ci que je transcris exactement :

« Le 14 de février 1809, coulé bas ce gredin de Martinez. — 8 avril 1809, perdu *la Sylphide*. — Septembre 1811, retrouvé la vieille cachette des boucaniers. » Les renseignements étaient assez précis et nous ne pouvions nous y tromper.

Aujourd'hui les bords du lac ne sont plus déserts. Un Havanais, le comte de Villamar, a construit sur ses bords une belle métairie et y fait paître de nombreux troupeaux. Placé entre les rochers de la Boca Grande et de la Boca de Caballones qui s'élèvent et le cachent à droite et à gauche, embossé dans des flots de verdure, reflétant à la fois et baignant les feuilles des palmiers, des manguiers et des bananiers qui se penchent vers son eau brillante, il offre encore le bassin le plus gracieux et le plus grandiose. Son étendue assez limitée et la limpidité calme de ses flots contrastent avec l'aspect farouche des deux rochers aux têtes noires qui en ferment l'entrée. Le mugissement de la mer qui se fait entendre au loin redouble le sentiment de sécurité que l'on éprouve au sein de cette retraite harmonieuse, traversée par les palombes murmurantes qui s'abaissent vers la surface du lac pour rafraîchir leurs ailes et vont retrouver leur nid suspendu à quelque goyavier.

C'était une retraite délicieuse. Les oiseaux des tropiques, les petits *negritos* ou serins noirs dont le plumage est d'un brun doré, les perroquets radieux et multicolores, les tourterelles blanches et gris-perle se croisaient et voltigeaient librement au-dessus du lac comme' dans leurs propres domaines ; les écailles dorées et bleues des poissons traversaient les eaux comme des flèches capricieuses; la vie débordait et s'agitait partout sans confusion et sans tumulte; des brises et des voix harmonieuses sortaient des feuillages ; des caquetages de perruches et de petits cris d'*iguanos* sauvages égayaient l'uniformité de ces bruits agréables et murmurants, et le lointain roulis de l'Océan servait de base à la symphonie.

Nous ne nous aperçûmes de toutes ces délices que fort tard, c'est-à-dire, le surlendemain matin, après que nous eûmes « reposé nos membres fatigués, » comme disent messieurs les poëtes, et « chassé la faim en mangeant, » comme s'exprime le bon Virgile, lequel ne dédaigne jamais de procurer un bon repas à son Énée. Nous ajoutâmes à nos vivres des huîtres du meilleur goût et une excellente tortue qui nous composèrent un menu digne d'un prince. Le vent s'était calmé, le soleil était ardent. Puisque le hasard nous avait conduits dans l'asile de quelques boucaniers ou pirates, où il n'était pas probable que ces redoutables personnages pussent se représenter de sitôt, nous crûmes devoir profiter de l'occasion qui nous était offerte et prendre nos aises aussi longtemps que nous pourrions le faire dans leur habitation déserte.

Nous nous emparâmes donc de leur palais, où nous servîmes notre déjeuner. O'Neil s'étendit sur le sopha et dormit; je pris deux chaises, sur lesquelles je m'établis en fumant devant la porte brisée, pendant qu'un courant d'air, traversant le lac et venant de la mer, m'apportait un mélange de doux parfums et cette saveur marine et sauvage si pénétrante et si vivifiante. Notre déjeuner avait été excellent, quoique improvisé. Je posai ma pipe par terre et je m'endormis à mon tour; quand j'ouvris les yeux le soleil était monté dans le ciel; et il me sembla qu'un léger bruit se faisait entendre assez près de moi dans les halliers. Je me levai; un corps que je ne pus distinguer, tant la rapidité de ses mouvements était vive, s'élança du rivage dans le lac et se mit à nager. Je le suivis attentivement du regard, et j'allai doucement éveiller O'Neil.

— C'est une femme, s'écria l'Irlandais. En effet, il ne se trompait pas ; et l'aventure devenait tout à fait mythologique et digne du Camoëns lui-même. Une néréide n'est pas autrement vêtue ; celle-ci, par la délicatesse et la finesse des contours, ne rappelait en rien les créations de Rubens ; mais elle était à peu près costumée de la même façon. Nous restâmes silencieux, et pendant longtemps ; O'Neil faisait mine de quitter sa cachette et je le retenais par le bras. L'Indienne, dans ses évolutions capricieuses, était aussi à son aise qu'une petite maîtresse dans l'espace bien plus resserré de son bain. Elle semblait regarder le lac tout entier comme sa propriété particulière ; un moment elle crut entendre du bruit, et redressant sa tête curieuse hors de l'eau, elle regarda de tous les côtés ; son profil était délicat et ses traits jolis ; elle n'avait rien de ces singuliers ornements dont l'aiguille des sauvages est coquettement curieuse. Un nez droit, un front assez bas, des yeux expressifs et brillants et des sourcils droits, composaient un ensemble charmant et caractéristique.

Je ne m'arrêterai pas à décrire les jeux de la naïade indienne, qui semblait une statuette de bronze florentin animé et mobile ; ces ébats avaient pour nous, on le pense aisément, un vif attrait de curiosité. Les reflets de l'eau limpide sur ces carnations singulières et chaudes, l'innocence même des ébats auxquels elle se livrait en toute liberté nous récréèrent pendant quelque vingt minutes.

— Ah çà, dis-je à O'Neil, ce poisson-là est d'une jolie espèce ! Tenons conseil.

— La circonstance est grave. Qu'en dites-vous?

— Les personnages de l'autre sexe, qui doivent nécessairement se trouver dans le voisinage, ne nous verront pas avec plaisir : il faudra se battre !

— Bah ! nous avons nos deux fusils !

En disant cela, mon étourdi d'Irlandais sauta par la fenêtre et se mit à adresser la parole en espagnol, qu'il prononçait assez mal, à l'habitante des eaux.

Elle poussa un cri aigu, se retourna et plongea. Nous n'aperçûmes plus qu'un sillon assez faible qui indiquait la route secrète prise par elle sous les eaux. Après deux ou trois minutes, sa timide tête reparut encore, dirigée vers une grotte ou caverne très-basse, formant une espèce de petite arcade surbaissée que couronnait le feuillage épais des manguiers. Là, toute trace de la naïade s'évanouit. Nous appelâmes de notre meilleur espagnol et de notre meilleur français, lui disant que nous étions des voyageurs, que nous ne lui ferions aucun mal, qu'elle nous conduisît à sa famille, que nous la récompenserions très-bien : elle ne fit aucune réponse, et au moment où O'Neil, qui avait fait le tour du lac et se penchait vers la caverne, essayait d'écarter les branches de manguiers pour voir un peu ce qui se passait à l'intérieur, une balle de pistolet traversa le feuillage, partant du fond de la grotte, et mit fin subitement aux investigations indiscrètes de mon compagnon l'Irlandais, mais non à nos aventures, où la baigneuse et celui qui avait tiré le coup de pistolet, quel que fût ce dernier, occupèrent une place considérable.

III

A travers les savanes. — Les mines d'or de l'île de Cuba. — Le Teniente. — Un Français de Saint-Domingue. — Où l'on retrouve Seraphita. — Un tremblement de terre. — Le trésor de Watchinango. — Encore la naïade indienne.

Quels étaient les habitants de la grotte dans laquelle évidemment la jeune fille avait pénétré par le lac, et dont on nous prohibait l'entrée à coups de pistolet? Etait-ce la retraite de quelque forban arriéré et réfractaire qui n'avait pas voulu se soumettre à la civilisation? ou bien quelque Mexicain du Yucatan avait-il transporté de ce côté ses obscurs pénates, souvent troublés par la guerre de l'Indépendance? Nous étions occupés à résoudre ces problèmes, quand une nouvelle balle, partie non pas de la grotte, mais du fourré qui couronnait sur la droite l'espèce d'entonnoir dans lequel était plongé le lac, vint nous avertir de ne plus philosopher, de ne faire ni études pittoresques sur le type primitif des néréides havanaises, ni rêves d'Eden sur la solitude et l'amour. Nous étions en très-belle position pour être ajustés, tirés comme à la cible, et tués sur place, en très-mauvaise pour ajuster et nous défendre. Je regardai de tous côtés pour découvrir nos assaillants, s'il était possible; mon regard, en parcourant toute la circonférence du lac et des hauteurs environnantes, depuis les Caballones jusqu'à la Boca Grande, n'aperçut que les éternels feuillages d'une végétation si belle, si riche et si grandiose, que l'on finit par désirer, à force de la contempler, un peu d'aridité, de glaces et des cavernes plus farouches et plus sombres.

Il paraît que nos ennemis, quels qu'ils fussent, ne prétendaient que nous interdire l'accès de leur demeure, et nous inviter poliment à ne pas les déranger, parce qu'ils ne recevaient pas. Dès que nous eûmes démarré, et que notre bateau fut en marche, personne ne nous inquiéta; seulement, O'Neil ayant eu l'idée malheureuse, selon sa coutume, de rappeler le danger quand le danger ne pensait pas à lui, s'avisa de tourner un peu le gouvernail, et de cingler du côté de la grotte de la naïade. Aussitôt, pour nous prouver leur vigilance, les habitants inconnus nous saluèrent d'un nouveau coup de feu qui perça l'une de nos voiles, et passa à très-peu de distance de ma tête.

— Il souffle bon frais, dit O'Neil, pour m'empêcher apparemment de lui reprocher ses déportements; le vent est sud, nous arriverons.

— Tu vois bien, éternel fou, que nous n'emportons pas assez d'eau; le premier grain qui nous jette en mer est notre mort.

— Nous mettons le cap au nord. L'île a autant de baies, de criques, de ports, d'anses et de creux qu'une dentelle a de trous; nous aborderons cette nuit pour faire de l'eau tout à notre aise. Prends d'ailleurs le timon, et gouverne, si tu crois mieux faire que moi.

Le hasard, toujours protecteur des insensés, voulut que du moment où O'Neil cessa de diriger la barque et où le gouvernail fut dans ma main, nous entrâmes dans des parages tout à fait nouveaux et des plus difficiles. Des courants et des contre-courants poussaient et repoussaient le petit navire dans les directions les plus opposées; tous les rhumbs se faisaient sentir en moins d'un quart d'heure, et le vent soufflait tour à tour des points les plus opposés de l'horizon. Nous fûmes jetés loin de la côte, que nous perdîmes de vue, et une grosse pluie commença avec la nuit. La mer devint plus grosse que nous ne l'avions encore vue, et l'Irlandais O'Neil, ordinairement peu dévot, bien que catholique, se mit à prier, ce qui était mauvais signe. Il y avait cent à parier contre un que notre frêle barque, sans cesse balancée entre des montagnes d'eau ou dansant sur leurs crêtes aiguës, serait engloutie au premier moment. Néanmoins, je continuai de gouverner de mon mieux, et après deux jours et deux nuits d'anxiété et de fatigue extrêmes, nous aperçûmes terre. La mer était moins mauvaise; O'Neil se remit à chanter et prit le gouvernail.

La côte que nous abordions était d'un aspect particulier. Elle ressemblait moins à un rivage qu'à une forêt noyée, car on ne voyait pas le sol. Nous pénétrâmes dans une petite anse ou crique, ombragée de toutes parts et environnée de manguiers très-bas et très-épais. Bientôt la barque s'arrêta dans la vase, et tous nos efforts pour la dégager furent inutiles. Les coups de pistolet des défenseurs du lac et de la grotte ne nous avaient pas permis d'emporter une quantité d'eau suffisante, et nous avions épuisé la nôtre : aussi la soif nous dévorait-elle. Il fallait nous procurer de l'eau à tous risques et périls.

Mettant pied à terre ou plutôt dans la fange, nous commençâmes la marche la plus fatigante et la plus cruelle du monde; tantôt nous avions de la vase jusqu'à la ceinture, tantôt nous nous suspendions de notre mieux aux rameaux noueux des manguiers, tantôt nous nous glissions comme des serpents sous les arcades obscures et les galeries contournées de cet arbre singulier qui se reproduit lui-même comme le figuier des banians et qui, se chargeant sur la route de plantes parasites de toute espèce, transforme ses branches en racines nouvelles et forme ainsi d'interminables et obscurs labyrinthes de trois ou quatre pieds de haut.

Nous abattions avec notre hache et nos couteaux le plus de branchages que nous pouvions. Mais que l'on se fasse une idée de la situation où nous nous trouvions l'un et l'autre; le soleil dardait sur nos têtes ses rayons verticaux; la faim et la soif nous torturaient; nous essayions de mâcher les feuilles coriaces et épaisses du manguier, qui, saturées d'alcali, ne faisaient qu'augmenter notre torture et irriter notre soif.

Cependant nous avancions toujours avec une espèce de rage furieuse. La nuit vint; des myriades de moustiques s'abattirent sur nous. L'atmosphère était lourde, orageuse, chargée d'électricité. Nous nous arrêtâmes; mais comment dormir? Les morsures et les piqûres des insectes ne nous permettaient pas de fermer les yeux, et nous nous étendîmes, découragés et misérables, sur le lit de fange qui trempait nos membres endoloris. Je ne dormis pas, cela était impossible; mais j'eus des visions horribles, effet de ce que les Espagnols nomment la *calentura da morte*. Tantôt il me semblait que je dansais à la Nouvelle-Orléans dans un de ces bals où les domestiques vous apportent sur des plateaux le *sangarie* frappé de glace, espèce de punch à la romaine, si délicieux, si rafraîchissant et si tonique. Tantôt je me métamorphosais en *picador* havanais et je m'élançais à cheval contre un énorme taureau qui me renversait baigné dans mon sang. Bientôt la vision se dissipait et je me retrouvais dans une situation encore plus déplorable que celle que j'avais rêvée.

L'aube reparut; nous nous remîmes à l'ouvrage. Épuisés, chancelants et saisis de défaillance à chaque pas, à peine protégés par le feuillage dur et desséché qui nous opposait un obstacle et ne nous offrait pas d'abri, l'estomac vide, les extrémités glacées et paralysées, nous finîmes, vers l'heure de midi, par reconnaître que les manguiers devenaient moins serrés et que le sol changeait de nature. De grands arbres, c'étaient des palmiers, nous permirent de nous tenir debout; des ceps de vigne desséchés les entouraient de leurs bras noueux. Des vestiges de pas se dessinaient çà et là dans le terrain humide; nous reconnûmes qu'une truie, suivie de ses petits, avait passé par là. Affamés comme nous l'étions, cette rencontre était pour nous une bonne fortune. Pendant plus d'une heure, O'Neil et moi, le fusil armé et rampant sur le terrain toujours détrempé, nous poursuivîmes cette trace, qui finit par nous conduire à un petit bosquet très-épais, d'où s'échappait un grognement sourd et formidable. Nous n'étions pas gens à avoir peur. Les habitants du bosquet, la lice et ses petits, firent une sortie assez vigoureuse, et je me sentis blessé à la jambe; je n'y songeai pas. Au fond de l'habitation de cette petite tribu sauvage j'avais aperçu un peu d'eau stagnante ; pour l'atteindre, j'aurais traversé un bûcher en flammes. O'Neil tira au hasard sur la truie, lui cassa une patte de devant, et, se servant ensuite de son mousquet comme d'une massue, en déchargea sur le grouin de la bête un coup si terrible, que le bois se brisa et la truie tomba sur le sol. Je plongeai mon *bowie-knife* dans ses entrailles, et je l'achevai. Le reste de la famille était en assez bas âge ; les petits se dispersèrent de tous côtés et nous laissèrent maîtres du champ de bataille.

Ce fut alors un repas des dieux, bien que l'eau fût saumâtre et détestable, et la chair de la truie, que nous rôtîmes au feu de branches de manguiers, d'un coriace à rebuter les dents les plus énergiques. En creusant un peu, nous parvînmes à nous procurer un peu d'eau plus potable. Nous brisâmes une très-grande quantité de branches, et nous allumâmes un brâsier colossal pour éloigner les moustiques; après avoir lavé notre corps tout entier, noir et gonflé des piqûres des insectes, nous nous endormîmes d'un sommeil qui eût fait envie à Sardanapale.

Je me réveillai le lendemain vers quatre heures, et la première sensation que j'éprouvai fut celle d'une douleur poignante causée par ma blessure; les défenses de la truie avaient entamé les chairs et les muscles; je saignais abondamment : pour calmer l'inflammation, je me servis du gras de l'animal et je lavai soigneusement la plaie que j'enveloppai d'un vieux mouchoir. Que faire? Notre navire était perdu comme nos chevaux. Retrouver le bateau? Il ne fallait plus y songer. Je boitais, il m'eût été impossible de recommencer la pénible et tortueuse marche qui nous avait conduits jusque-là. Nous achevâmes de rôtir les morceaux de la truie, et nous nous dirigeâmes au nord. Le terrain se déboisait un peu et devenait pierreux; nous atteignîmes une espèce de lagune d'eau presque tiède, qui nous venait à mi-jambe. Nous en bûmes avec tant d'avidité, que la fièvre et la dyssenterie nous prirent; il fallait avancer cependant. Une autre journée de marche, pendant laquelle nous nous traînions plutôt que nous n'avancions, nous conduisit à une petite crique remplie d'alligators, dont les gueules béantes et les nageoires noires et lustrées se montraient fort librement à la surface de l'eau. C'étaient des voisins très-incommodes; mais comme il fallait absolument passer la crique pour atteindre un coteau boisé et cultivé qui se montrait sur l'autre bord, nous n'hésitâmes pas. De ce coteau, qui offrait une perspective attrayante, partaient des bruits civilisés, des retentissements de clochettes et des mugissements de bestiaux. Nous nous armâmes de pierres pour effrayer les monstres, et pourvus de longues branches dont nous frappions l'eau à coups redoublés, nous finîmes par les mettre en fuite. Enfin parvenus à l'autre rive sur les dix heures du matin, nous aperçûmes une habitation.

Quelque danger que nous eussions à courir, il ne pouvait se comparer à celui auquel nous échappions, et nous préférions la vengeance du consul et du gouverneur à la dent des requins ou à mourir de faim et de soif dans quelque repaire ignoré. Le hasard nous conduisait précisément chez don Fernan Pacheco, *teniente* ou lieutenant du gouverneur, et à qui notre mauvaise mine et les haillons fangeux qui nous couvraient n'auraient pas inspiré grande confiance si le *salvo-conducto*, que nous avions conservé avec grand soin et que je portais toujours avec moi, ne l'avait mis sur une autre piste. O'Neil lui raconta l'histoire de la barque et du naufrage, celle de notre expédition maritime, dont il déguisa certains détails, et nous représenta comme des naturalistes en quête des merveilles de la flore havanaise. Le *teniente* n'en crut pas un mot et son incrédulité nous sauva. Le *gobernador general* aurait-il confié à des gens sans aveu le précieux sauf-conduit dont nous étions porteurs? Habitant une partie de l'île rarement explorée, il n'avait pas même entendu parler des deux espions américains proscrits par l'autorité. Il expliqua tout autrement notre présence et notre arrivée.

Le désir et l'espoir de découvrir des mines d'or ou d'argent dans l'île de Cuba n'ont pas encore abandonné les autorités havanaises, souvent déçues par une hallucination, répandue d'ailleurs dans la population tout entière. Tout Espagnol qui signalera une mine d'or sera duc; homme de couleur, il aura droit au sixième des produits; esclave, au dixième des produits et à l'affranchissement; étranger, à un tiers des produits. Dans ces divers cas, le gouvernement se charge de tous les frais et de tous les travaux.

Possesseurs d'un sauf-conduit signé du gouverneur lui-même, que pouvions-nous être, sinon des ingénieurs américains, *ereticos* sans doute, mais non moins habiles qu'hérétiques, et dépêchés par le gouverneur pour reconnaître quelque filon récemment découvert et en commencer l'exploitation? Ce mystère qui nous environnait et ce sauf-conduit annonçaient suffisamment notre mission et témoignaient de notre importance. Voilà ce que se persuada aisément, et sans que nous y contribuassions pour notre part, le brave *teniente* ou lieutenant, qui nous accabla de politesses et nous promit le secret, des soldats pour nous accompagner et sa protection dans toutes les circonstances. N'allions-nous pas faire jaillir la source de l'or, source de toutes les faveurs?

Il fit donc plusieurs allusions mystérieuses et habiles à l'importance de notre mission gouvernementale; et l'acharnement avec lequel il revenait sans cesse à ce sujet des mines, de la métallurgie et du lit d'or et d'argent qui servait nécessairement de fondement solide à l'île entière, nous initia bientôt à son erreur, trop favorable à nos intérêts pour que nous voulussions de la dissiper. Il changea nos

habits contre la défroque de sa garde-robe, nous donna
l'hospitalité dans sa maison, et nous présenta à sa
femme, jeune Espagnole du plus charmant visage et
de la plus profonde ignorance. Bientôt nous obtînmes
la permission de nous établir seuls, à un mille de distance, dans un petite hutte construite temporairement
avec des branches de figuier et des planches, au milieu
des rochers dont ce canton est semé ou plutôt rempli.
Deux soldats devaient coucher près de nous pour nous
protéger, ce qui contrarierait un peu nos projets; mais
nous comptions nous débarrasser facilement de cette
protection gênante, et nous nous mîmes, une fois en
possession de notre hutte, à commencer, le marteau à
la main et le cigare à la bouche, nos excursions mé-
tallurgiques dans les environs, excursions indispensa-
bles au succès de nos desseins ultérieurs.

Le premier jour que nous rapportâmes au brave
teniente notre panier rempli de fragments de grès,
de schiste, de quartz et de mica, il nous salua jusqu'à
terre, et l'œil étincelant de joie et de curiosité :

— ¿ *Que es eso, señores ilustrisimos? Oro o plata,
sin dubio?* (Qu'est cela, seigneurs très-illustres? de
l'or ou de l'argent, sans aucun doute?)

Nous ne répondîmes pas d'une façon exacte ou sa-
tisfaisante; nos paroles détournées ou embarrassées
complétèrent la conviction du *teniente* qui nous donna
le soir un excellent dîner et nous servit ses meilleurs
vins. Au dessert, quand les langues et les cœurs se des-

serrèrent, je lui fis entendre que son escorte nous était parfaitement inutile; et un léger clignement d'œil du *teniente* nous apprit qu'il nous comprenait à demi-mot. Pourquoi associer un soldat à cet important mystère? Dès le lendemain nous étions parfaitement libres et le soldat ne revint plus.

Il s'agissait d'échapper au *teniente* qui tôt ou tard ne pouvait manquer de savoir qui nous étions. Dès onze heures, le soir même, après avoir congédié le soldat qui nous avait escortés, nous nous remettions en route; nous avions eu soin pendant les cinq jours que nous avions passés chez don Fernan, de lever la carte des environs, et de nous procurer des renseignements assez exacts sur les propriétaires des habitations les moins éloignées. L'un d'eux et le plus riche, dont la plantation était située à dix milles de distance de celle du *teniente;* Français de race, renommé pour sa bonhomie et sa générosité, nous sembla celui auquel il nous serait le plus utile et le plus sûr de confier notre escapade, et de demander protection. Il se nommait Gerbier.

Nous ne nous trompions pas. Je forçai O'Neil à se taire, et, arrivés chez M. Gerbier, je remplaçai les contes ordinaires de mon compagnon de route par la simple et nue vérité. M. Gerbier nous reçut on ne peut mieux.

M. Gerbier, Français de Saint-Domingue, ayant perdu ses propriétés et sa famille dans la grande insurrection des noirs, s'était fait pirate dans sa jeunesse, et avait pris du service dans la célèbre escadre Laffitte et de Gomez. M. Gerbier était devenu l'un des plus redoutables capitaines de la bande, un maréchal d'empire de ces usurpateurs maritimes que l'on eut tant de peine à vaincre ou à désarmer. La paix faite, et Laffitte une fois rentré dans les rangs de la société légale, Gerbier obtint des lettres de grâce du Président des États-Unis et des autorités espagnoles, et acheta près de Batavano un espace de terre sur lequel il construisit une très-jolie villa italienne. Son ton était fort doux, ses manières étaient distinguées ; on l'aurait pris pour un gentilhomme de l'ancienne cour ayant fait les campagnes de l'armée de Condé, plutôt que pour un ancien pirate. Il ne se souciait pas trop de faire allusion aux exploits de sa vie passée. Mais enfin quand on était sur ce chapitre, il se sacrifiait de bonne grâce. Les autorités havanaises ne l'aimaient guère. Il avait l'activité de la race française et se moquait de temps à autre de la solennité castillane ou de l'indolence créole. Chatouilleux sur le point d'honneur, il s'était permis de remettre au pas quelques *yankies* insolents et quelques *capitanes* orgueilleux ; ce qui lui donnait une grande considération dans le pays. Nos excursions et nos aventures l'intéressèrent ; il nous promit que nous n'aurions rien à craindre chez lui, et qu'au premier indice de péril, il trouverait moyen de favoriser notre évasion définitive.

Le lendemain, il nous présenta à sa femme. Qui l'aurait pensé? c'était Seraphita elle-même, plus jolie et plus attrayante que jamais. Elle était mariée depuis un an et demi à M. Gerbier, qui avait embrassé le mariage avec les autres vertus casanières, et qui vivait comme un petit saint dans ses propriétés. C'était donc chez Seraphita que nous étions cachés, O'Neil et moi. O'Neil n'avait pas encore retrouvé son oncle; et moi qui retrouvais d'une manière inespérée l'objet de mon idolâtrie, je n'étais guère plus heureux que lui.

Seraphita était mère. Un petit enfant qu'elle nourrissait, la paix et la grâce charmante du ménage, l'hospitalité naïve qui nous fut donnée, auraient rendu ma situation de cœur très-compliquée si le hasard l'avait prolongée tant soit peu. M. Gerbier était fort vieux, bronzé, hâlé, perclus de rhumatismes, excellent homme d'ailleurs pour un loup de mer. Sa femme joignait à l'élégance vive des créoles une langueur presque américaine et vraiment ravissante. Aventurier comme je l'étais, je n'avais pour moi que la jeunesse et la passion; aucune prétention et aucune velléité de séduction ne m'appartenaient. Enfin, quelque chose d'analogue au rôle singulier et dangereux de Saint-Preux chez M. de Volmar allait bientôt se dessiner, ce qui était extrêmement menaçant pour moi ou du moins pour mon bonheur et mon repos. Le premier résultat de la situation fut de me donner une fièvre intermittente qui se régla bientôt et pendant laquelle M. Gerbier venait auprès de mon lit pour me tenir compagnie. O'Neil lui racontait nos pérégrinations et s'extasiait sur la beauté du lac dont on nous avait chassés à coups de pistolet. Je vis M. Gerbier sourire.

— Parbleu! nous dit-il, je connais l'endroit; c'est là que Laffitte se retirait après ses grandes expéditions. Et puisque vous savez mon ancien état, qui, au surplus dans ces régions-ci est en assez bonne odeur, je ne vous cacherai pas que mes plus agréables journées de loisir se sont passées sur les bords du lac que vous avez découvert. Dès que le malade sera rétabli, et sa guérison est en bon train, nous irons ensemble. Le temps est beau, je connais les parages; ce sera une très-amusante expédition pour moi que de revoir et de retrouver mes vieilles habitudes et mes anciens repaires.

En effet, je me rétablis assez lestement, et tout fut arrangé pour notre excursion. Je n'étais pas fâché de m'éloigner de Seraphita et de me distraire. Mules, mulets, chevaux, trois nègres, quatre Espagnols, y compris le surveillant du *cafetal*, Xaramillo, enfant de la vieille Espagne, qui avait l'air d'un vrai bandit du XVe siècle et d'un pourfendeur de Maures, se mirent en marche à quatre heures du matin, précédés de M. Gerbier, d'O'Neil et de moi. A côté du vigoureux et bronzé Xaramillo, dont la tenue annonçait un vieux marin; — se prélassait sur sa mule, comme un cardinal du moyen âge, Cornejo, vêtu à peu près comme un dandy ou *majo* de Madrid, d'un costume fané qui ressemblait à la défroque d'un Figaro de théâtre de province. Six énormes chiens nous suivaient; c'étaient des animaux de cette race redoutable avec laquelle j'avais déjà fait connaissance.

— Ces côtés-là ne sont pas sûrs, et depuis que les Anglais racolent nos nègres, me dit M. Gerbier, les marrons se mettent en bandes de trente ou quarante hommes. Ils sont capables de tout; mais quand ils auront ces messieurs à leurs trousses, ils m'en diront des nouvelles.

Nous campâmes très-agréablement sur les bords du rio Cobre; au milieu de la nuit, M. Gerbier, s'éveillant, cria :

— Xaramillo! j'entends le coup de sifflet des marrons. Alerte! appelle les chiens.

L'instinct de ces animaux était déjà éveillé et ils s'élancèrent tous dans les broussailles, d'où bientôt des hurlements affreux se firent entendre. Nous étions tous debout et armés. M. Gerbier paraissait jouir de la rencontre qui le ramenait à sa vieille manière de vivre. Cependant un des noirs qui était près de lui, tout tremblant et dont on entendait les dents claquer dans la nuit profonde, s'écria d'une voix sourde à la fois et glapissante :

— Maître! maître!

— Eh bien ! qu'y a-t-il, Trullo ?

— Maître ! la terre va trembler.

Trullo avait raison. Il ne se passa pas deux secondes que nous sentîmes le sol qui s'ébranlait et le tonnerre se mit à gronder. On entendait le déchirement et le brisement des rocs voisins, et nous tombions les uns sur les autres. Les chiens, dont la férocité s'était allumée quand le flair leur avait révélé la présence des noirs, revinrent frissonnants, la langue pendante et poussant de longs vagissements.

Le hasard, plutôt que mon goût personnel, m'a fait assister, quelquefois comme acteur, souvent comme témoin, à plus d'une scène sanglante. Aucune n'a laissé dans mon esprit des traces aussi profondes. Les chiens pleuraient, la terre tremblait, l'éclair sillonnait le ciel, les chevaux hennissaient, pendant que les nègres marrons hurlaient dans leur patois ; les cavernes, qui se fendaient de toutes parts et craquaient dans la savane, exhalaient des sifflements aigus, dont le bruit, en s'accroissant, se mêlait à celui du tonnerre. On entendait des soupirs sortir des crevasses de la terre ; on saisissait au vol les imprécations des noirs, moins épouvantés que nous, et qui, profitant de la circonstance, se rapprochaient plus hardis. Les Espagnols disaient leurs patenôtres, Xaramillo excepté, qui avait servi, je crois, comme forban, sous les ordres de M. Gerbier. Voyant le danger, il s'était placé en embuscade derrière son cheval, et de là, armant et ajustant son *tromblon* ou *trabuco* à gueule évasée, il faisait pleuvoir sur les marrons une terrible grêle, qui eut bientôt diminué leur nombre de cinq ou six hommes tués ou blessés; M. Gerbier, ou, comme on le nommait, don Gerbero faisait de même.

Bientôt la présence et le voisinage des noirs ranimèrent toute la rage des animaux, et une mêlée effroyable, dans laquelle les chiens tinrent le premier rang, couvrit le sol des cadavres de plus de vingt nègres. Deux hommes de M. Gerbier furent tués; M. Gerbier lui-même fut légèrement blessé au poignet; O'Neil et moi nous n'eûmes aucun mal.

Le tremblement de terre n'avait pas duré plus de dix minutes, et ses effets s'étaient concentrés sur un espace de terrain peu étendu. On alluma des torches, on releva les cadavres, on pansa les plaies, et l'on dormit, après que Xaramillo, musicien imperturbable, eut accordé sa mandoline et donné à la compagnie une petite sérénade.

Le lendemain à cinq heures le ciel était calme; quelques mouvements de terre, quelques éboulements de rocs, annonçaient seuls la convulsion qui avait eu lieu. Nous nous remîmes en route. Vers les huit heures, un personnage singulier dont les vêtements ne fournissaient aucune indication précise sur sa race ou sur sa profession se montra derrière quelques arbres, et disparut.

— C'est Watchinango! s'écria Cornejo; M. Gerbier

veut-il que nous le suivions? Il s'est dirigé du côté de Goyava, entre la Boca-Grande et la Bahia.

— Certainement. Allons, au galop!

Toute la troupe prit le galop. J'avais eu le temps de considérer cet homme que l'on nommait d'un nom si baroque, et à la poursuite duquel on se mettait avec tant d'alacrité.

Il avait le plus étrange costume qui se puisse imaginer; une mantille de femme espagnole sur une culotte de satin jaune, les pieds et les bras nus; sur ses épaules nues deux épaulettes par forme d'ornement, et sur sa tête une magnifique floraison de fleurs de perroquets. Son langage, à ce que j'appris plus tard, était un espagnol extraordinaire, adouci par le mélange des sons de sa langue indigène et modifié par des tournures de phrases inouïes. Un poignard catalan et un *bowie-knife* américain, retenus par une espèce de ceinturon d'écorce d'arbre qui serrait sa taille et comprimait sa culotte de satin jaune, contrastaient avec les rubans verts et les rosettes bleues, sans doute empruntés à quelque défroque féminine, et dont il s'était plu à l'orner. Pauvre Watchinango! c'est à lui, comme on va voir, que je dois ma fortune. Sans ses trente mille dollars, je ne sais pas trop comment ma vie aurait tourné. Avec ce qui m'en resta j'achetai, un dollar l'acre, ces territoires du Wisconsin que je revendis avec tant d'avantage, et où six villes ont été construites depuis 1815. Mais continuons.

Après une demi-heure de galop, M. Gerbier fit faire halte et ordonna à Xaramillo de suivre seul un sentier de forêt bordant une colline élevée d'où il pourrait découvrir aisément les mouvements de Watchinango, et revenir en rendre compte au quartier général. Nous nous arrêtâmes donc et je demandai à notre hôte ce que tout cela voulait dire.

— Ce Watchinango, me répondit-il, est un Mexicain de race indigène qui se montre fort rarement, et qui, dans l'opinion populaire, est possesseur d'une mine d'or qu'il cache à tout le monde. Voici comment cette croyance s'est formée. Il allait et venait, selon son caprice, du Yucatan aux côtes de Cuba, et il était fort aimé pour sa douceur; on le voyait toujours s'agenouiller comme un chrétien devant la *Virgen del Cobre*, autel qui est, comme vous savez, l'objet de pèlerinages dévots. Il y a deux ans, on le vit arriver à San-Yago avec un petit paquet qu'il déploya. Ce paquet contenait des lingots d'or grossièrement fondus que Watchinango essaya de vendre, et qu'on lui acheta en effet à très-bas prix. D'où pouvait lui venir cet or? Voilà toutes les imaginations éveillées. On suit l'Indien jusqu'à la mer, on le voit s'embarquer dans un canot, puis se perdre et disparaître au milieu des rocs. Quelques semaines après, dans un village fort éloigné de San-Yago, il se montra encore et joua le même rôle; les Havanais, dont une des croyances favorites c'est que leur île est assise sur un lit d'or qui n'est pas encore exploité, se mirent à rêver les expéditions les plus incroyablement opulentes ; plus de cent personnes se répandirent dans les bois et sur les grèves, la pioche et le marteau à la main, brisant des fragments de tous les rochers qu'ils rencontraient sur leur route, dans l'espoir de trouver la fameuse mine d'or de Watchinango...

— Eh bien! demanda M. Gerbier à Xaramillo, qui revenait tout essoufflé, qu'y a-t-il de nouveau?

— Il est assis auprès d'une cavité formée dans les roches de la Boca-Grande. Marchons doucement, tournons la forêt de bananiers, et nous surprendrons aisément lui et sa cachette.

— Très-bien; du silence et au pas.

Le plan de Xaramillo était excellent. Nos premiers chevaux n'étaient pas à plus d'une toise de l'Indien endormi entre deux fragments de roches sous un vieil arbre, quand le bruit de la troupe qui s'approchait le réveilla. Il se dressa sur ses pieds, et voyant que nous étions nombreux et bien montés, il eut un moment d'hésitation. A côté de lui s'ouvrait une espèce d'entonnoir ou de crevasse de huit ou dix pieds de large; il s'y jeta la tête la première et disparut.

L'intérêt de notre poursuite augmentait; on descendit de cheval, presque toutes les têtes à la fois se penchèrent vers l'intérieur de la caverne obscure au sein de laquelle Watchinango s'était évanoui comme Curtius. Aucune lumière n'y brillait; mais bientôt un coup de mousquet ou de fusil se fit entendre; le pauvre Cornejo, choisi pour victime par le sort, fut tué sur la place. Les assaillants étaient, comme on le pense bien, furieux. On tint conseil, on arma tous les pistolets; et tous, M. Gerbier et moi exceptés, firent cercle autour de la caverne d'où partirent deux nouveaux coups de feu qui ne touchèrent personne. Alors tous les canons des fusils et des pistolets plongèrent dans la grotte, et plus de vingt balles y pénétrèrent.

Un cri aigu s'échappa alors de ce trou noir et béant, et aussitôt une nouvelle détonation se fit entendre, accompagnée de deux balles qui passèrent entre mes jambes et allèrent frapper à la tête un des chevaux de l'escorte. Les chercheurs d'or reculèrent; il y avait évidemment beaucoup de danger. Bientôt néanmoins, exaspérés et irrités par la résistance, et préjugeant qu'une proie ainsi défendue devait valoir la peine d'être poursuivie à outrance, ils jetèrent dans l'excavation des branchages et des fascines allumés, dont la fumée, selon eux, devait forcer la garnison de la caverne à demander miséricorde et merci. La seule réponse que fit Watchinango, ce fut encore un double coup de feu, dont les projectiles frappèrent en même temps deux des assaillants, un nègre et un Espagnol, qui l'un et l'autre se penchaient au-dessus de la bouche de la caverne. On emporta les deux blessés, dont le sang coulait et dont l'un avait été atteint à la cuisse, l'autre au milieu de la poitrine. Ce dernier expira sur-le-champ.

Aucun bruit ne se faisait plus entendre : dans un silence lugubre les assaillants s'approchèrent avec précaution; puis, penchant dans l'ouverture ténébreuse leurs torches qu'ils avaient allumées, ils y découvrirent un spectacle étrange qui ressemblait plutôt à quelque décoration d'opéra qu'à une grotte naturelle. La lueur des torches allait frapper les pilastres inégaux et les colonnades fantastiques du quartz micacé qui en tapissait les parois, et dont les pans taillés bizarrement par la nature reluisaient comme les facettes d'un prisme; dans une espèce d'encoignure ou d'alcôve un vaste tapis suspendu formait une sorte de cloison ; de l'autre côté, on voyait une forge dont le feu était éteint, et dont tous les instruments étaient épars sur le sol inégal ; trois ou quatre degrés grossièrement pratiqués dans le quartz conduisaient à cette forge; des objets de luxe, des sabres espagnols et des pistolets américains se trouvaient suspendus çà et là ; un grand hamac mexicain, fait d'écorces nuancées et tapissé de plumes d'oiseaux se balançait à droite au souffle du vent qui semblait sortir de quelque lointaine issue.

Cette issue était précisément celle qui donnait sur le lac de *los Caballones,* et dans un enfoncement, sur une natte mexicaine, nous ne tardâmes pas à apercevoir une jeune femme couchée.

Au moyen de cordes et de bâtons, nous descendîmes dans cette habitation singulière. La jeune fille se souleva languissamment et nous montra qu'elle venait d'être frappée à l'avant-bras gauche par une des balles de nos Espagnols. Cette balle avait traversé les chairs et endommagé les muscles sans .fracturer l'os. Nous reconnûmes la naïade qui nous avait charmés, l'Ondine du lac de *los Caballones*. Les caractères particuliers qui la distinguaient étaient ceux de la race péruvienne, le buste large et la taille d'une extrême souplesse, un développement des hanches très-prononcé, et les extrémités les plus fines qui se puissent imaginer. Une forêt de cheveux noirs retombait sur ses épaules. Son costume, simple et de fort bon goût, était assez semblable à celui des mulâtresses espagnoles : une pagne ou jupon rayé de noir et de jaune se rattachait sur ses reins ; un petit fichu jaune était noué sur le col, orné d'ailleurs de verroteries et de colliers de couleurs diverses. Ses yeux, qui étaient magnifiques, versaient des larmes abondantes ; à ses pieds était étendu mort un homme grand et bien fait, dont la main serrait encore avec force un pistolet d'arçon, et dont les membres d'un brun rougeâtre trahissaient l'origine indienne. Nous le soulevâmes ; il ne respirait plus. C'était le père de la naïde.

M. Gerbier découvrit sous une espèce de trappe la source de la richesse de Watchinango. C'était un vieux trésor des boucaniers, consistant en lingots très-grossièrement fondus, et que Watchinango avait découvert dans ses pérégrinations de sauvage. Quand il avait besoin d'argent monnayé, il échangeait cet or brut contre des espèces. M. Gerbier fit porter chez lui et soigner la jeune fille que Watchinango avait eue d'une femme espagnole, chrétienne comme lui, et à laquelle la moitié du trésor de son père fut assurée comme dot. Nous passâmes encore quinze jours chez l'honnête pirate, auprès de Seraphita et de la fille de Watchinango. L'extrême beauté de la jeune blessée fit une impression si vive sur O'Neil et sur moi, que nous fûmes sur le point de nous disputer, dans un combat singulier, sa main et son cœur.

La préférence de la jeune Thérèse Wah-minga, ce qui veut dire *Perdrix dorée*, se décida en ma faveur, et je devins maître, en face de l'autel de Trinidad, de sa main et des lingots des boucaniers. C'était bien la plus étrange dot qu'une fiancée pût apporter à son mari. Les lingots de Watchinango, transformés en espèces, me rapportèrent à peu près trente mille dollars, dont le tiers environ suffit à notre traversée, préparée et protégée par notre hôte, et dont les deux autres tiers constituèrent un capital que je ne laissai pas dormir entre mes mains.

Comme le Roméo de Shakspeare, j'avais commencé mon drame havanais avec un amour dans le cœur, et je le terminais plus gravement et plus gaîment, par l'enlèvement et le mariage d'une seconde héroïne.

La fille de Watchinango, par sa beauté ingénue, son charmant caractère et son intelligente vivacité, valait l'héroïne de Shakspeare ; la naïade du lac de *los Caballones* se trouva être la plus chastement dévouée et la plus aimable des femmes. Elle parvint à lire et à parler très-élégamment l'espagnol et l'anglais. Ce que je ne pus jamais lui apprendre, malgré notre long séjour dans l'Amérique septentrionale, en Europe et aux Antilles, ce fut l'art d'écrire ; une plume lui était en horreur. En revanche, son instinct musical très-développé fit d'elle une excellente cantatrice.

Telles sont mes aventures dans l'île de Cuba.

SCÈNES DE LA VIE

TASMANIENNE ET AUSTRALIENNE

I

l'Australie.—Aspect du pays.—Les voyageurs Européens en Australie. —Son climat.—Ses productions.— Ses habitants.— Les *purs* et les *impurs*. — Les journaux et la société à Sidney.— Les Convicts.

La Nouvelle-Hollande ou l'Australie, ce dernier-né des continents, en est le plus étrange.

Tout est paradoxal dans ce pays, contradiction perpétuelle de l'Europe. Dans le règne végétal ce sont des eucalyptes, ou arbres à gomme, dont les colonnades gigantesques s'arment de feuilles disposées verticalement et non horizontalement; des acacias sans feuillage, dont les espèces nombreuses diffèrent d'organisation entre elles et s'éloignent toutes également du mode de végétation des quatre autres parties du monde. Un botaniste anglais, M. Brown, qui voyagea en Australie pour se rendre maître de la Flore complète de ce pays, fut étonné et attristé de l'aspect bizarre et douloureux des forêts et des plaines ; partout une teinte olivâtre et monotone, que le printemps ne fait pas verdir, qui ne jaunit pas en automne, qui fatigue le regard sur une ligne immense de côtes et manque du plus grand charme de la nature, la variété. Dans le *Prodrome* de sa *Flore de la Nouvelle-Hollande,* ce botaniste exprime la sensation pénible que fait naître chez le voyageur la physionomie muette et sourde du paysage, et il l'explique de la manière suivante :

« La structure des feuilles, dit-il, est uniforme pour presque tous les arbres et arbrisseaux de l'Australie. Leur position verticale, leur exacte similitude, leurs lamelles aiguës, droites et juxtaposées, donnent un caractère dur, étrange, inhospitalier aux forêts de la Nouvelle-Hollande et de la terre de Van-Diémen. »

Ce sont des forêts lugubres, mais non pittoresques, et d'une tristesse aride. Par une étrange coïncidence, ou plutôt par une prédestination naturelle, l'Angleterre couvre ces affreux rivages de l'écume de sa population pauvre et criminelle. Quelle que soit l'audace d'entreprise qui caractérise ces nouveaux colons, ils n'ont encore réussi à entamer qu'une bien faible portion de la bande de terre qui borde la côte ; l'intérieur est à peu près inconnu. Tous les ans de nouvelles expéditions se dirigent vers ces solitudes désolées ; on perd des hommes, des chevaux, des mulets, et l'on revient exténué, sans avoir accompli aucune grande découverte. Oxley et les autres explorateurs représentent les steppes qu'ils ont traversées comme effroyablement tristes : pas de grandes rivières, des plaines sans terme, couvertes de joncs gigantesques, entre lesquels circulent paresseusement des ondes noires qui ne sont ni fleuve ni marécage. Dans la saison des grandes eaux à peine le voyageur rencontre-t-il un mamelon de terre sur lequel il puisse planter sa tente. La circumnavigation des côtes offre tantôt des dangers réels, tantôt une effroyable stérilité. De vastes grèves plates et en ligne droite s'étendent à perte de vue, et déploient au loin jusqu'à l'horizon où elles vont se perdre leurs sables blancs que le soleil fait briller et qui ne portent pas trace de végétation. Rien de plus affligeant à l'œil. Ce n'est pas une stérilité progressive à laquelle vous vous accoutumeriez peu à peu, comme on s'habitue à un ennemi qui s'avance; c'est le désert total, la mort, l'infertilité complète, universelle, incurable, infinie. Aucune trace de bête fauve, pas même de phoques marins endormis sur le rivage ; pas un oiseau qui dépose son nid dans le sable mobile ; la vie est absente ; et le vaisseau qui les côtoie n'a pas même un asile à espérer, si les redoutables orages de ces régions le jettent sur les brisants. La pureté de l'atmosphère rend plus sensible encore cette désolation sans limites. Quelquefois vous apercevez au loin une petite fumée qui se recourbe et s'évapore ; elle annonce qu'un ou deux indigènes sont venus planter leur tente là où nul être vivant n'osera les troubler.

Bientôt cette scène uniforme et douloureuse change de la façon la plus singulière. Plus de monotonie : elle fait place au cahos. Du fond de la mer se dressent les roches bizarres comme des ruines ; vous passez sous des arcades aux voûtes immenses, puis vous longez des murs à pic d'une hauteur démesurée. Tel est le désordre effroyable de certaines parties de la côte, que le matelot perdu sur ces parages ne sait plus s'il fait jour ou nuit. La vapeur et le brouillard tourbillonnent sur sa tête ; l'eau, resserrée et brisée par mille obstacles, se précipite, bouillonne et gronde ; la mer n'est jamais calme, le ciel n'est jamais pur, le vent hurle sans fin. Des flots noirs et turbulents roulent dans des défilés gigantesques ; des projections basaltiques surgissent obliquement comme des éperons armés de leurs molettes, et se penchent sur les abîmes. Des courants et des contre-courants, qui se heurtent dans un éternel combat, poussent et repoussent les débris des navires perdus. Là il n'y a pas, à proprement parler, de rivage, mais un amas de rochers entassés pêle-mêle, dans lesquels l'eau bouillonne et va s'engouffrer. Des sentiers ardus, les seuls que l'on puisse suivre, conduisent à la terre ferme, c'est-à-dire à des ravines qui s'enfoncent dans des labyrinthes où plus d'un navigateur anglais a disparu.

« Même la descente dans ces repaires est dangereuse,

dit un voyageur polonais, M. Strzelecky ; quant à la sortie, elle est presque impossible : étroites et profondes, ces effrayantes déchirures sont enfermées, souvent même recouvertes par des masses de rochers calcaires, qui tantôt s'éloignent, tantôt se rapprochent du lit des torrents et de leurs silencieuses profondeurs. J'eus le malheur de m'engager un jour dans ces solitudes souterraines, et je ne pus tirer moi et mes hommes de leurs inextricables sinuosités qu'après des journées de fatigue, de faim et de péril incessant. »

Si l'on échappe à ces périls et que l'on atteigne l'intérieur des terres, on ne trouve, surtout vers les côtes occidentales de l'Australie, que très-peu de plantes herbacées et de racines nutritives; partout des arbustes aux feuilles lancéolées et spinescentes, la rigidité du fer remplaçant la fraîcheur de la végétation. A peine quelques figuiers épars et quelques solanums rappellent-ils de loin en loin la grâce et la délicatesse majestueuse des forêts de notre hémisphère. Les kangurous sont les plus grands quadrupèdes que l'on rencontre; en revanche des fourmis d'une grosseur prodigieuse et des serpents-fils armés du venin le plus subtil habitent les roches pelées et le tronc des myrtoïdes. Des fléaux d'une espèce particulière naissent de la nature de ces localités. Un vent redoutable enveloppe de ses bouffées ardentes et frappe de stérilité tout ce qui se trouve sur leur passage; un voyageur récent, observateur habile, en décrit ainsi les effets :

« Comme nous faisions voile, dit-il, de la Nouvelle-Zélande à Sidney, nous fûmes assaillis, à soixante milles du rivage, par des bouffées de vent chaud d'une grande violence, et dont la température était de 60 degrés. Pendant deux jours il nous fut impossible de toucher le port Jackson. Le vent s'apaisa enfin, et, quand il nous eut permis d'aborder, nous vîmes tous nos cordages, nos voiles, nos agrès, nos mâts couverts de cendres rougeâtres et très-fines, qui, soumises à l'examen, se trouvèrent être une poussière métallique mêlée d'alumine et de silex broyés. Le vent, en passant par-dessus les vastes régions inexplorées du cœur de l'Australie (contrées qui propablement ne sont que des déserts de sable et de rochers granitiques), balaie quelques-uns des éléments constitutifs de ces rochers. Promenées ensuite dans l'atmosphère, ces molécules acquièrent par le froissement une puissance électrique. C'est alors qu'elles détruisent la vie et dévorent la végétation sur leur passage : le raisin périt; les légumineuses et les graminées se flétrissent; les parties aqueuses de la vigne sont desséchées tout à coup; des champs tout entiers de pommes de terre et de blé perdent leur récolte; les feuilles vertes jaunissent. La respiration de l'homme devient difficile; le sang afflue vers la tête; la suppression de la transpiration, la difficulté de respirer, les affections de la vue, souvent l'ophthalmie, offrent chez l'homme des symptômes analogues à ceux que produisent dans d'autres latitudes le *siroco* et le *simoûm*. A l'approche de ce vent nuages et vapeurs disparaissent ; une atmosphère ardente et sèche pèse sur la terre. On voit flotter dans l'air ou plutôt se combattre par ricochets, quelquefois horizontalement, des branches et des fragments de végétation que le courant fait mouvoir. Vous diriez une gigantesque batterie électrique. C'est en effet à l'électricité, développée par le rapprochement et le frottement de toutes ces particules dérobées aux rochers australiens et secouées violemment dans l'atmosphère, que les observateurs les plus sagaces, M. de Humboldt par exemple, ont attribué ce phénomène. « L'air est constamment chargé, dit-il, de petits grains terreux ou métalliques qui s'échauffent violemment, et leur rayonnement élève la température des basses couches de l'atmosphère. »

La civilisation et le génie de l'homme n'auront pas de plus difficile conquête à mener à bien que celle d'un pays si vaste, doué de si peu de ressources et semé de tant de périls et d'obstacles. Les végétaux européens, acclimatés par les colons anglais dans la Nouvelle-Galles méridionale, dégénèrent vite si l'on n'a soin de les soumettre à un arrosement continuel et à la culture la plus attentive.

La nouvelle société qui s'est transplantée et acclimatée sur quelques points de la côte, dans les parages de l'est, à Sidney et à Paramatta, est tout à fait digne du cadre où elle est placée; rien d'analogue ne se présente dans les autres parties du monde. Deux nations la divisent, celle des *purs* et celle des *impurs;* elles nourrissent l'une contre l'autre une animosité intense, qui augmente avec les années. Les colons ou *purs* sont nommés *moutons blancs;* ils n'ont aucun rapport social avec les fils ou parents des *déportés* ou *moutons noirs,* qui payent en haine le mépris qu'on leur témoigne. Un double courant alimente ces deux populations : celui des colons libres, dont le nombre va croissant; et celui des nouveaux condamnés qui se recrutent dans les mauvais lieux et les tavernes de l'Angleterre. Si les *moutons blancs* répugnent à toute espèce d'alliance ou de commerce avec les *moutons noirs,* ces derniers le leur rendent bien. Déjà s'est formée une aristocratie voleuse, une noblesse de brigands et de fils de brigands qui ne veut avoir de rapports qu'avec ses semblables. Tous les préjugés de la noblesse sont là. Certains clubs exigent que l'on prouve sa généalogie d'escroc et qu'on l'atteste par un blason en règle; il faut avoir dans les veines le sang d'un homme qui ait fait le mouchoir à Londres, ou qui ait été condamné à l'exportation pour crime de faux. Comme il est assez fréquent de voir des condamnés s'enrichir à force d'énergie et d'adresse, cette singulière aristocratie n'est pas sans influence; elle a même souvent l'avantage sur la noblesse pure, sur l'aristocratie morale des colons; — gens plus rangés, plus vertueux, plus économes, moins actifs et possédant moins de ressources d'intelligence et d'énergie. L'avenir dira comment s'organiseront plus tard les rapports de ces deux nations ; jusqu'ici il a été impossible, non-seulement de les confondre ou de les rapprocher, mais de prévenir le continuel progrès de leur animosité ; en vain a-t-on donné aux émancipés, connus sous le nom de *gens du gouvernement*, les mêmes droits qu'aux nouveaux colons ; en vain le gouvernement a-t-il voulu conclure ou du moins préparer le traité d'alliance entre les deux classes ; tout est venu échouer contre un double préjugé. Le crime héréditaire s'est montré aussi récalcitrant que la vertu héréditaire.

Le dernier essai tenté par le gouverneur de Sidney eut quelque chose de romanesque et de touchant. On cherchait les moyens de renverser ou du moins d'abaisser cette barrière ; un jeune homme, fils d'un nouveau colon libre, et par conséquent assez borné dans ses ressources pécuniaires, devint épris d'une jeune fille de dix-huit ans, jolie et d'une conduite irréprochable, bien qu'elle fût la fille d'un des plus célèbres escrocs de la métropole anglaise. Ce dernier, condamné à une déportation de peu d'années pour une des fautes les plus vénielles dont il se fût rendu coupable, préféra, l'heure de la liberté une fois sonnée, rester dans sa nouvelle patrie où il fit fortune ; ce cas est assez fréquent. Maître d'un grand domaine, d'excellents pâturages et de beaucoup de bétail, il était devenu l'un des personnages importants et opulents de la population condamnée. Sa fille, élevée avec soin, n'aurait pu se marier qu'avec un fils ou un descendant de déporté, si le gouverneur lui-même n'avait pris la chose à cœur. Une dot considérable fut assurée par le père; une place dans l'administration fut donnée au fiancé par le gouverneur, et ce dernier non-seulement servit de témoin et de parrain dans la cérémonie du mariage, mais invita les deux époux à dîner au château.

Les choses se passèrent bien; le jeune homme était beau, la fiancée aimable et digne de lui, on crut un moment que le coup était frappé; c'était une erreur. Les mariés voulurent faire les visites d'usage; on les reçut froidement. Une amie du gouverneur, à son instigation, essaya de rompre la glace et de les initier à la société de Sidney en donnant un grand bal en leur honneur. Lorsque la jeune femme fit son entrée, appuyée sur le bras de son mari, elle vit reculer devant elle tous les gens *comme il faut* qui remplissaient le salon.

« Les éventails se déployèrent, dit un narrateur témoin oculaire de la scène; on entendit le satin se froisser, les robes s'agiter, et bientôt après, des regards de mépris échangés, des haussements d'épaules et des froncements de sourcil annoncèrent la déroute universelle. Les invités disparurent les uns après les autres, et les salles restèrent vides. La maîtresse de la maison, qui avait hasardé généreusement une invitation, honteuse de ce résultat, se retira dans son boudoir (Sidney a ses boudoirs!), et laissa les jeunes époux seuls dans la salle de bal. »

Ainsi la pruderie anglaise et l'exclusivisme de May-Fair se trouvent transplantés aux antipodes.

Cette parodie s'étend à tout. Les quatre ou cinq villes capitales ou qui se prétendent telles, ont chacune leur journal, et les intérêts coloniaux y sont discutés avec liberté, amertume et véhémence. On y décalque fort exactement le ton et la forme des journaux politiques tels que le *Times* et le *Morning-Chronicle;* on imite même, ce qui est plus original, les prétentions du *Journal de la Cour* et des gazettes fashionables. Cette société de colons-fermiers et de filous déportés a un goût extrême pour la toilette, les modes et l'étiquette. Les papiers publics de Paramatta et de Hobart-Town contiennent des descriptions de bals, de costumes et de *routs* ouverts soit aux colons par des fils de fermiers et de valets de chambre, soit à la société déportée par des déportés : ces récits feraient envie au plus élégant rédacteur de *Court-Circular* ou de la *Gazette of the Fashion.*

« Madame Stubbs est entrée, dit un de ces articles,
» suivie de sa fille, madame Théodorina Amélia Féo-
» dorowna Scrubbs, portant une robe de mousseline à
» grands volants... » que le journal détaille en un long paragraphe, et il continue : « Auprès d'elles se
» trouvait mademoiselle Maria Elfrida Jarvis, dont le
» châle de cachemire a fait l'admiration de toute l'as-

» semblée. » Et ce châle de cachemire, avec ses palmes et ses palmettes, occupe douze lignes de petit caractère, que les dames de Paramatta lisent avec un grand plaisir.

Cette caricature coloniale de la métropole britannique a bien son côté sérieux. Grâce à cette obstination acharnée de la race anglo-saxonne, les traditions libérales et l'activité de l'Europe se propagent dans les colonies pénales, malgré la distance et tant d'éléments qui s'opposent au développement normal d'institutions libres. Le 4 août 1843, la séance d'ouverture du Conseil législatif de Sidney était annoncée à son de trompe par le journal de la colonie; vous eussiez dit l'ouverture du Parlement anglais, tant les formules ordinaires du langage politique étaient scrupuleusement imitées par le journaliste colonial :

« De bonne heure, disait ce dernier, la Chambre (une salle blanchie à la chaux, avec une table de bois blanc au milieu et des bancs de bois tout autour) présentait l'aspect le plus brillant et le plus animé. La plupart des siéges (les bancs de bois) étaient occupés de grand matin par des dames élégamment habillées, entre autres lady Gipps et lady Trounell ; une garde d'honneur attendait le gouverneur dans la cour (six soldats de milice); elle présenta les armes à Son Excellence, qui fut reçue à la porte par le président ou *speaker*. La galerie des étrangers était remplie de monde, et tous les couloirs regorgeaient. »

On voit que la parodie est complète ; ce parlement au petit pied possède, comme celui de Londres, sa galerie des Étrangers, ses huissiers et ses *Lobbies*.

On ne peut s'empêcher d'admirer, tout en riant de cette parodie, la prodigieuse expansion de l'esprit de liberté, et ces assemblées délibérantes, calquées sur les anciennes assemblées saxonnes et les *wittenage-mots*, faisant aujourd'hui le tour du monde. Il y a peu de temps, les missionnaires anglais forçaient les sauvages de Taïti à constituer de petits parlements improvisés, et à s'asseoir sur leurs talons, à demi vêtus, pour obéir à la sonnette d'un président politique. Voilà une imitation bien puérile des formules européennes; ainsi cependant les États-Unis ont marché, ainsi la semence de la civilisation se répand à travers le monde. On reconnaît là ce trait profondément caractéristique de l'esprit anglais, ou, si l'on veut, anglo-saxon, l'attachement à la coutume, la persévérance dans les vieilles mœurs. Les poëtes Southey et Thomas Hood s'amusaient encore, il y a peu d'années, à écrire des vers allittératifs comme on les aimait en Saxe sous Charlemagne, et en Scandinavie avant Charlemagne. L'Américain du Nord a beau se trouver envahi, pressé et comme inondé de toute espèce de races étrangères, le flot slave et gaulois, ibérien et irlandais qui couvre les bords du Meschacebé et de l'Ohio ne peut effacer la trace de l'ancien génie national. Toute femme américaine ou anglaise qui suit son mari au fond des solitudes de l'Illinois ou dans les défilés du Punjaub hindoustanique emmaillotte son enfant comme à Londres, prend son thé comme dans May-Fair ou Holborn, à la même heure et avec le même nombre de pincées de thé, toujours très-exactement, et sans se tromper d'une minute. Tacite avait déjà noté cette profonde attache des Saxons à leurs coutumes, de même que César avait remarqué la fluidité facile du caractère gaulois; les deux races ont gardé fidèlement leur double empreinte. L'adhérence de la nationalité germanique à ses vieilles traditions n'a pas plus changé que la fierté espagnole et la souplesse française; l'Angleterre, par son caractère insulaire et isolé, s'est montrée, entre les races teutoniques, la plus inébranlable dans la conservation de ses coutumes; rien ne la transforme : sous le pôle ou sous le tropique, elle reste la même.

En Australie, où rien ne rappelle l'Europe, il se fait, comme nous l'avons vu, une double aristocratie; et les bandits ne sont pas moins forts que les autres sur l'étiquette. La civilisation britannique ainsi transplantée ne se modifie pas d'une seule nuance; elle ne perd pas une habitude, elle ne fait pas une concession. Pendant que tout est changé autour du voleur et du colon, eux seuls ne veulent pas changer.

Les tavernes de Botany-Bay sont exactement semblables à celles de Londres; l'argot est le même à Paramatta qu'à Cheapside, les crimes de faux, les délits d'escroquerie s'exécutent avec les mêmes circonstances dans les bouges de la côte australienne que dans Grosvenor-square et dans le Hay-Market. En vain essaie-t-on de dominer et de dompter les habitudes des *convicts :* ils continuent leur vie antérieure, tuent, massacrent, pillent et se sauvent dès qu'ils le peuvent. On les rattrape pour leur imposer des lois plus sévères et briser leur résistance ; rien n'y fait : enchaînés deux à deux, exposés aux intempéries de l'air, soumis à un labeur incessant et qui les exténue, ils restent les mêmes ; ce sont ces hommes endurcis à toutes les angoisses et à tous les crimes, qui, échappant à la tyrannie de leurs *overseers*, vont habiter et peupler ces grèves et ces précipices, ces îlots et ces pics effroyables du détroit de Bass que nous avons décrits plus haut et où personne n'a le courage d'aller les chercher. Le récit de l'évasion de trois de ces hommes, employés, avec la *chaîne* de leurs camarades de peine et de crime, à casser des pierres près de Port-Essington, dans une des plus tristes localités de ces parages, mérite que nous le reproduisions et contient plusieurs détails caractérisques :

..... « Que nous faisait, après tout, dit l'un des héros de l'aventure, le vivre ou le mourir? De quoi pouvions-nous avoir peur? Notre ration de mauvais pain d'orge, les coups de nerfs de bœuf distribués par nos *overseers*, nos pieds trempés dans les marécages que nous étions forcés de dessécher pour le gouvernement, la fièvre qui nous faisait trembler, et le vent chaud (*hot wind*) qui nous aveuglait en remplissant nos yeux d'une poudre rouge qui ressemblait à de la limaille; — pas de repos; pas de sommeil (on nous faisait coucher sous des arbres où les insectes à trompe et à pince venaient nous déchirer sans pitié); — aucune consolation à espérer; nulles nouvelles du pays natal; tout cela, c'était l'enfer; et, ce qui est pis, l'enfer ennuyeux. Échanger une telle situation contre la mort, c'était gagner. Pour subir avec plaisir ou avec résignation cette manière d'être, il eût fallu être lâche; peu d'entre nous méritaient ce titre.

» Je ne veux pas dire de bien de ceux dont la société se débarrasse, comme assurément elle en a le droit; mais il est de fait que dans leur nombre se trouvent des caractères très-énergiques, des hommes courageux, des corps de fer, des personnages qui, s'ils s'étaient trouvés dans d'autres circonstances, auraient pu être utiles et faire parler d'eux. Tels étaient deux de mes camarades, John Anderson, de Londres, et Thomas O'Briar, Irlandais, de Tipperary. John Anderson, de race écossaise, avait fort dégénéré des exemples de ses ancêtres et des coutumes de la race économe et rangée à laquelle il appartenait. Ce personnage musculeux et aux cheveux rouges, dont les os, saillants de tous côtés, annonçaient l'extrême vigueur, brisait une barre de fer avec son poignet, et eût facilement rompu, avec ses genoux pressés, les côtes du cheval sur lequel il se serait assis. D'ailleurs brave, impétueux, et même assez généreux quand il n'avait pas trop bu, son grand malheur était de ne pas donner plus d'attention à la vie d'un homme que nous n'avons coutume d'en accorder au vol d'une mouche. Il avait pour compagnon et pour ami, si ce mot peut être employé, le petit Thomas O'Briar, mince, noir, à la figure en lame de couteau, au nez pointu, fin comme un renard, et capable de vous mettre en lambeaux pour gagner 2 pences. O'Briar avait été valet de chambre, et véhémentement soupçonné d'avoir mis le feu à la maison de son maître absent, pour la dévaliser d'une façon plus commode. Il n'avait pu être convaincu de ce crime ; d'autres peccadilles suffirent pour le faire déporter, et comme il ne put s'empêcher, à son arrivée à Sydney, de se livrer à ses vieilles habitudes, il se trouva bientôt forcé d'aller tenir sa place dans la chaîne ou *gang* dont je faisais partie, et qui brisait des pierres, abattait des arbres et desséchait des marais auprès de Port-Essington. Ces deux hommes me semblèrent les moins abrutis de notre troupe : l'un était d'une vigueur physique effrayante ; l'autre, d'une adresse et d'une souplesse non moins remarquables. Je me réservai le rôle de directeur de ces deux puissances, et j'espérai bien devenir la tête de leurs bras. On verra tout à l'heure comment j'exécutai mon dessein, et comment je parvins à me soustraire au tombeau hideux au fond duquel nous gémissions.

» Pour moi, j'avais bien mérité ma punition. Habitant de Londres, Seven-Dials, condamné à la déportation pour deux ans seulement, et traité avec beaucoup de douceur par mes chefs, qui m'avaient placé dans les bureaux du gouvernement et chargé ensuite de la surveillance d'un entrepôt de cordages, de câbles et d'ancres je m'étais laissé séduire aux espérances de la fortune; profitant de mes relations, d'une part avec les matelots qui venaient d'Europe, et d'autre part avec les indigènes, très-amoureux de rhum et d'eau-de-vie, j'avais organisé un système de contrebande appliqué aux liqueurs alcooliques, et dont les résultats, heureux pendant six ou sept mois, allaient m'enrichir quand je fus découvert. On me punit sévèrement. On m'envoya, les fers aux pieds, tenir mon rang dans ces douloureuses files d'hommes enchaînés les uns aux autres, et subissant du matin au soir et du soir au matin un épouvantable martyre. La Tasmanie en est pleine, et c'est de là que s'enfuient de tous côtés les pirates et les *sealers* qui courent les mers et les plages voisines. Pour se dérober à cette servitude, il n'y a pas de péril qu'ils ne bravent et de choses qu'ils n'entreprennent. On en a vu s'embarquer sur des troncs d'arbres qui n'étaient pas même creusés, et naviguer ainsi sur des mers que les plus hardis capitaines ne traversent qu'en tremblant. Souvent, faute de trouver l'occasion de se sauver, ils tuent leur camarade pour être tués à leur tour. C'est leur seule manière de s'échapper, et ils en usent. Une fois associé à de tels compagnons, on devient bientôt désespéré comme eux. La plupart perdent l'intelligence dans cette vie brutale ; ceux qui conservent l'usage de leur esprit acquièrent une force extrême de persévérance, d'audace et de ruse.

» Pendant nos heures de repas, heures fort courtes et consacrées à broyer entre nos dents ce mauvais pain mêlé de sable, notre seul aliment, j'avais trouvé moyen de me faire comprendre d'Anderson et d'O'Briar ; il fut convenu que, pendant le premier sommeil de nos camarades, l'un de nous, O'Briar, se détacherait et se lèverait doucement, et qu'il irait placer à trois ou quatre toises de distance, entre les branches d'un acacia, un pistolet d'arçon chargé qu'il y assujettirait avec force. Voici quel devait être et quel fut en réalité l'usage de ce pistolet : la nuit était obscure ; une ficelle attachée au chien, de manière à faire jouer la détente, aboutissait jusqu'à moi. Quand O'Briar eut exécuté son mouvement et placé le pistolet, je tirai la corde, le pistolet partit sans blesser personne, comme nous l'avions prévu ; et, comme nous l'avions prévu aussi, tout fut en mouvement et en désordre. C'était de cette agitation subite et de l'étonnement des deux *overseers* que nous voulions profiter, Anderson, O'Briar et moi. Les surveillants et les *convicts* se portèrent du côté où l'explosion s'était fait entendre ; et moi, de concert avec O'Briar, me glissant sur les gazons, et atteignant bientôt le bord d'un ravin que nous avions observé, je me mis à en descendre la paroi au moyen des broussailles et des racines qui la tapissaient. Là nous nous arrêtâmes pour limer nos fers, ce qui fut bientôt fait. Anderson, au lieu d'opérer sa retraite lentement et furtivement comme nous, s'était mis à courir avec une telle violence du côté du ravin, que le bruit seul de ses ferrements aurait suffi pour attirer les surveillants de son côté. En effet, trois ou quatre coups de fusil tirés sur le fuyard firent passer leurs balles par-dessus nos têtes ; et, comme nous étions accroupis et ramassés sur nous-mêmes dans une des anfractuosités boisées de la paroi escarpée qui nous abritait, nous entendîmes tomber, puis rouler par bonds sur les branches qui nous cachaient, et enfin s'engloutir bruyamment dans l'eau qui coulait au fond du ravin, un corps qui était celui d'Anderson. Dans la profonde obscurité qui nous environnait, les ricochets produits par cette chute trompèrent ceux qui s'étaient mis à notre poursuite ; ils imaginèrent avoir atteint deux fugitifs ; et ne se doutant pas que nous étions là, tapis presque sous leurs pieds, ils se retirèrent sans nous plaindre autrement que par ces charitables paroles :

— Les coquins sont descendus. J'ai entendu deux corps tomber l'un après l'autre. Et vous, Bryant?

— Je les ai fort bien entendus.

— Les gredins !

— Bon débarras !

— Anderson en était?

— Oui, et O'Briar aussi. Bonne nuit.

Ce fut le seul adieu que nos surveillants nous adressèrent.

II

Les Convicts en fuite. — Ce que coûte une femme en Australie. — Le pirate Michel Howe. — Le palais de James Munroe. — Le capitaine King. — L'éducation en Australie.

Alors tout se calma, le silence se rétablit; un léger bruissement au fond du ravin signala seul les mouvements de l'homme blessé, mortellement ou non, mais qui se débattait encore. Une heure s'écoula sans que ses deux camarades quittassent le rempart épineux qui les protégeait et les couvrait.

Enfin quand ils se crurent en sûreté, ils se glissèrent hors de leur retraite. Tout déchirés et sanglants, ils descendirent sur les genoux, et se traînèrent jusque sur les bords du torrent qui grossi par les pluies coulait impétueusement dans la ravine. L'un d'eux, le narrateur et le chef de l'entreprise, avait à la main un dirk ou petite épée de matelot, à lame très-large; l'autre avait armé d'un os de kangurou aiguisé par la pointe le bout d'un bâton d'acacia épineux. Ils se dirigèrent ainsi, au milieu des ronces et des pierres qui bordaient le torrent, et finirent par atteindre un gué dont ils connaissaient l'existence et sur lequel ils avaient compté.

Ces hommes que la loi poursuit, que la nécessité presse, cuits de soleil, endurcis par les glaces, acquièrent une organisation spéciale. Leurs corps deviennent de bronze et de cuir. Ils supportent la faim, la soif, le froid et le chaud, et semblent perdre avec la sensibilité morale toute sensibilité physique. Bientôt un de ces déluges des tropiques, qui font des campagnes les plus arides un océan improvisé, assaillit les fugitifs. Ils n'avaient pour dormir que le sol détrempé, pour vivre que des racines, quelques lézards et de la gomme qui découlait du tronc de l'arbre qui la produit. D'autres eussent succombé ; ils se portaient fort bien, et ils finirent par atteindre ainsi la rivière du Grand-Pope ; car le nom d'un poëte élégant, singulièrement dépaysé, a été imposé par le caprice anglais à l'une des tristes rivières de ces arides et sauvages solitudes. Ils la traversèrent à la nage, et s'engagèrent dans une forêt d'eucalyptes assez épaisse.

Tout à coup, à quinze ou vingt toises de distance, deux hommes se dressèrent devant eux ; il y en avait un dont les boutons de métal reluisaient aux feux du soleil couchant.

L'éclat de ces boutons le fit prendre pour un *overseer* ou surveillant ; en effet les uniformes des *overseer* portent des boutons semblables. Dans la main du même personnage reluisait un mousquet de petit calibre ; il avait le front entouré d'un chiffon de drap tout sanglant, et les haillons de son pantalon en lambeaux contrastaient avec l'uniforme neuf qui couvrait la partie supérieure de son corps. A ses côtés se tenait un jeune garçon fort petit de taille, au teint olivâtre, vêtu d'une jacquette bleue de matelot et portant une petite hache à la ceinture.

Ces deux groupes, composés, l'un des deux évadés, l'autre de deux inconnus, firent halte en face l'un de l'autre. A qui les évadés avaient-ils affaire ? A des amis ou à des ennemis? Ils l'ignoraient. L'homme au mousquet prépara son arme et cria d'une voix forte :

— Un moment ! je ne sais pas qui vous êtes.

Puis le canon du mousquet se releva dans une direction horizontale, et il reprit :

— Sortez de votre tanière, et dites qui vous êtes, ou je fais feu !

— Tire si tu veux ! cria le petit Irlandais.

La balle siffla, l'Irlandais tomba. Son camarade se rendit aussitôt. Laissons parler cet homme qui a survécu à toutes ses aventures, et qui s'est amusé d'abord à les raconter, puis à les imprimer :

« Il fallait bien céder, dit-il. La résistance avec
» mon *dirk* à courte lame aurait été fort inutile. J'en-
» jambai donc le corps de l'Irlandais qui avait été
» frappé au-dessus de l'œil gauche et qui ne don-
» nait pas signe de vie, et je me dirigeai vers mon-

» vainqueur; tout en essuyant tranquillement son
» mousquet, il venait aussi à moi de son côté. Il me
» rencontra à peu de distance du cadavre...

» — Ah bah! me dit-il, c'est vous! Je croyais de
» loin que vous étiez deux *overseers*, et je vous ai pris
» pour ce damné de Gillhead. Ah çà, c'est donc le ca-
» marade Irlandais que j'ai mis par terre?

» — Oui!

» Mon vainqueur n'était autre chose que notre com-
» pagnon de fuite ; tombé dans le ravin, une balle lui
» avait enlevé une oreille, une autre l'avait frappé à la
» hanche; dans la chute il s'était endommagé le crâne,
» mais il vivait toujours. Rencontré par un surveil-
» lant le lendemain de notre fuite, il l'avait tué, lui
» avait pris son habit, et, de la pipe que la poche de
» cet habit renfermait, avait acheté la femme sauvage
» vêtue en matelot que lui avait vendue une tribu de
» la côte. En effet, ce prétendu matelot portait sur
» son visage bronzé les marques nombreuses de ce
» tatouage que la coquetterie des peuples primitifs
» regarde comme son plus bel ornement.

» Nous nous donnâmes donc une poignée de main
» par-dessus le camarade mort. Ce fut sa seule oraison
» funèbre, — puis nous reprîmes ensemble notre
» route. L'Australienne, fort bien faite, d'un visage
» hideux à voir à cause de son nez épaté dont le car-
» tilage balançait fièrement un anneau de cuivre gi-
» gantesque, était bien l'animal domestique le plus

» obéissant, le plus utile et le plus souple qui se
» puisse imaginer. Elle faisait la cuisine, qui consis-
» tait à allumer du feu avec des branches sèches et à
» rôtir tout ce qu'elle trouvait, serpents, lézards et
» racines ; fonctions dont elle s'acquittait avec une
» dextérité particulière. »

La singulière odyssée de ces trois personnes dura quinze jours, après lesquels ils atteignirent la côte sud-est de l'Australie. Vers le matin du seizième jour, ils aperçurent avec joie un bateau de pêcheur amarré au rivage. Deux Malais y dormaient tranquillement. Nos évadés allèrent à eux ; le mousquet à la main, ils les enrôlèrent de force à leur service, et se firent conduire par eux dans leur barque jusqu'à une île du détroit de Banks. Sept pêcheurs de phoques ou *sealers* habitaient cette île. Ils n'avaient pas d'armes. Domptés, malgré la supériorité du nombre, par la force de volonté et l'arme à feu des deux *convicts*, les *sealers* les menèrent d'île en île et finirent par déposer nos bandits sur le promontoire Wilson, où leurs maîtres daignèrent les congédier. Engagés ensuite dans les halliers inconnus qui s'étendent du rivage au pied des Alpes australiennes, ils firent à pied plus de quatre cent milles en cinq mois, et se séparèrent dans le voisinage de Sydney, où le narrateur de cette histoire fut recueilli et caché par un ami. Son compagnon de route continua le même genre de vie, devint pirate sous le nom célèbre et redouté de Michel Howe, et finit par être chef d'une troupe nombreuse de ces bandits évadés de diverses colonies pénales et qui parcourent les régions vastes et sauvages qui leur promettent l'impunité. L'indomptable nature et le courage féroce de Michel Howe lui assuraient la possession de cette indépendance sanglante qu'il avait usurpée. Toujours suivi de la femme aborigène qu'il avait achetée pour une pipe et qui semblait lui rendre l'attachement qu'il avait pour elle, il construisit dans les épaisseurs d'une forêt, au sud de la Nouvelle-Hollande, une hutte où il se retirait avec elle et où un jour il se laissa surprendre. Au premier bruit de branches cassées et de pas ennemis, le terrible Howe, craignant que sa compagne tombât vivante entre les mains de ceux qui le poursuivaient, enfonça son *dirk* dans le cœur de la malheureuse femme, et s'échappa. On ne le revit plus pendant sept années. Il pénétra au fond d'une vallée couverte de buissons et d'acacias, où nul pas humain n'avait encore laissé de trace, y pratiqua une éclaircie, y bâtit une cabane, sema tout autour quelques graines qu'il avait emportées, et vécut seul. Un jour cependant il sortit de son repaire, et commit une déprédation qui révéla son existence et sa retraite. Trois colons suivirent sa piste, le traquèrent et le tuèrent comme une bête fauve. On trouva dans sa cabane une espèce d'Apocalypse ou de Rêve manuscrit, tracé tout entier avec son sang, mêlé de dessins grossiers exécutés de la même manière, et qui attestait à la fois l'ennui furieux, le désespoir incurable et les efforts violents du meurtrier solitaire pour échapper à l'un et à l'autre.

Au surplus cet amour de la vie isolée n'est pas exclusivement le partage du crime, du remords ou du désespoir. Plusieurs Anglais libres, qui ne sont ni délinquants ni *convicts,* se sont parqués, sans avoir rien à redouter de la justice, dans les retraites des plus funèbres de ces îlots qui se pressent les uns contre les autres dans les détroits de Bass et de Banks. La *Préservation,* petite île située à l'est, est encore gouvernée par un vieillard nommé James Munroe, dont le palais, composé de quelques blocs de rocher protégés contre les vents par des collines granitiques, s'élève sur une plate-forme assez majestueuse. Il commande la population des pêcheurs et *sealers* de cette partie du détroit; pour gardes du corps et pour cour immédiate, il a huit ou dix chiens, des chèvres, des coqs et des poules, huit femmes indigènes et un Anglais.

Ceux qui réussissent le mieux en de telles situations ne sont ni des mélancoliques ni des misanthropes, mais des hommes actifs, robustes, joyeux, de résolution, de ressource et de commandement, comme Munroe. Il y a cinq ou six ans, un capitaine King, fatigué du monde et du mouvement social, s'avisa de quitter le service et de se retirer avec sa femme, quatre fils et une fille, dans une île inhabitée du détroit de Bass, en face des vagues turbulentes qui déchirent ces roches pelées et qui séparent la Tasmanie de King-Island, car il a laissé son nom à l'île. Accoutumé au luxe et au comfort, il s'était fait de la vie sauvage un idéal poétique. Sous la voûte de pierre de sa triste cabane, faite de débris de rochers, placé entre des amas de sable rouge et les flots tourbillonnants qui jetaient au loin leur écume, voyant l'espoir de son agronomie trompé sans cesse par un terrain infertile ou détruit par les vents d'ouest, il chercha une consolation vaine dans l'excellente bibliothèque qu'il avait emportée avec lui et dans la musique qu'il connaissait bien. Quelquefois le navigateur, engagé dans les eaux de Franklin-Road, entendait avec surprise les sons plaintifs d'une flûte anglaise dont les tristes mélodies se mêlaient aux soupirs lointains de la brise marine. C'était le pauvre capitaine King qui se désennuyait de son mieux. Enfin il tomba dans une si amère tristesse que le gouvernement colonial, dont les cutters touchaient quelquefois à King-Island, prit pitié de lui, l'exhorta à venir s'établir en Tasmanie, et favorisa ses efforts qui prospérèrent. Aujourd'hui le capitaine King, qui a renoncé à jouer le Robinson Crusoé et a quitté son île, est un des colons riches de la Nouvelle-Hollande.

Les bandits échappés aux chaînes pénales s'accommodent de l'existence que le capitaine King trouvait si dure. Il n'y a que les pics absolument inaccessibles dont ces hommes hardis ne se soient pas emparés. Le plus redoutable des rochers du détroit, « la pyramide noire, » qui doit son nom à sa forme et aux flots toujours en fureur qui se battent à ses pieds, a même été abordée, dans un jour de calme, par un *sealer* qui a failli y périr, mais qui s'est retiré à temps. Les plus grands îlots sont couverts de terre végétale, dont les produits, au lieu de s'élever verticalement, comme dans les autres latitudes, sont contraints de s'étendre en largeur par la perpétuelle violence des vents du détroit. Aussi une végétation naine, mais robuste, y forme-t-elle un tissu compact, un labyrinthe et un entrelacement de branches serrées et touffues, au milieu desquelles il faut frayer sa route à coups de hache. Des jardins anglais, protégés par de grands murs en rocaille, des cabanes basses recouvertes de chèvrefeuilles à la façon du comté de Kent, des étables contenant des porcs et des animaux domestiques, rappellent l'Angleterre dans ces parages si éloignés et si sauvages, et attestent l'ineffaçable attachement des Anglais aux coutumes britanniques. Ces *gens du détroit* (*straitsmen*), trop pauvres pour n'être pas sobres, et trop sobres pour n'être pas vigoureux, envoient tous les ans quelques-uns de ceux qui ne sont pas *convicts* au marché de Launceston (capitale de la Tasmanie ou terre de Van Diémen), pour y vendre des quantités considérables de plumes d'oiseaux de mer, qui leur rapportent assez peu d'argent. La dépouille de dix-huit cents oiseaux pèse à peu près soixante livres, et remplit trente sacs que l'on charge sur deux bateaux;

c'est tout le trésor de la république naissante. Souvent ces robustes pêcheurs viennent au secours des navires qui se perdent ou sont menacés de naufrage dans les passes dangereuses du détroit ; si leur population se multiplie, si les tentatives d'une législation prématurée ne viennent pas troubler la marche naturelle de leur développement, il est probable qu'ils trouveront dans le sauvetage de nouvelles ressources et des moyens de bien-être.

Ils recrutent leurs femmes parmi les Tasmaniennes et les Australiennes ; voici bientôt dix ans que se prépare ainsi une nouvelle race formée du sang le plus civilisé de l'Europe, mêlé au sang le plus sauvage que l'on connaisse sur le globe.

Ce phénomène perpétuel du croisement des races donne aujourd'hui des résultats dignes d'attention. Dans l'Hindoustan le sang anglo-saxon se mêle au sang indigène ; dans l'Algérie, la race arabe et la race française, malgré les obstacles opposés par le mahométisme, commencent à se mêler ; et jusque dans les solitudes horribles que nous avons décrites, les filles sauvages des tribus indigènes, vendues par leurs pères ou enlevées par les matelots et les déportés anglais, deviennent mères d'une nouvelle famille qui jouera son rôle dans les destinées de l'humanité. Une loi remarquable préside à ces unions et en règle la marche. Les races fortes absorbent les races faibles ; partout le caractère européen l'emporte dans l'organisation physique et le type moral des nouveaux produits ; il semble qu'une nécessité de progrès invincible condamne à l'annihilation les peuplades aborigènes et fasse dominer les qualités énergiques des races nouvelles. Les peaux-rouges des bords du Meschacebé disparaissent et s'évanouissent devant la civilisation puritaine : malgré l'énorme différence de proportion, les faibles descendants des brahmanes se laissent gouverner par quelques hommes du Nord ; à Madras et à Calcutta toute une population anglo-hindoue de jeunes employés intelligents, souples et actifs, remplit les bureaux de la Compagnie des Indes et continue la domination de leurs pères anglais ; enfin nous venons de voir se former dans la Nouvelle-Galles du Sud ces colonies hybrides qui semblent destinées à peupler les îles du détroit.

Ce sont des hommes hardis, vigoureusement bâtis, aux puissantes épaules, aux reins souples, à l'œil en général bleu et vif, et qui n'ont de leurs mères que la peau rouge et les cheveux rudes. Matelots excellents, baleiniers adroits et audacieux, ils forment déjà une population de trois ou quatre cents âmes qui ne cesse pas de s'accroître. Leurs pères leur donnent une espèce d'éducation grossière, leur apprennent l'anglais des faubourgs de Londres, l'argot des voleurs de Botany-Bay, à lire, à écrire, la haine de la police, la chasse et la pêche, et, ce qui est singulier au milieu de telles mœurs, le respect de la Bible. Leurs mères, ces Tasmaniennes dont la situation n'est pas meilleure que celle des Squaws de l'Amérique du Nord, et qui ont les qualités que donnent l'habitude de la souffrance et de la résignation, montrent à leurs enfants une extrême tendresse et leur communiquent leurs superstitions natales, particulièrement la croyance commune à tous les peuples sauvages, la foi dans la transmigration des âmes.

La figure de ces femmes n'est pas sans douceur; chez quelques-unes la souplesse des formes et la régularité des proportions corrigent le désavantage d'une peau noire ou bronzée. Leur docilité est touchante, leur activité souvent utile et ingénieuse. Enlevées la plupart du temps, comme des Sabines par ces nouveaux Romains du détroit, ou achetées pour quelques peaux de phoque ou de castor, elles n'attendent rien dans la vie que de la bienveillance de leurs maîtres; elles ne négligent aucun moyen pour gagner cette bienveillance. La polygamie, très-accréditée en Tasmanie parce qu'elle est une preuve de richesse, ne rebute pas leur dévouement. Quelques-uns des réfugiés du détroit vivent seuls, entourés de huit ou dix Tasmaniennes, et rois sans autres sujets de leur petite île sauvage. Ce qu'il y a de plus étrange, c'est que les unions de ce genre, non-seulement propagent le sang anglais dans ces lointaines solitudes et créent une population neuve qui s'y accumule rapidement, mais détruisent dans l'avenir toute perpétuité possible pour la race indigène.

S'il faut en croire de récents observateurs, entre autres le capitaine Stokes et M. Strzélycki, dont les connaissances en histoire naturelle et en physiologie sont très-étendues, les femmes de ce pays, quand elles ont donné le jour à des enfants anglais ou européens, deviennent impropres à perpétuer la race indigène à laquelle elles appartiennent et sont frappés de stérilité quant aux alliances qu'elles pourraient contracter dorénavant avec les hommes de leur espèce. Ce fait singulier est d'une extrême importance ; il coïncide avec d'autres observations de la physiologie moderne et semble fortifier la théorie d'après laquelle les races énergiques absorberaient et annuleraient les races inférieures.

En effet chaque jour le petit cheval sauvage des steppes tartares, le chien-loup si maigre et si chétif des forêts germaniques disparaissent progressivement de la face du globe, et la même influence se fait sentir dans le règne végétal où les belles espèces, cultivées et agrandies par le travail de l'homme s'emparent de tout l'espace et menacent d'engloutir dans leur sein les espèces sauvages et primitives.

III

L'Australie heureuse. — Un quaker en Australie.— Eglogue.— Incendies et déluges. — Les mines de Kapounda. — Situation actuelle des tribus indigènes.

On se plaint des difficultés et des dépenses d'hommes et d'argent que nous coûte la colonisation algérienne. On a raison ; mais ceux qui portent ces plaintes et qui les répètent devraient ajouter que dans aucun temps, dans aucune phase sociale, pour aucune nation, les procédés de la colonisation, même dans les pays vierges et au milieu de populations inférieures ou débiles, n'ont été exempts de fatigues, de revers et d'angoisses. Dieu sait ce que les Anglais ont versé de livres sterling et sacrifié d'existences et de capitaux dans les marécages de leur Australie *heureuse*, qui ne l'est encore que de nom, dans leur Tasmanie indomptée et couverte de halliers impraticables, même à Sidney et à Paramatta où la mortalité est augmentée par les habitudes vicieuses des *convicts* et par le désespoir et l'ennui qui s'emparent des colons honnêtes! Malgré tant d'obstacles la civilisation avance, le désert recule, de nouvelles villes éclosent. Les plus intraitables mauvais sujets deviennent d'excellents pionniers pour cette rude colonisation. Ils se sauvent et vont, comme nous l'avons dit, peupler les rochers que personne n'a osé visiter avant eux. En fait de colonisation et de découvertes, on leur doit plus qu'aux explorateurs et aux voyageurs *ex professo*. Les géographes avaient de subtiles raisons pour ne pas supposer l'existence de baies ou de rivières en certaines localités où l'on a trouvé des villes ébauchées par les *convicts*. Le capitaine Sturt fut hébergé à cent cinquante milles de la côte par un bandit qui vivait là paisiblement avec sa femme sauvage, faisant la guerre aux alligators, dont il servit un excellent beafsteack aux pommes de terre à ce voyageur très-étonné. M. Strzelicky, Polonais qui a fait en sept ans deux mille cinq cents lieues à pied autour de l'Australie, a reconnu non-seulement des fleuves, mais des cabanes appartenant à des exilés volontaires échappés des prisons australiennes, et tapis dans le fond de vallées obscures, protégées de tous côtés par des masses de rochers.

Quant aux colons d'un tempérament plus faible, d'une nature plus douce, et habitués à une vie moins aventureuse et plus pacifique, ils trouvent même dans l'*Australia felix*, partie située vers le nord, de quoi exercer leur patience et accroître la somme de leurs vertus.

Cette Australie, dite *heureuse*, est à elle seule plus grande que toute l'Angleterre ; ceux qui débarquent sur ses plages et qui les visitent pour la première fois ne tarissent pas en éloges de sa fertilité naturelle et de son éclatante beauté ; ils vantent et décrivent avec complaisance les abîmes de feuillage et les solitudes fleuries de ces vastes régions. Ils oublient d'ajouter, ou bien ils ignorent que la double action d'une chaleur tropicale et de pluies abondantes donne au pays l'aspect souriant et fertile qui les a séduits, et que pendant l'été des incendies spontanés détruisent à la fois la santé de l'homme et l'espérance de ses récoltes. Ces incendies sont une des calamités particulières à l'Australie.

« Telle est l'ardeur du soleil, dit un voyageur, telle est aussi la nature du sol, que, malgré les grandes pluies de l'automne et de l'hiver, il y a des époques de l'année où l'écorce des arbres, les feuillages, les lichens, les plantes parasites deviennent secs comme de l'amadou, et où le moindre froissement de deux feuilles sèches détermine l'ignition d'une forêt tout entière, des buissons qui l'environnent et enfin des moissons, des pâturages et des maisons qui appartiennent aux colons... J'ai vu des plaines de plusieurs milles d'étendue, où se trouvaient des arbres à gomme de cent cinquante à deux cents pieds de haut, ainsi que des habitations et des huttes, n'être plus que cendres après le passage du fléau. Le malheureux colon perd à la fois par ces incendies son capital anéanti, ses bestiaux qui se dispersent au loin, et jusqu'au foyer auprès duquel il reposait sa tête, jusqu'au toit qui le couvrait. »

On ne sait guère en Europe la vérité là-dessus ; les

journaux anglais et les habitants même de la Nouvelle-Hollande ont intérêt à ne pas décréditer un pays qu'il s'agit de créer et qui offre aux produits anglais un excellent débouché. Chaque individu émigrant à la Nouvelle-Galles du Sud ou en Tasmanie paie à la mère-patrie une valeur annuelle de sept livres sterling en produits manufacturés qu'il achète ; voilà pourquoi la vérité sur l'état des colonies et du défrichement a quelque peine à se faire jour.

Certains [voyageurs naïfs et ingénus, lorsqu'ils publient le récit de] leurs entreprises ou de leurs essais de colonisation, ne dissimulent rien des angoisses et des douleurs physiques qu'ils ont subies ; d'autres, qui ont un intérêt à favoriser l'émigration pour donner plus de valeur au capital qu'ils ont consacré à cette œuvre, s'appliquent à couvrir et à déguiser les inconvénients et les difficultés du climat.

Le plus amusant de ces voyageurs est un poëte élégiaque et sentimental qui est allé égarer aux antipodes la mélancolie de sa muse. Richard Howitt, membre, nous le croyons du moins, d'une famille de quakers à laquelle appartiennent plusieurs personnes de talent qui portent le même nom, est revenu bien vite. Il faut entendre ce poëte aimable et rêveur nous raconter comment il a été aux prises avec les serpents, les singes, l'incendie, l'inondation, les sauterelles, les montagnes de sable et la plus mauvaise terre à défricher qui soit au monde : comment il s'est vu forcé de se battre contre le kangurou et les sauvages, après avoir espéré les douceurs d'une vie primitive et virginale. C'est un personnage assez curieux. Criblé de rhumatismes, il écrit et publie sur son voyage d'agréables vers et une prose un peu triste. Ses espoirs déçus, ses sensations, ses souvenirs et ses misères sont fort éloquents :

« Ne serait-ce pas pour se moquer de nous, dit-il, qu'un voyageur a nommé le point de la côte sur lequel j'ai débarqué *terre de promission,* et cette portion de l'Australie *Australie heureuse ?* Malheureux qui se fiera désormais à de telles promesses ! Je n'ai pas même pu faire réussir dans ce pays la pomme de terre qui réussit partout. La première année l'inondation a tout détruit ; la seconde, la sécheresse a tout dévoré ; la troisième, mes petits bataillons végétaux n'ont montré la tête que pour se faire anéantir par d'autres bataillons de locustes et de moustiques qui n'ont pas laissé debout un brin de verdure. Cette terre de promesse devrait bien s'appeler la terre de déception, car il se trouve en définitive que cet aspect verdoyant des acacias et des arbres à gomme se réduit à rien ; l'œil les revoit éternellement verts et inutiles ; le colon, dans l'impossibilité de faire croître aucune espèce de végétation productive et succulente, tombe dans la plus horrible et la plus incurable détresse.

» Jamais poëte, dit-il encore, ne se trouva dans une position plus défavorable au culte de la poésie et de l'idéal. D'après les voyageurs et surtout d'après les récits de ces capitaines de navires qui aperçoivent de loin les côtes et les rivages et qui transforment en fertilité réelle la beauté décevante des paysages lointains, j'avais rêvé un Eden tranquille, au sein duquel moi et ma famille nous pourrions couler des jours tissus d'or et de soie. Une idylle de Gessner s'était formée dans mon esprit; je ne craignais pas le travail; et ce bonheur dont je caressais la chimère, je comptais bien l'acheter par mes efforts. Nous choisîmes dans la plus belle localité, la plus riante en apparence du moins, aux environs de Melbourne, un espace de terre qui semblait fertile et que la plus riche végétation tapissait. Moi, que mon père avait élevé dans une ferme anglaise, et qui savais admirablement me servir de tous les instruments de l'homme des champs et du bûcheron, je me trouvai face à face avec une foule de géants des forêts, unis les uns aux autres par des lichens et des plantes sauvages qui formaient un rempart continu d'une inextricable épaisseur. La guerre que je leur livrai dura longtemps; ils semblaient plonger jusqu'aux entrailles de la terre. Adieu aux élégies et aux rêves poétiques : il fallait faire de grands trous pour mettre à nu les racines, abattre le tronc avec la cognée, débiter les arbres quand ils étaient par terre; ensuite venaient les palissades, et les poutres à équarrir pour en faire les charpentes de notre domicile futur. La nature primitive est belle à décrire, mais elle est difficile à vaincre. Quels arbres ! les plus gros avaient huit pieds de circonférence. Quelles racines ! elles étaient dures comme le fer, la cognée n'y entrait pas, et une demi-journée suffisait à peine à les scier. Un de ces monstres du désert fut quinze jours entiers à brûler. Les gémissements et les craquements des arbres qui tombaient, les coups multipliés de la hache et du marteau éveillaient l'écho endormi depuis des siècles de ces solitudes primitives. Des populations d'animaux inconnus et étranges à voir, l'écureil volant, le lézard gigantesque, des troupes de petits chats noirs tachés de blanc, l'opossum avec sa poche remplie de petits, les serpents noirs et bleus, les chauves-souris de toutes couleurs tournoyaient et voltigeaient sur nos têtes, comme pour nous reprocher de venir porter dans leurs vieux domaines la désolation et le ravage. Quand nous étions trop fatigués de manier la hache, nous attaquions avec le feu la profondeur de ces vieux bois, où l'incendie creusait bientôt de vastes amphithéâtres affreux à voir. Le bois que nous brûlions ainsi eût fait notre fortune en Europe. Un jour enfin, comme pour se venger, un gros arbre en tombant me frappa à l'épaule d'une de ses branches, et me mit au lit pour trois mois.

» Après tant de rudes travaux, nous espérâmes jouir enfin du fruit de nos peines. L'espace où nous avions pratiqué cette clairière fut entourée de palissades, et nous commençâmes à préparer le terrain. Mais des milliers de petites racines s'y entrelaçaient de manière à ne laisser place à aucune végétation. Il fallut recommencer, la houe, la pioche et la bêche à la main. Le soleil levant nous voyait courbés vers le sol et continuant la lutte avec acharnement. A midi, de grands amas de racines brûlantes augmentaient l'ardeur du jour ; et l'astre descendant sous les vagues occidentales nous retrouvait encore au travail. Enfin nous nous mîmes à semer nos pommes de terre ; à peine les premières pousses se montraient-elles, qu'un soir de pluie, comme il en tombe sous les tropiques, enleva et détruisit tout. Nous avions bâti avec des dalles grossières et de l'écorce d'arbre deux huttes pour deux condamnés qui devaient nous aider dans nos travaux. Elles étaient situées toutes les deux sur les bords de la rivière. C'étaient d'étranges bipèdes que nos employés ; ils auraient bu deux tonneaux de vin par jour sans s'enivrer et détruit une forêt à coups de hache sans se fatiguer. Leurs mains étaient devenues dures comme de la corne. Leur épiderme était plus épaisse et plus impénétrable que du cuir tanné. Ils se trouvaient dans les bois, à leur ouvrage, quand le déluge commença. La femme ou la gouvernante de l'un d'eux était restée dans la hutte avec une de ses amies qui était venue de Melbourne pour lui rendre visite. A minuit, les neiges des montagnes ayant fondu et s'étant mêlées à la pluie qui avait tombé, la rivière disparut, et ce ne fut plus qu'un vaste lac de deux milles de largeur, sur lequel brillait la lune ; de notre fenêtre, nous apercevions le flot qui montait et les deux huttes qui allaient être envahies et emportées. Les cris perçants des deux femmes montées sur le toit arrivaient jusqu'à nous sans que nous pussions leur porter aucun secours. Bientôt cependant nos bûcherons, qui s'étaient attardés à la ville, accoururent et se jetèrent à la nage ; ils parvinrent, non sans peine, à sauver les femmes, et au moment même où ils les saisissaient, le toit croulait ; huttes, lits, matelas, bonnets et ustensiles de ménage roulaient confondus et entraînés par le torrent. »

Notre colon, poëte et quaker, a dû à cette situation déplorable des élégies et des stances qu'il a publiées avec la narration de ses mésaventures. Ce volume lui a rapporté beaucoup plus que la ferme et la métairie fondées par lui à grand'peine dans les bois de l'Australie *heureuse.*

« Je suis las, dit-il, de cette éternelle verdure des antipodes ; rendez-moi mes chênes d'Europe et leurs feuilles qui jaunissent en automne. Que je retrouve ces belles nuances de l'année qui meurt, orange, grise, sombre et écarlate ; quand verrai-je la petite feuille détachée du marronnier tournoyer dans l'air et traverser l'espace ; ou pendant une des soirées calmes et pures d'octobre, glisser doucement de son rameau et tomber aux pieds du promeneur pensif ! Je redemande les fleurs du pays, le vieux cimetière avec son mur grisâtre, le petit rouge-gorge et sa tache rouge sur la poitrine, et le merle à la voix éclatante et aiguë ; et nos campagnes modestes, sans vastes horizons, avec leurs primevères et leurs pâquerettes blanches; mais surtout, oh ! surtout la mélodie joyeuse et triste des bois s'agitant dans la brise. »

Ce même Howitt raconte avec douleur comment, pendant trois années successives, les orages détruisirent ses propriétés. En effet les orages sont en Australie, sinon plus redoutables, du moins plus dangereux que partout ailleurs ; les voyageurs engagés dans ces vastes plaines se trouvent fort embarrassés ; la surface plane du sol est tout à coup ensevelie sous l'eau, de manière à ce que les routes et les sentiers disparaissent.

« J'ai vu, dit un autre voyageur, une plaine de seize milles de large se transformer tout à coup en un lac, et mon cheval avoir de l'eau jusqu'au garrot, pendant que mon chien essayait de nous suivre à la nage. Quarante moutons ou brebis furent tués sur place par les grêlons mêlés à l'un de ces déluges australiens, et le berger chargé de surveiller le troupeau rentra chez lui, tout couvert de sang. Après une nuit d'orage, je m'étonnai de trouver une forêt entière dé- dépouillée de ses feuilles, comme si un long hiver avait desséché ses rameaux ; un triple arc-en-ciel se dessinait d'un point de l'horizon à l'autre, grâce à la triple réfraction causée par ces plaines ensevelies sous l'eau, par la mer lointaine et par les torrents que versaient les nuages. »

A ces misères se joignent et les alligators dévorants, et les serpents meurtriers, et des peuplades de singes gigantesques et d'hippopotames énormes.

« Quelquefois, dit le même écrivain, quand nous sommes paisiblement assis à déjeuner, un léger bruit et comme un frémissement se fait entendre au-dessus de nos têtes ; une espèce de lanière noire et vibrante qui se balance au-dessus de notre table fait retentir le redoutable cri de mort : *Kaw ! kaw ! kaw !* C'est le serpent à sonnettes dont la blessure est mortelle. Il faut à l'instant même détacher son fusil de la muraille et bien viser, car le terrible animal ne nous épargnerait pas. »

Les Anglais ne se rebutent pas néanmoins. Quand ils ont mal réussi dans une première localité, ils transportent leurs tentes sur un autre point. Quelquefois leur acharnement trouve sa récompense. Ainsi, vers le milieu de 1843, une source de richesses inattendue s'ouvrit tout à coup aux possesseurs et aux colons de cette terre déshéritée qu'on appelle l'Australie du Sud.

Il y avait longtemps qu'un médecin allemand nommé Menge, arguant de la nature du sol et de l'aspect de la côte, avait conclu de ces inductions théoriques et générales, toujours méprisées des hommes pratiques, que les collines environnantes étaient métallifères. Le théoricien s'était fait railler. Les colons n'avaient pas voulu quitter leurs habitudes et tenter une seule expérience ; ils s'étaient contentés de brûler les herbages et les arbrisseaux qui les gênaient et de laisser paître leurs troupeaux, comme par le passé, dans des pâturages assez maigres. Enfin un jeune enfant, jouant parmi les fleurs sauvages, monta sur une petite élévation au sommet de laquelle il ramassa une pierre brune, verdâtre mêlée de parties métalliques et brillantes : c'était du minerai de cuivre ; son père, le capitaine Bagot, auquel il rapporta cet échantillon, ne s'y trompa pas. On explora le terrain; on reconnut en effet que les collines et les plaines environnantes reposaient sur un stratum de minerai de cuivre, lequel perçait d'espace en espace le sol sous forme d'éperons irréguliers et verdâtres. Le capitaine Bagot s'entendit avec un colon nommé Dutton, fit mesurer quatre-vingts acres de terre et les acheta de moitié avec Dutton au prix fixé par le gouvernement, c'est-à-dire à une livre sterling par acre. Quelques mineurs du comté de Cornouailles, qui se trouvaient parmi les émigrants, furent aussitôt mis à l'œuvre. De juillet à octobre 1844, ces 80 livres sterling de capital rapportèrent 6,225 livres sterling, valeur totale du minerai de cuivre vendu à Liverpool et Swansea. L'attention était éveillée ; on reconnut que les filons s'étendaient beaucoup plus loin qu'on ne l'avait pensé, et cent nouveaux acres, mis aux enchères par le gouvernement furent achetés par les mêmes exploitateurs, non plus au prix d'une livre sterling l'acre, mais pour la somme totale de 2,210 livres.

Ces mines, nommées les mines de Kapounda, continuèrent à rapporter de beaux produits. En février 1844, un nommé André Anderson en découvrit une autre située à seize milles du port Adélaïde; on organisa des actions, et une société se forma, qui a réalisé jusqu'à ce jour de grands bénéfices. Enfin, en août 1845, une troisième mine, occupant 20,000 acres de terres, près de la montagne nommée Razor-Back (dos de rasoir), fut découverte cent milles plus loin.

Cent cinquante mille anglais de longueur sur trente de large sont ainsi livrés maintenant à l'exploitation. M. Dutton, dans un volume qu'il a récemment publié sur ce sujet, établit de la manière suivante la valeur comparative des principales mines du globe:

	l. st.	sh.	pence.	
Mines d'Irlande..................	6	8	8	
— de Cornouailles..........	5	15	6	
— de la Nouvelle-Zélande.	10	10	8	
— de Cuba (cuivre)........	11	9	1	Par tonne.
— de San-José...............	12	11	9	
— de Montaigu (Australie)	13	11	2	
— de Valparaiso.............	15	11	11	
— de Copiapo................	18	14	0	
— de Kapounda..............	24	15	3	
— du Chili....................	29	13	6	

Il résulte de ce tableau que les mines du Chili sont les seules dont l'exploitation soit plus fructueuse que celles de Kapounda en Australie. Il faut bien faire entrer en ligne de compte l'intérêt que nos voisins ont évidemment à surfaire leurs évaluations pour favoriser l'émigration et à faire valoir leurs possessions australes si vastes et si peu attrayantes pour les Européens. Ce motif excuse ou explique l'exagération des calculs.

Dans quelques bassins voisins de Limmenbight, le docteur Leinhart a découvert des salines naturelles de qualité supérieure, qui contribueront plus tard, on ne peut en douter, à la colonisation et à la civilisation de cet étrange pays.

On n'a pas encore pu employer à cet usage, même quant aux travaux des mines, les tribus indigènes ; elles sont assez difficiles à étudier, à cause de leur éloignement pour cette civilisation qui envahit leurs tristes contrées. Un seul fait paraît avéré, c'est que ces tribus diverses ne se rapportent pas à une souche commune. Vers la côte nord, quelques superstitions semblables ou analogues à celles qui règnent dans l'archipel Indien feraient croire aisément que l'origine des aborigènes est la même que celle des peuplades habitantes de ces îles ; il paraît qu'une infusion de sang polynésien a modifié leur race. Tous ils se peignent le corps, et leur peau est enrichie de cicatrices pratiquées exprès et par forme d'ornements. Ils vont nus et ne se couvrent d'un vêtement que les jours de fête et dans les grandes occasions. Le cartilage du nez est percé chez presque tous les hommes. Différents d'aspect, d'intelligence et de coutumes, la plupart craignent les Européens ; et chez bien peu de tribus, cette terreur est mêlée d'un sentiment de sympathie et d'admiration. Leurs nombreux dialectes n'ont pas entre eux d'analogie saisissable. Seulement, au nord comme au midi, ils ne prononcent ni l'*f* ni l'*s*, et l'*h* aspirée leur est inconnue. Les deux tiers des mots se terminent par des consonnes, souvent par des consonnes doubles telles que *alk, srt, urt, ork*. Le son nasal *ng* est très-commun.

Une grande tribu de l'intérieur, dont le chef porte le titre de rajah, mot emprunté aux institutions de l'archipel indien, s'est élevée, en fait de civilisation, plus haut que toutes les autres tribus. Le rajah suprême commande à une hiérarchie de rajahs inférieurs placés chacun à la tête de sa peuplade. Le sentiment de la pudeur, qui semble étranger à tous les autres indigènes du pays, se manifeste d'une manière assez vive dans cette tribu ; les femmes portent une pagne, et les hommes mêlent à leur chevelure des plumes de perroquet et des fourrures d'opossum. Ils recueillent du grain qui mûrit à l'état sauvage, le broient entre des pierres, en font des gâteaux et les cuisent sous la cendre. Ils vivent de cette espèce de pain, des fruits du yam, de racines succulentes et des produits de leur chasse. Leurs armes sont des lances et des dards, terminés par des losanges très-aigus, taillés avec soin dans le quartz ou dans l'ardoise. Les tribus plus ignorantes qui bordent la côte professent un grand respect pour cette civilisation commencée ; et si les Anglais n'étaient pas venus s'emparer du continent, il n'est pas douteux que la tribu centrale ne fût devenue l'arbitre et la maîtresse de toutes les autres. Les populations semées sur les îlots et les rochers de la côte sont beaucoup plus farouches, et quelques-unes d'une férocité extrême mêlée de perfidie. Les premiers rudiments du groupe social et même des arts se montrent chez plusieurs races ; d'autres sont tellement grossières et ignorantes, qu'elles ne savent pas même construire un radeau. La diversité de leur conformation physique semblerait même prouver que c'est de la Polynésie, de la Malaisie et de toutes les régions environnantes que sont arrivées, à diverses époques, ces familles hétérogènes qui ont dû nécessairement se détériorer dans une situation peu favorable à toute espèce de prospérité et de progrès.

Dans leurs rapports avec les indigènes, les Anglais, comme la plupart des races européennes, se sont montrés durs, étourdis, insouciants et cruels. Avec un peu d'habileté, de tact et de bienveillance, il n'est point difficile d'échapper aux attaques, et même de se concilier le bon vouloir de ces êtres à peine supérieurs à l'instinct animal. Le dernier explorateur (en 1846), le capitaine Stokes, cite un curieux exemple de la facilité avec laquelle on peut se garantir avec du sang-froid et du tact des plus redoutables assauts.

« Nous avions besoin, dit-il, de nous orienter ; mais la grande quantité de fer contenu dans les montagnes qui nous environnaient nous faisait craindre quelque inexactitude. M. Fitz-Maurice et moi nous choisîmes pour comparer nos points le pied d'un rocher granitique formant une espèce de talus circulaire et qui nous abritait de toutes parts. A peine avions-nous commencé cette opération, que de grands cris retentirent; au-dessus de nous sur la crête du roc, une vingtaine de gens, noirs et nus, balançaient leurs dards, tout prêts à nous en frapper. Dans l'espèce de souricière où nous étions casematés, il nous était impossible de nous défendre. Ils battaient du pied la terre, faisaient ondoyer leurs longues chevelures à droite et à gauche, mordant leurs barbes avec fureur, et figurant un cercle de démons postés là pour nous anéantir. Il n'y avait pas à plaisanter. Nos fusils étaient sur le sable et assez loin. Sans la présence d'esprit de M. Fitz-Maurice, nos ossements que personne n'aurait recueillis ou reconnus auraient blanchi pendant quelques siècles sur cette grève inconnue. Il se mit à entonner une chanson anglaise de toute la force de sa voix de basse-taille, puis à sauter et à danser comme un possédé. Ses contorsions d'arlequin étonnèrent d'abord les sauvages dont les armes restèrent suspendues. M. Keys, son second, l'imita, et ce fut bientôt une ronde si joyeuse et si extravagante, que les sauvages, amusés par ce spectacle, ne songèrent plus à tuer personne. Seulement, quand l'un de nous faisait mine de se détacher du cercle pour atteindre nos mousquets déposés à distance sur le sable, les dards et les lances s'agitaient de nouveau. Cette étrange situation se prolongea deux ou trois minutes, après lesquelles notre bateau parut dans la baie, monté par cinq hommes dont la présence fut pour les indigènes le signal de la fuite. Je ne me rappellerai jamais sans un mélange de gaîté et de terreur ce bizarre exercice, cette danse entre la vie et la mort, qui nous faisaient faire sur les rivages australiens une si étrange figure.»

Prétendre déduire de l'animosité des indigènes contre les Européens ou de quelques preuves de générosité et de reconnaissance que ces malheureux êtres ont donnés des conclusions générales, ne serait nullement admissible. Leurs sentiments de vengeance ne sont que trop justifiés par la conduite des colons qui, dans beaucoup de localités, ont pour loi que tout noir doit être tué comme une bête fauve. Les kangurous qui les faisaient vivre ont fui ; les émous ont disparu ; le colon lance contre le sauvage ses gros chiens intraitables. Ainsi traqué, affamé et poursuivi, le malheureux se venge comme il le peut ; et dans ces derniers temps, le massacre de plus de cent colons a été le résultat de cette détestable politique.

Un quaker, nommé Bailey, a pris le contre-pied de

la conduite tenue par les autres colons. Il s'est avisé de pratiquer toutes les vertus chrétiennes et charitables envers ces pauvres diables sans pain, sans abri et sans vêtements. Il avait affaire aux sauvages de la côte, les moins traitables de tous ; des distributions d'armes et de couvertures, quelquefois d'aliments, lui gagnèrent si bien le cœur de ces races misérables, qu'elles en firent tout bonnement leur roi et presque leur Dieu. Reconnaissant la supériorité de son intelligence, elles venaient lui soumettre leurs différends et leur contestations, lui demandaient des avis relativement à leurs chasse et à leur pêche, et voulaient même le mettre à la tête de leurs expéditions militaires, ce qui ne convenait guère aux habitudes et aux dogmes pacifiques du quaker. Un jour on pénétra dans sa ferme et on lui vola deux ou trois couvertures. Il alla seul se présenter au campement des sauvages, visita leurs tentes, découvrit le voleur, et s'empara des objets dérobés. On le laissa faire.

L'idée religieuse de la plupart des êtres humains errant dans des proportions infiniment petites comparativement à l'étendue du terrain sur les plages et les grèves australiennes, est aussi restreinte que leur intelligence est en général bornée, surtout pour la population des côtes. L'apparition d'une comète les jeta, en mars 1843, dans une profonde terreur. Voici l'explication qu'ils inventèrent pour se rendre compte de la queue flamboyante qui descendait jusqu'à l'horizon.

Le grand diable ou *kaiour*, disaient-ils, avait posé cette échelle pour permettre aux guerriers et aux héros de quitter le pays à l'approche des étrangers et de monter dans le ciel.

« J'ai assisté hier (dit un des nombreux voyageurs qui ont publié depuis dix ans leurs impressions sur l'Australie) aux funérailles d'un guerrier indigène, et j'ai remarqué combien la superstition et le fanatisme sont naturels à la race humaine, combien souverainement elle est dominée par la pensée d'un monde invisible, et quelle singulière poésie inventent pour satisfaire ce besoin de l'idéal les races les plus grossières. Vers le soir, les principaux de la tribu réunirent les armes, les vêtements et tous les objets qui avaient servi à l'usage du guerrier défunt; et les entassèrent pour en former une espèce de monceau assez artistement disposé. Sur ce bûcher on déposa le cadavre; puis les hommes formèrent un cercle tout autour, le prêtre entra dans le cercle et on attendit en silence que la nuit tombât. Quand le soleil disparut de l'horizon, le prêtre plaça une torche allumée dans la main du mort, mit le feu au bûcher, et tous les regards se dirigèrent vers le ciel. Les armes et le cadavre une fois consumés quand la dernière étincelle annonça la destruction totale des débris mortels, la première étoile qui parut au firmament fut saluée par les acclamations des sauvages, et le prêtre s'écria : « Le voilà qui s'avance, avec son bâton flamboyant! »

Pour expliquer, la variété de formes, de coutumes, de langages, de croyances et de caractères qui séparent l'une de l'autre chacune des races sauvages éparses sur les côtes de l'Australie, il suffit d'adopter une seule hypothèse, celle qui les ferait arriver par mer, à des époques très-diverses, de tous les points qui environnent ce grand continent à peine habité.

Il y a dans ce grand nombre de peuplades et de tribus affamées des circoncis comme les mahométans; d'autres qui parlent un patois mêlé de japonais; quelques-uns qui pratiquent les superstitions de la Polynésie, et spécialement le *moraï* ou la consécration des morts. Certaines tribus sont farouches ou rusées comme les Malais, d'autres douces et sentimentales comme les populations voluptueuses des îles polynésiennes; partout elles se montrent abâtardies, épuisées et dépravées, sans doute par le peu de ressources du territoire, la pauvreté de l'alimentation et la difficulté de se former en groupes sociaux de quelque importance. Le mariage n'existe pas; la chasteté ou même la fidélité sont inconnues; la femme, considérée comme une bête de somme et une propriété, n'a pas plus de devoirs qu'elle n'a de droits. Cependant la grande tribu centrale, un peu plus avancée et formant un groupe plus compacte, reconnaît des chefs et a une ébauche de civilisation; c'est la seule.

LA RÉVOLUTION DE 1848

DANS L'ILE DE CEYLAN

I

Ceylan.— Population.— Aborigènes et conquérants. — Les Veddhas. — La domination anglaise.

Personne ne s'est douté en France que la révolution de 1848 a eu son contre-coup très-vif dans l'île de Ceylan, au bout du monde. Nous ignorons, grâce à nos préoccupations légitimes, ce qui se passe sur la face du globe. Des changements considérables ont lieu; des races se mêlent, d'autres disparaissent, des colonies se forment; des alliances étranges se réalisent; les limites des empires changent; la civilisation poursuit son cours : à peine la France s'en doute-t-elle.

Cinq mois seulement s'étaient écoulés depuis février 1848, lorsque les Ceylanais tentèrent d'imiter la révolte parisienne.

Rien ne prouve mieux la solidarité des choses humaines que ce retentissement des événements européens sur un point si éloigné du globe.

Ceylan, île magnifique, un peu moins grande que l'Irlande, est assurément la plus belle et la plus fertile de toutes les îles du monde connu. Perle détachée du colosse continental qui l'avoisine, Ceylan possède tous les climats : la vie y est facile, le ciel admirable. Il paraît probable que Sumatra, les îles Maldives et Ceylan n'auraient formé jadis qu'une seule grande île submergée et fractionnée par quelque révolution terrestre. Les traditions indoustaniques affirment même que les îles dont nous venons de parler furent adhérentes au continent voisin. Lauca ou Singala (tels sont les noms antiques de l'île), passent dans une partie de l'Orient pour le berceau de l'espèce humaine, le séjour d'Adam, l'île *sacrée* et le théâtre des exploits de Wishnou.

Sur les points les plus désolés de la côte, dans des solitudes sauvages, vivent encore les derniers débris des Aborigènes que l'on appelle Veddhas. Ils parlent une langue spéciale, ne se rasent jamais, ne se servent pas d'argent pour leurs échanges, et n'ont aucune espèce de communication avec le reste des habitants de l'île. Leur nudité habituelle est si complète et leur est si chère, qu'ils aiment mieux ne paraître jamais devant les tribunaux, quand on leur a fait tort, que de se vêtir d'une façon plus civilisée. Voici depuis plus de deux mille trois cents ans que cette race existe, sans mélange. Jamais ses filles n'épousent les descendants des divers conquérants dont l'île est devenue la proie. Les Veddhas, tout misérables qu'ils sont, se considèrent comme formant la caste noble. C'est une loi de l'histoire à laquelle obéissent tous les débris des vieilles tribus : Bretons, Écossais, Gallois, symboles du passé, reculent sans cesse devant des conquérants plus civilisés.

Les habitants de l'île se composent en outre de Kandiens, hommes des montagnes, indépendants, hardis, belliqueux, pleins de noblesse et de bravoure, nés pour les arts et la poésie; de Cingalais, qui habitent les côtes et les basses terres, gens spirituels, perfides et serviles; de Malabares, qui résident surtout au nord et dans les provinces maritimes; et enfin de Moresques, usuriers avides et rapaces, qui jouent dans l'île le même rôle que les Juifs en Pologne. La population totale est à peu près d'un million quatre cent quarante-cinq mille âmes, dont huit mille sont Européens. Tour à tour soumis à la domination des Indous, des Hollandais et des Portugais, puis restitués aux Hollandais et conquis par les Anglais, ces magnifiques domaines ont une histoire intéressante bien peu connue en Europe, et dont les premiers traits se retrouvent déguisés dans le grand poëme indien le *Mahabarat*. Comme les Indous n'ont pas de chronologie, on ne peut pas se rendre un compte exact de l'époque où la première invasion indoustanique eut lieu. Les annales réelles de l'île jusqu'à la conquête portugaise sont mêlées de ces fables sanglantes et ridicules qui composent la majeure partie des souvenirs orientaux. Des temples magnifiques attestent la haute antiquité de l'île, antiquité dont les habitants sont très-fiers. Ils montrent aux voyageurs, avec orgueil, le jardin d'Eden et le pic d'Adam. La chronologie des Indous et des Cingalais concorde avec la chronologie mosaïque relative à l'époque du déluge que les écrivains de Ceylan rapportent à l'an 2390 avant le Christ, c'est-à-dire, à peu près, à la même époque que les écrivains sacrés. Pline-l'Ancien fait mention de quatre ambassadeurs de la Taprobane venus à Rome après qu'un vaisseau naufragé romain eut été poussé à la côte et que les naufragés eurent été recueillis par le roi de l'île. Quelques médailles romaines récemment découvertes, paraissent justifier Pline, dont l'assertion avait été l'objet de beaucoup de critiques et de doutes.

Dès le premier siècle de l'ère chrétienne, de nombreux rapports commerciaux s'établirent entre les habitants de l'Europe méridionale et ceux de l'Inde et de Ceylan.

Marco-Polo et Nicolas da Conte font mention l'un et l'autre de ces premières relations qui, dès lors, ne furent plus interrompues. La domination portugaise commence en 1505 et finit en 1650. Ce fut par accident que les Portugais découvrirent l'île, alors divisée en trois principautés distinctes, et dont l'une, la plus importante, était sous la loi du roi Prakrama IX. Faute de plans politiques et de prudence, ces conquérants héroïques, dont l'épée avait frayé aux Européens la route de l'Inde, ne parvinrent pas à se rendre maîtres de l'île entière, dont ils n'exploitèrent ni le sol ni les provinces maritimes, et dont ils ne firent pas même circuler les produits. La domination hollandaise, qui s'établit en 1650 et céda en 1796 à la prépondérance des armes anglaises, ne se montra ni plus honorable ni plus civilisatrice ; le monopole du commerce était le but des Hollandais ; tous les moyens leur semblèrent légitimes pour l'atteindre. En vain Colbert indiqua-t-il à Louis XIV l'occasion admirable qui se présentait de fonder une colonie française dans ces régions ; après une seule tentative incomplète, nos agents furent abandonnés, et le plan de Colbert échoua.

Les Anglais firent de Ceylan une de leurs colonies et y envoyèrent Frédéric North, qui devint ensuite duc de Guilford. Le roi Rajasingha, homme voluptueux et poëte, qui avait eu cinq femmes et autant de concubines, mais qui ne laissait pas d'enfants, était mort l'année précédente. L'héritier légitime de la couronne, Moutou-Sawme, frère de la première des femmes du monarque décédé, fut évincé et privé de ses droits par une conspiration de palais, à la tête de laquelle se plaça le premier ministre ou Adikar, Pilimi-Talawe. Moutou-Sawme lui paraissant trop difficile à conduire, il fit choix d'un personnage sans caractère, sans éducation, nommé Sry-Wikrama, qui lui semblait être un automate commode. L'héritier présomptif se réfugia dans les montagnes.

Les habiles intrigants ne manquent pas en Asie, et Pilimi-Talawe, le premier ministre, était de ce nombre. C'est ainsi que les Anglais nomment cet Adikar qui, dans les relations françaises, porte le nom de Pilamé-Talawe. Il régnait en réalité sous le nom de son maître, simulacre de souverain, et il commença par tuer tous ceux qui le gênaient. De cette époque date en réalité la domination britannique. L'Adikar essaya de s'emparer du trône avec l'aide des Anglais, et ceux-ci profitèrent des circonstances avec une avidité excessive.

« En 1799, dit M. Sirr, l'Adikar eut une première conférence avec le gouverneur anglais, auquel il proposa tout simplement d'assassiner le roi qu'il avait fait, et de placer l'île sous la protection britannique, en prenant lui-même le titre de monarque. Le gouverneur s'y refusa ; mais de telles ouvertures étaient trop importantes pour que la politique anglaise ne les mît pas à profit. Le général Macdowall fut envoyé comme ambassadeur auprès du roi. C'était un homme très-habile et très-conciliant, qui ne manqua pas de faire au monarque plusieurs propositions utiles à l'Angleterre ; il lui demanda l'introduction et l'entretien d'un corps de troupes anglaises dans la capitale. Pilimi-Talawe avait prévenu son maître contre de telles offres ; et malgré les présents magnifiques que le général Macdowall avait eu soin d'apporter, elles furent repoussées. Alors le ministre espéra qu'une guerre ouverte entre les Anglais et le prince favoriserait ses propres desseins, et que dans la confusion générale il pourrait mettre la main sur la couronne. Divers actes de malversation et de violence furent commis au détriment des Anglais ; en vain une remontrance fut-elle adressée au ministre, qui continuait à jouer le même jeu, promettant aux Anglais son secours et irritant le roi contre eux. Enfin les hostilités furent déclarées. Les Anglais marchèrent sur la capitale, qu'ils trouvèrent à peu près vide et incendiée. Moutou-Sawme, proclamé roi, monta sur le trône, et conclut avec les Anglais tous les traités qu'ils voulurent. »

Au point de vue de la moralité, je ne pense pas que les Anglais les plus complaisants pour leur pays, puissent trouver d'excuse à certains détails de leurs acquisitions. Tout le monde sait que lord Clive n'a pu accomplir la conquête de l'Inde qu'au moyen d'un faux traité substitué au traité véritable. Les faits qui vont suivre ne sont pas plus honorables ; nous laissons à M. Sirr le soin de les raconter.

« Le perfide Pilimi-Talawe, — après avoir harassé les troupes anglaises par des marches et des contre-marches, placé Sry-Wikrama dans une position à peu près inaccessible, et tenté par mille moyens de donner le change à ses ennemis, et de les détruire pièce à pièce, affecta de se rapprocher d'eux, et les attira dans une embuscade, où, divisés en deux colonnes par ses conseils, ils furent sur le point d'être anéantis. Comme il n'était pas parvenu au succès complet de ses desseins, il leur fit une nouvelle ouverture que le général anglais eut l'indignité d'accepter; il promit de leur livrer Sry-Wikrama s'ils voulaient lui laisser l'autorité suprême sans le titre de Grand prince, et assurer une pension à Moutou-Sawme, en l'exilant à l'extrémité de l'île. Cet ignoble marché fut conclu, et on convint d'une entrevue entre Pilimi-Talawe et le général; l'intention du ministre ceylanais était de s'emparer de Macdowall, qui vint avec une trop bonne escorte pour se laisser surprendre. Sans doute il reconnut le piége dans lequel on voulait l'attirer. Peu de temps après, étant tombé malade, il fut obligé de laisser Kandy, la capitale de l'île, sous l'autorité du major lord Aviels, homme sans caractère et sans cœur, qui bientôt assiégé par Pilimi-Talawe, livra la ville sans condition, et y laissa un grand nombre d'Européens malades à la merci des vainqueurs. Bientôt après, déshonorant ses armes et le métier de soldat, il livra celui que les Anglais avaient juré de défendre, Moutou-Sawme lui-même. La capitale fut prise par Sry-Wikrama, dont la cruauté stupide commit les plus horribles forfaits. Il fit empaler vivant son rival, et paraître devant lui, deux par deux, tous les soldats

anglais, à qui l'on adressait cette question laconique :
« Voulez-vous servir le roi de Ceylan? » Sur leur réponse négative, ils étaient massacrés. Trois Européens et un officier malais échappèrent seuls au massacre.

» L'histoire de ce dernier est curieuse et mérite d'être racontée. Il se nommait Nouraddin. Renommé pour sa bravoure et son adresse, depuis longtemps les Kandiens essayaient de le détacher du service britannique en lui promettant des richesses et un rang honorable. Il avait résisté à toutes les offres; Pilimi-Talawe les renouvela, mais en vain ; placé pendant huit jours entre la menace des tortures les plus cruelles, et les offres les plus magnifiques, Nouraddin se contenta de répondre : « Je porte l'uniforme anglais, » et je ne puis servir deux maîtres. » On lui trancha la tête.

» Un autre ayant été pendu et la corde ayant cassé trois fois, sa grâce lui fut accordée. Enfin le lâche Davies adopta les coutumes de ses nouveaux maîtres et passa dans cette situation le reste de sa vie. »

Le résultat de ces intrigues et de ces lâchetés fut de contraindre l'Angleterre à se retrancher sur le territoire et dans la ville de Colombo, pendant que le roi de Kandy, maître du centre de l'île, faisait piler des hommes dans un mortier et assassiner des enfants par leurs mères. Depuis ce temps, les Anglais, reprenant le dessus, vengèrent par l'établissement d'une puissance véritable leur défaite momentanée. Cependant ils n'ont pas réussi à vaincre le fanatisme. Chaque année quelque révolte bouddhiste se manifeste contre leur pouvoir.

Mais la vieille Asie ne peut plus résister à l'Europe. La marine à vapeur et l'artillerie nous offrent des ressources si énergiques, qu'une escadre et une brigade suffiraient à vaincre de grands royaumes indochinois ou javanais, d'immenses armées indiennes.

II

L'insurrection de 1848.— L'*Observateur de Colombo*. — M. Buller et le prétendant Gonegalle-Banda.— Le Bouddhisme et la Révolution à Ceylan.

Le 6 juillet 1848, quatre mois et demi après qu'une révolution inattendue avait réveillé Paris, le 24 février, une émeute plus redoutable que toutes les révoltes précédentes agitait l'île de Ceylan. Quatre ou cinq mille individus, les uns à moitié nus, les autres ayant pour vêtement un tablier attaché à la ceinture;— tous portant sous le bras le petit parasol que rend nécessaire l'extrême chaleur du climat; vieillards, femmes, enfants, enveloppés de mousseline blanche, costume habituel même aux magistrats et aux docteurs du pays, descendant des montagnes, sortant des défilés et des routes caverneuses dont sont hérissées et dentelées les côtes de l'île ; — prêtres bouddhistes, drapés à la romaine et armés de leurs immenses éventails ; — femmes kandiennes à demi voilées par cette élégante parure qui tombe en écharpe d'une épaule à l'autre, et que toutes les femmes du globe pourraient adopter sans nuire à leur beauté, accouraient par groupes pressés. Ils finirent par se réunir à Koutcherry, criant à tue-tête, demandant justice aux autorités anglaises, brandissant des bâtons et secouant des torches.

Une étincelle, partie des barricades parisiennes, avait allumé cet incendie.

On sait que l'une des nouvelles mesures de la révolution de Février fut l'élection de représentants nommés par nos colonies. Des hommes de couleur, quelques-uns, par parenthèse, aussi intelligents qu'honorables, furent appelés à siéger dans notre Chambre des Représentants. Pourquoi ce qui venait de se passer à Pondichéry ne serait-il pas donné pour exemple à Koutcherry et à Colombo ? Il était impossible qu'une telle situation ne frappât point un Anglais habitué aux choses politiques et à leurs mouvements. L'éditeur anglais de la feuille quotidienne intitulée *l'Observateur de Colombo*, publia donc dans son journal une note rédigée en cingalais pour appeler les habitants à la défense de leurs droits, la fit imprimer sur des feuilles volantes qui furent répandues avec profusion, paya des hommes pour en donner lecture publique dans toutes les parties de l'île, et réussit à la soulever tout entière.

Voici cette Note dans son intégrité officielle :

« Les habitants de l'île de Ceylan ne doivent pas ignorer que tout sujet anglais, avant de payer un impôt, a le droit de faire connaître ses désirs et d'exposer ses griefs. Il y a des personnes qui prétendent que les Cingalais n'ont pas assez d'intelligence pour constituer une assemblée ou conseil national siégeant dans l'île et où des indigènes seraient mêlés à des Anglais. Que ces personnes-là voient un peu ce qui se passe maintenant en France et ce que les membres du grand conseil de cette nation ont ordonné relativement aux hommes de Pondichéry. Croit-on qu'un Tamoul de Pondichéry soit plus capable qu'un Cingalais de siéger dans un conseil? Assurément les indigènes de cette île sont aussi instruits et aussi sages que les Tamouls de Pondichéry, qui élisent leurs représentants pour le grand conseil de France. Que les Cingalais, s'ils veulent ne plus payer d'impôts illégaux et exorbitants, réclament donc une Assemblée Nationale dans laquelle leurs droits légitimes seront discutés. Nous publions cette lettre en cingalais, afin que tous les habitants du pays sachent à quoi s'en tenir.

» *Signé* Les Éditeurs de l'*Observateur de Colombo*. »

Trois jours s'étaient à peine écoulés depuis la publication de ce singulier document, œuvre d'un Anglais contre les Anglais, Coriolan au petit pied; toute la population cingalaise était en émoi.

La foule, dont nous avons décrit la marche, ou plutôt la course, ne tarda pas à remplir toutes les routes qui aboutissent à Colombo.

Ces hommes vêtus de mousseline blanche comme les femmes, ces grands seigneurs bizarrement ornés de manches ballonnées et de jupes enflées comme les paniers du xviii° siècle; ces populations du Soleil, aux figures fines, aux habitudes molles et énervées, s'étaient éveillées et passionnées au bruit lointain de nos troubles. Elles accouraient des montagnes, des bords de la mer, des sanctuaires de Bouddha et des cités populeuses, dans le vague espoir de redevenir maîtresses de leurs destinées. Espoir inutile! la décadence morale les avait depuis longtemps condamnées. — « Sachez-le bien, » comme le dit Milton, quand nous ne sommes pas » maîtres absolus de nous-mêmes et que nous n'avons » pas conscience de notre liberté morale, Dieu nous » force à subir du dehors des maîtres auxquels nous » ne pouvons pas résister (1). »

L'insurrection ceylanaise, bientôt étouffée dans le sang, disparut en quelques jours. Nous verrons tout à l'heure le chef de la justice anglaise, prenant en pitié les faibles débris de l'insurrection, ces malheureux, qui s'étaient révoltés contre leurs oppresseurs comme un faible oiseau s'insurgerait contre un géant qui le

(1) God sens us masters, etc. (*Paradise lost*, ch. iv.)

tiendrait dans sa main, demander aux autorités britanniques une mitigation de peines en leur faveur.

Nous continuerons de suivre dans le récit de M. Sirr, témoin oculaire, cette foule ameutée qui répétait, dit-il, avec des cris furieux : *Nous voulons parler à M. Buller,* agent du gouvernement anglais. M. Buller paraît à son balcon et essaie de haranguer la multitude; elle refuse de l'entendre. Il monte à cheval, et prend la fuite ; le peuple le poursuit à travers champs, lui à cheval, eux à pied, jusqu'à Maliga, ville voisine. Bientôt, des bandes nombreuses viennent renforcer l'insurrection qui n'a pas d'armes, et dont beaucoup de membres sont plus ou moins ivres. Les forêts environnantes sont dépouillées de leurs rameaux; un combat s'engage entre la police et les chefs de l'émeute.

« Cependant les principaux meneurs, entre autres le prétendant, qui s'appelait Gonegalle-Banda et se disait un des plus glorieux descendants de Singha-le-Lion, conquérant de l'île, se tenait caché dans une grotte, attendant le moment d'en sortir et de s'asseoir sur le trône sans coup férir et sans danger. Deux ou trois fois compromis dans diverses insurrections antérieures, il avait été recueilli par les prêtres de Bouddha, véritables fauteurs de toutes ces révoltes. »

« On se fait en Europe, dit un autre voyageur dont les explications suppléeront utilement aux lacunes laissées par M. Sirr, une idée inexacte de l'état moral de l'Asie et de sa civilisation réelle. Ce n'est ni une barbarie ni une enfance, c'est un décrépitude, au fond de laquelle restent encore ensevelies des clartés nombreuses et singulières. Entre les sublimes enseignements du christianisme et les préceptes moraux du bouddhisme, religion qui, très-modifiée d'ailleurs dans les applications de ses préceptes et de ses dogmes, embrasse une grande partie de l'Orient, et prend diverses nuances selon les mœurs des populations, — il y a, aux yeux de ces peuples trompés, peu de différences sensibles. Rien de plus difficile que de les leur faire comprendre et de les détacher de ces traditions que les gens lettrés savent par cœur, et que le peuple vénère. Ces traditions et ces dogmes se rapprochent d'une manière étrange des symboles et des dogmes chrétiens. On y trouve, sous d'autres formes, le fruit du mal et du bien qui n'est plus une pomme, mais une figue; — Ève, succombant à la tentation; le serpent tentateur; — la Vierge donnant le jour au Rédempteur; — tout ce que la croyance chrétienne contient de fondamental, ou de symbolique et de mystérieux. Il y a plus : le bouddhisme paraîtrait avoir joué, dans l'histoire de l'Asie, un rôle presque analogue à celui du christianisme en Europe, et avoir déterminé une réforme ou plutôt un renversement total du paganisme antérieur. Aussi les prêtres de cette foi sont-ils persuadés qu'ils possèdent la vraie doctrine, la seule digne d'un homme sensé. C'est surtout à cause de cette ressemblance apparente ou de cette analogie que le

progrès des conversions au christianisme est difficile et lent parmi les bouddhistes. — « Nous savons tout ce
» que vous nous dites, répètent-ils ; c'est notre loi elle-
» même que vous nous avez empruntée, en la dépouil-
» lant de ses couleurs orientales et de ses formes poé-
» tiques. »

» Aussi ne compte-t-on dans les régions bouddhiques que très-peu de conversions. Si la considération et l'estime pour les idées chrétiennes pouvaient s'acclimater une fois dans ces régions, le monde appartiendrait à l'Europe. Aujourd'hui des millions d'hommes, sur la surface du globe, professent le bouddhisme qu'un chrétien ne peut étudier et approfondir sans étonnement. L'idée de l'incarnation divine dans un être humain en constitue le fond et même l'essence. Le bouddhiste va plus loin ; il la multiplie comme faisaient les gnostiques, et établit la possibilité pour l'homme de devenir Dieu et de se réunir à la substance éternelle. Si cette hypothèse détache les bouddhistes de l'orthodoxie chrétienne, leur morale les en rapproche. On croit, en parcourant leurs traités ascétiques, lire Gerson ou le mystique Tauler : « Aimer purement,
» dit l'un d'eux, c'est toute la doctrine. La religion de
» Bouddha est renfermée dans ces trois préceptes *Pu-*
» *rifier son esprit, s'abstenir du vice et pratiquer la*
» *vertu.* — Le plus grand guerrier est celui qui triom-
» phe de lui-même, et non celui qui reste vainqueur
» l'épée à la main. — A l'intelligence pure, tout est

» pur. — Ne crois pas qu'il te suffise de jeûner,
» de prier et de t'infliger mille supplices pour plaire
» à Dieu. Dès que ton âme est souillée, toutes tes ac-
» tions le deviennent. »

Ces sentences, empruntées à un manuel de piété bouddhiste, attestent l'identité des phénomènes qui se manifestent dans l'histoire de l'esprit humain. Le bouddhisme, qui a ses catholiques, a aussi des protestants. Une secte bouddhiste permet aux prêtres de se marier, n'admet pas le culte des saints et nie la nécessité de l'abstinence. Certains temples, élevés au « Dieu unique, » respirent la simplicité et l'austérité des temples réformés. D'autres, au contraire, penchent vers l'épicuréisme et professent une doctrine favorable à la satisfaction des sens. Cette largeur de compréhension, se prêtant sans peine à des doctrines diverses, favorise l'expansion du bouddhisme, qui, selon toute apparence, s'est substitué, en Asie, à un paganisme panthéiste primitif, à peu près comme le christianisme s'est substitué, en Europe à un polythéisme antérieur.

Peut-être même la civilisation asiatique, dont nous n'avons pas l'histoire réelle (car ces peuples manquent d'historiens analytiques), ne fut-elle que l'annonce, l'image antérieure et comme le prototype vague de notre civilisation européenne. Ainsi parle un voyageur instruit. L'analogie du bouddhisme et du christianisme nous semble tout au moins douteuse. Le panthéisme étant contraire à l'individualité, et, par suite, au christianisme non moins qu'à la civilisation, toute identité serait inadmissible entre la doctrine qui l'adopte et la doctrine qui le repousse.

Les docteurs bouddhistes, selon M. Sirr, M. Davy et M. Pridham, étant les seuls dépositaires de toute la tradition intellectuelle et religieuse du pays, soulèvent contre l'Angleterre, par un mouvement constant, sourd et irrépressible, le fond même des populations.

Dans cette circonstance, l'intérêt venait se joindre au fanatisme : d'une part, le journaliste anglais appelait les Ceylanais à la défense de leurs droits, les invitant à ne plus payer d'impôts sans les discuter, et à réclamer une représentation nationale; d'une autre, les prêtres du pays animaient la population contre ces misérables infidèles qui avaient dérobé le talisman sauveur de l'île, le symbole de sa grandeur, la relique sainte, la dent de Gautama-Bouddha. Nous verrons plus tard quel rôle cette dent célèbre devait jouer dans l'insurrection.

Elle continuait, et les autorités anglaises faisaient marcher leurs troupes. Porté processionnellement dans un palanquin, entouré de danseurs, de danseuses et de musiciens, le roi ou le prétendant que les prêtres voulaient installer, Gonegalle-Banda (c'était son nom) recevait les hommages de ses nouveaux sujets. Avait-il des droits légitimes à ces adorations? M. Sirr ne l'affirme pas. Il y a toujours dans ces régions orien-

tales quelque prétendant en réserve, personnage oublié longtemps, qui arrive à son heure, et, après de longues années d'obscurité prudente, reparaît un beau jour escorté d'une armée de prêtres qui le proclament, et suivi d'une populace faible et ardente prête à reconnaître en lui le descendant de ses rois. « Il n'est pas
» difficile, dit M. Davy, de jouer un pareil rôle ; on
» se laisse porter en palanquin; on contemple avec
» douceur les génuflexions de ses adorateurs, et tout
» est dit. La plupart du temps les titres de ces person-
» nages sont apocryphes, et nul n'ignore leur impos-
» ture; cela n'empêche pas le peuple de les suivre
» avec enthousiasme et de les adorer. » — Qui ne sait que les hommes ont besoin d'idoles? Il n'y a pas de symptôme plus fatal que la résignation d'une race au mensonge et son indifférence en fait d'escamotage politique.

Le nouveau prétendant Gonegalle-Banda, quelque indigne qu'il fût de sa splendeur nouvelle, attirait à lui tous les hommages. Le souvenir de l'ancienne grandeur ceylanaise est vivant dans cette population comme parmi toutes les races qui se consolent de leur présent par le fantôme du passé. Quand Gonegalle sortit de sa caverne, on célébra par de bruyantes réjouissances son intronisation ; le bruit des tamtams, de nombreuses fusées lancées en l'air, et le son des trompettes annoncèrent sa marche triomphale. Il avait déjà réuni plus de six mille hommes autour de lui, pendant que quatre ou cinq mille autres marchaient sur Colombo, avant que les autorités anglaises fussent instruites de rien.

Pour éteindre cette formidable insurrection qui avait ému les habitants de l'île entière, il fallut bien peu de forces anglaises. Deux cents hommes, huit sergents et deux capitaines marchèrent la nuit, se blottirent dans les jungles, et attendirent l'arrivée des insurgés. Au premier bruit de tambour et à la première fusillade, ceux-ci se dispersèrent. Une maison isolée servit d'asile aux plus braves qui l'abandonnèrent dès qu'on vint les y attaquer, et Gonegalle prit la fuite, abandonnant son palanquin. Les dix ou douze mille insurgés avaient laissé six hommes sur le champ de bataille, et un seul soldat anglais avait reçu une blessure légère.

Sur tous les points de l'île, les mêmes résultats eurent lieu. Plus de vingt soulèvements partiels furent réprimés avec la même promptitude et la même facilité. Il y eut quelques villes pillées, peu de sang répandu; et partout vingt soldats européens, se présentant la baïonnette au bout du fusil, suffirent pour mettre en fuite deux ou trois mille Asiatiques. En moins de huit jours, tout fut calmé. Les maîtres de l'île se montrèrent inexorables. Sur plusieurs centaines de prisonniers faits dans ces rencontres, huit seulement furent acquittés, trente-trois condamnés à la peine du fouet, vingt-neuf au fouet et à la prison, quatre aux travaux forcés, vingt-huit à l'exportation, dix-huit fusillés sur place.

On mit à prix la tête du prétendant, ou, si l'on veut, du chef de la conspiration ; malgré la somme considérable offerte à qui s'emparerait de lui, il ne put être appréhendé que le 21 septembre. Le sentiment religieux des indigènes protégeait ce pauvre être, instrument passif que les prêtres bouddhistes avaient fait mouvoir.

A huit milles environ de la ville de Matelé, au milieu de ces broussailles épaisses que les Anglais appellent *jungles*, et qui se composent d'un entrelacement formidable de halliers, de joncs et de plantes grimpantes, s'élève un roc qui commande une vaste étendue de pays et qui se creuse en une caverne, espèce de palais naturel, divisé en plusieurs salles ornées de stalactites. Gonegalle était depuis deux mois tapi dans cette retraite lorsque son porteur de *curry* y fit pénétrer les soldats malais ; un autre satellite, chargé de faire le guet sur le haut du rocher, s'était laissé gagner ou terrifier, et simulait un profond sommeil. Pâle, défait, exténué, Gonegalle-Banda, surpris par les Malais, résista quelque temps, parvint à s'échapper de la caverne, et fut enfin enchaîné par les soldats, qui l'amenèrent, pieds et poings liés, devant les autorités anglaises. Le soleil couchant éclairait cette scène, et la lâcheté parfaite dont le prétendant donna mille preuves, depuis le moment de sa capture jusqu'à la fin de son procès, prouva aux Anglais qu'ils avaient peu de chose à craindre d'un homme si complétement dénué de courage, de dignité, même d'influence sur ses partisans. Toutes les formes de la justice anglaise furent ponctuellement suivies, au grand étonnement des indigènes, qui ne voyaient dans ce jury et dans ses formules qu'une comédie pleine d'iniquité. L'abattement excessif de Gonegalle-Banda lui permettait à peine de répondre aux interrogatoires; il fallut l'encourager pour qu'il eût la force de lire le document suivant, écrit de sa propre main :

« Moi, Gonegalle-Banda, me prosternant devant ce tribunal suprême, et faisant un million de fois amende honorable, je demande humblement la permission de soumettre aux juges et au président de cette Cour les circonstances suivantes :

» Quelques difficultés s'étant élevées entre moi et les membres de ma famille habitant avec moi ma maison située à Gonegallegodde, dans Oudùnneuvire, j'allai vivre chez la sœur aînée de mon beau-père, qui habite Caduwella, dans la province de Matelé. Ce fut là que j'appris que le chef des Anglais avait établi sur nous trente-deux nouveaux impôts à cause desquels le peuple des quatre provinces avait résolu de se révolter. On vint me dire beaucoup de choses; ce fut surtout un nommé Dingeralle, de Hangowrankette, qui me persuada que si les Anglais étaient chassés, je commanderais à tout le pays. J'eus le malheur de le croire, et je me rendis à Damboul, où m'attendaient d'autres chefs, membres de la conspiration. Ils chargèrent le nommé Lenadora-Aratchild de m'offrir une veste, un turban et trois robes de soie, constituant mon vêtement royal. Un palanquin me fut amené; on me conduisit ainsi de Damboul à Waraiapoula. On voulait absolument détruire la station de Tapal, assassiner ceux qui s'y trouvaient et livrer leurs maisons au pillage. Je m'y opposai; je ne permis pas à mes gens de commettre ces iniquités, et je fis battre de verges ceux qui voulaient s'y livrer. Je les empêchai aussi de mettre à mort une personne de Waraiapoula, d'incendier les édifices et de courir le pays pour piller.

» Alors ceux qui avaient voulu me faire leur chef se réunirent à leur tour contre moi et s'entendirent pour nommer quelque autre personne. J'en fus instruit et je me sauvai.

» C'est là tout le mal et tout le tort que j'ai commis. L'âme de Votre Seigneurie et la mienne ont été créées par le même Dieu. Votre Seigneurie commande d'une manière suprême à toute cette île. L'âme de Votre Seigneurie et la mienne auront à communiquer ensemble devant le même Dieu. C'est pourquoi je vous supplie, au nom du Dieu qui a créé Votre Seigneurie, au nom de ses doctrines, au nom de sa Majesté, au nom de sa couronne, au nom de toutes les Églises établies dans les pays soumis à la domination britannique, au nom des prêtres qui officient dans chacune d'elles, au nom de Son Excellence le gouverneur de Colombo, au nom du père royal et de la mère royale de Votre Seigneurie, et au nom de Votre Seigneurie elle-même, que mon offense me soit pardonnée et que l'on me renvoie libre, par charité. De plus, mon beau-père m'ayant remis de l'argent pour lui acheter des buffles, j'ai fait cette acquisition pour lui ; mais ces buffles ont été pris par les autorités anglaises et sa maison a été brûlée. Je demande qu'une indemnité suffisante lui soit donnée.

» *Signé* GONEGALLE-BANDA. »

Ce document, assez peu digne, comme on le voit, sauva la vie du pauvre prétendant, qui, condamné à mort par le jury, vit commuer sa sentence par lord Torrington, et fut fouetté en place publique d'une manière très-cruelle, avant de monter sur le vaisseau qui l'emportait vers l'Inde, désignée comme son lieu d'exil perpétuel. L'insurrection calmée n'a plus donné signe d'existence.

III

M. Elliott et l'*Observateur de Colombo*. — Caractère de l'insurrection Ceylanaise. — La dent de Bouddha. — Le pamphlet du colonel Forbes.

Les Anglais, qui portent sous toutes les latitudes leur attache au passé, leurs modes germaniques, leurs yieux préjugés, leurs coutumes légales, et qui, n'ayant ni la ferveur italienne, ni l'agilité gauloise, y substituent la persévérance, l'esprit de suite, la prévoyance et la tradition, agirent exactement, pour réprimer l'insurrection ceylanaise, comme ils eussent fait, à Manchester ou à Liverpool, en face d'un *strike* d'ouvriers mécontents ou d'un soulèvement chartiste. Des constables de race malaie se postèrent aux avenues ; de petits bâtons blancs leur furent distribués. Le serment « spécial » de ces singuliers magistrats anglo-saxons fut reçu, selon la coutume (*sworn in*). On fit les *summons* dans les règles, non religieuses et primitives que l'*Ynglinga-Saga* prescrit, mais juridiques et légales que les statuts anglo-normands ont réglées. Quand le procès fut commencé, le choix des jurés, l'allocution du juge, la mise en demeure, la *box* (boîte) où sont enfermés les membres du tribunal arbitral, l'appel des témoins, l'examen et le contre-examen, rien ne fut oublié. Cette législation immémoriale, d'abord scandinave, puis teutonique, après avoir traversé les *malli* ou lieux de jugement chez les Germains et les *placita* ou plaids du moyen âge, revenant agir sur les populations hindoustaniques, rien de plus curieux.

La législation anglaise transplantée à Ceylan avait à punir ou à déjouer des manœuvres tout anglaises. L'O'Connell de cette nouvelle Irlande, l'agitateur des prêtres bouddhistes et de leurs fidèles, était un M. Elliot, rédacteur en chef de *l'Observateur* de Colombo, qui le premier avait enseigné aux Ceylanais le grand art des pétitions, celui des signatures accumulées, fausses ou vraies, multiples ou simulées, la science des affiches jaunes et des placards éloquents, des proclamations sublimes et des interminables processions; enfin toute la tactique constitutionnelle. Une pétition cingalaise, chargée de quelques centaines de noms de propriétaires, de prêtres et de marchands, avait été portée en grande pompe chez le gouverneur. Lord Torrington avait ainsi vu M. Elliot braquer contre lui cette artillerie anglaise de l'émeute légale qui date de loin, qui a son prix quand elle ne tue pas les artilleurs, que l'on a beaucoup perfectionnée sous Guillaume III et la reine Anne, et dont les Américains des États-Unis se servent familièrement aujourd'hui sans y penser, comme nous nous servons d'ustensiles de ménage, tandis que les nations un peu moins expérimentées font sauter leur maison par les mêmes procédés. M. Elliott, habitué, comme un véritable Anglais, à se tenir dans les limites de la loi et à préparer sa retraite dans les replis judaïques de cette loi même, eut soin de mettre à ses ordres un docteur indigène dont il fit un journaliste impromptu; — personnage qu'il ne nomma pas, mais que trahirent suffisamment les singularités hindoustaniques et les inexpériences nombreuses de son style anglais. Ce prêtre de Bouddha, écrivant fort couramment son « premier Ceylan » contre les impôts, et rédigeant ses arguments à la façon du *Times* ou du *Morning Post,* en faveur d'une représentation nationale, mérite bien qu'on le cite. Après avoir détaillé les griefs de ses compatriotes, et surtout réclamé très-justement contre la charge excessive des taxes, il ajoute :

« Le peuple le plus *lourdement* pauvre (*heavily poor*) ne doit pas être taxé au delà de ses forces... Des millions d'hommes en Europe, depuis peu de temps, ont reçu le droit de décider le montant de leurs impôts (*d'examiner leur budget*). Les Ceylanais, ceux du moins qui comprennent ce qu'il faut faire, s'attendaient à recevoir une part de ce droit ; mais les circonstances sont telles qu'à proportion que les autres races sont délivrées de l'injustice, plus d'injustice vient écraser la nôtre.... Est-il convenable, je le demande, que les Ceylanais se soumettent à tant d'iniquité? Le voudront-ils? Je crois qu'ils ne le doivent pas. J'espère qu'ils n'en feront rien... Les Ceylanais, sans se livrer (*without doing,* idiotisme qui n'est pas anglais) à des actes aussi *sévères* que les Européens récemment, doivent, en adressant des pétitions au grand conseil législatif de l'Angleterre, et réclamant pour eux-mêmes un autre conseil législatif (une Chambre de Représentants) prouver qu'ils ne sont pas nés pour être esclaves... Quant à vous, gentilshommes qui imprimez les journaux, je vous requiers *de publier aux Cingalais, sous le paiement des taxes comme un fardeau* (l'auteur veut dire : *Je vous requiers de faire savoir aux Ceylanais écrasés sous les impôts*), que le gouvernement commet une iniquité. Dites bien aux personnes pourvues de hautes places que le démon de l'injustice, chassé de l'endroit où il était par le passé, ne sera pas souffert dans cette île. Agissez ainsi. Les Ceylanais ne sont pas une race ingrate. »

Oubliant ensuite qu'il a parlé de la race ceylanaise comme de la sienne, il signe : UN ANGLAIS.

Cette réclamation, imprimée sur des milliers de feuilles volantes et distribuée dans toute l'île, avait produit d'autant plus d'effet que les Ceylanais s'y voyaient encouragés par un Anglais prétendu. L'impudente indifférence du gouvernement colonial pour la fameuse dent de Bouddha les avait encouragés bien davantage.

« Cette dent, qui est jaune, vieille et énorme, et qui (selon M. Sirr) a probablement orné jadis quelque mâchoire d'alligator, possède un sanctuaire pour elle seule. Enveloppé d'une feuille d'or battu, le *Danada* (c'est le nom de la relique, *dens Dei*) repose dans une boîte d'or ornée de diamants, de la même forme que la relique même, à laquelle elle sert de gaîne. Cette boîte est placée dans une première urne d'or d'un travail extrêmement remarquable, enrichie aussi de pierres précieuses, et couverte de brocart d'or; l'urne à son tour, se niche dans une seconde urne; plus grande, faite du même métal, et enveloppée de mousseline blanche ; la seconde est placée dans une troisième, et enfin une dernière urne, de dix-huit pouces anglais de haut, sert de réceptacle définitif à cet emboîtement de reliquaires, qu'on a soin de placer, pour l'exhiber au public dévot, dans le centre d'une fleur de lotus épanouie. — Le tout, dit un autre voyageur hollandais, peut valoir quelque trente mille francs. C'est le palladium de la religion bouddhique et de l'île même, et quiconque s'en rend maître est sûr d'obtenir et de garder le suprême pouvoir. »

Il y a dans le caractère anglais une difficulté singulière d'adaptation et d'assimilation aux mœurs étrangères, et aussi, on doit le dire, une très-excellente horreur de la comédie jouée, du mensonge solennel « du humbug, » c'est le mot anglais. Quand ils s'en servent par devoir, ils ne peuvent s'empêcher d'en rire.
« — Pourquoi vous en allez-vous si tôt ? demandait, il
» n'y a pas longtemps, le *speaker* des communes à un
» membre de la Chambre. — C'est ce « humbug » (un
» orateur se levait) qui va parler ! — Monsieur (reprit
» gravement le *speaker*), veuillez prononcer avec res-
» pect un mot qui renferme tous les devoirs de ma
» charge. » — En pleine Chambre, sous la perruque et devant la masse symbolique, le *speaker* se moquait du *humbug*.

Le gouverneur colonial, au lieu de se préoccuper suffisamment de la *dent* sacrée, de rester gardien sévère de la fameuse relique, d'en assumer le dépôt religieux, et de prendre au sérieux ces six enveloppes et ces quatres urnes, avait négligemment livré aux prêtres bouddhistes la clef du sanctuaire ; et le peuple, par ce seul fait, avait cru les Anglais dépossédés de leur conquête. C'était une faute considérable ; et de tous les actes qui suivirent la révolte, le plus utile au rétablissement de l'autorité anglaise fut l'envoi de cinquante fusiliers, qui s'emparèrent de la dent et ne la lâchèrent plus.

Les Cours martiales achevèrent leur œuvre; on fusilla dix-huit malheureux, parmi lesquels se trouvaient cinq prétendants royaux et le rédacteur de la note ci-dessus, mais non, bien entendu, le grand agitateur, M. Elliott; les « grand agitateurs » s'échappent toujours. Le jury s'acquitta ensuite de sa mission avec une sévérité extrême, et le *chief-justice* (chef de la justice), sir Auguste Oliphant, lui adressa l'allocution suivante, qui respire un esprit d'humanité et de justice tout à fait honorable pour lui, pour sa nation, et pour notre époque.

« Les verdicts que vous avez rendus, messieurs les jurés, ont été invariablement ceux d'honnêtes gens et d'hommes sensés. Tout en maintenant l'autorité des lois, vous avez fait la part de la pitié et de la charité envers de pauvres personnes égarées. Pour moi, non-seulement je vous approuve, mais j'irai encore plus loin que vous : je suis déterminé à recommander les condamnés à la commisération spéciale du gouvernement. J'ai assisté à tous les débats, et au fond de cette insurrection, je reconnais des motifs qui militent en faveur des accusés. J'ose dire que l'origine de leur crime est une douleur honorable, la douleur d'une race qui se regarde comme conquise, et qui en a honte. Sans doute, il y a là d'autres mobiles encore ; mais les chefs et un grand nombre de nationaux regrettent les anciennes lois de leur patrie ; ils s'affligent de n'être pas soumis à un gouvernement qui leur appartienne. C'est un sentiment erroné, sans doute, mais généreux. Ils aiment leurs vieilles institutions, faute de comprendre la supériorité des nôtres ; ils ne sont pas arrivés à ce point de civilisation qui leur permettrait de jouir des lois anglaises comme d'un bienfait. Les nouvelles taxes ont attisé la flamme, et les chefs dépossédés, saisissant l'occasion, n'ont pas manqué de faire revivre des sentiments patriotiques depuis longtemps étouffés ou amortis, mais non disparus. Maintenant, qu'avons-nous à craindre ? Toute insurrection nouvelle est impossible. Ils savent bien, et ils le disaient hier dans l'enceinte de ce tribunal, que vouloir se révolter contre nous ce serait sacrifier inutilement leur vie. Onze soldats anglais sont sortis en rang de Kurnegale ; deux ont formé l'avant-garde, et devant ces deux hommes quatre mille Kandiens ont pris la fuite. Messieurs, n'apprenons pas à ces hommes à combattre, car la guerre est un art qui s'apprend.

» Ce que nous devons surtout leur enseigner, ce sont

les arts de la paix, c'est le sentiment réciproque du devoir et du droit, ce sont les obligations mutuelles des gouvernants et des gouvernés. il y a des portions considérables de ce beau pays où pas un seul Européen n'a mis la pied depuis trente ans, et dont personne en Europe ne soupçonne la situation, les besoins ou les idées. Nous devons porter la lumière parmi ces hommes, éclairer leur esprit et leur apprendre que nous sommes venus ici, non pas seulement pour leur imposer des charges et recueillir des taxes, mais pour élever leur condition morale et accroître leur bien-être.»

Sir Auguste Oliphant écrivit dans ce sens à lord Torrington une lettre officielle qui n'eut aucun succès et qui lui attira une réprimande conçue en termes fort sévères. Le très-honorable vicomte Torrington disait au grand-juge que « la stricte ligne de son devoir
» eût été, non de s'intéresser aux coupables, mais de
» les livrer à la sévérité de la loi et au dernier sup-
» plice; que la publicité donnée à des opinions trop
» indulgentes devenait un embarras pour le gouver-
» nement; que d'ailleurs cette modification générale
» apportée aux opinions du jury compromettait l'au-
» torité des lois dans la colonie; et qu'enfin la situa-
» tion où on le plaçait par cette déclaration, favorable
» aux criminels, le forçait, contre son gré, à prendre
» un moyen terme, à commuer les peines dans une
» certaine proportion seulement, et à changer la trans-
» portation pour la vie en transportation pour qua-

» torze ans, et la peine de mort en transportation pour
» la vie. »

Cette dure réponse de lord Torrington a retenti en Angleterre ; la Chambre des communes s'en est occupée. Tout récemment, un comité spécial a été chargé d'accomplir une enquête sur les faits relatifs à la dernière émeute. Dans un pamphlet du colonel Forbes, publié sous ce titre : *Troubles récents et exécutions militaires dans l'île de Ceylan*, les griefs imputés au gouvernement colonial sont reproduits et commentés avec amertume. Il ne nous appartient pas de discuter ces griefs. Le colonel reproche au gouverneur la création de plusieurs taxes injustes et irritantes, et spécialement l'établissement de la corvée pour l'entretien des routes. Les prêtres bouddhistes, qui, d'après les institutions du pays, sont exempts de ces espèces de travaux, ont vivement réclamé, et, par un article additionnel, les autorités anglaises les ont déclarés libres de cette charge. Aussitôt les prêtres chrétiens, catholiques, calvinistes ou anglicans, qui payaient la corvée, si ce n'est en nature, au moins en espèces, réclamèrent à leur tour par l'organe de l'évêque de Colombo.

Telles sont les inévitables complications qui naissent d'un grand système de colonies. Il n'y a pas d'année où l'Angleterre n'ait à résoudre une multitude de problèmes pratiques des plus épineux. Elle serait bientôt ruinée, si, trop occupée de se guérir, dévorée de maladies intestines et de désordres rongeurs, elle se trouvait forcée de différer ou de négliger la solution de ces difficultés d'où dépend sa fortune. Remarquons surtout l'action simple, facile, lumineuse, bienfaisante de la presse : action immense, car elle s'étend sur le globe entier; salutaire, chrétienne, humaine, car elle va protéger au bout du monde les opprimés et les vaincus ; profondément politique, car elle affermit les bases de l'État, en le fondant non sur des formules administratives ou sur la force seule, mais sur le sentiment de l'équité.

C'est une noble tâche que celle de la discussion publique assumée par les journaux anglais, et cette défense lointaine des droits des vaincus a quelque chose de grand. A la libre action de la presse les Ceylanais vont certainement devoir un dégrèvement d'impôts et une situation plus heureuse, peut-être un mouvement nouveau de civilisation. Ce que nous appelons l'injustice ou la cupidité des Anglais est même corrigé jusqu'à certain point par cette liberté européenne de la presse. Comparé aux gouvernements indigènes et à leurs exactions abominables, le gouvernement britannique, que la publicité contrôle et maintient dans les limites du juste, semble la loyauté, la générosité, l'équité mêmes. Les habitants des provinces indo-chinoises voisines des Anglais émigrent sans cesse pour aller peupler les possessions européennes. Partout où l'esprit européen s'insinue, partout où les Anglo-Saxons, Américains et Britanniques, mettent le pied le sentiment du droit se manifeste. C'est au sentiment du droit que l'Asie devra sa future régénération. Cette terrible barrière opposée aux progrès de la civilisation, le peu de sûreté de la propriété, plaie immémoriale des pays despotiques de l'Orient, est sinon guérie, du moins soulagée et rendue beaucoup moins pénible par les Européens, surtout par les Américains et les Anglais, si amoureux de la propriété. Ces hommes du Nord, Américains et Anglais, Anglo-Saxons d'origine, reportant en Orient, en Asie, dans le Thibet, à Ceylan, à Siam, au Pégu, mais bien plus vigoureuse, la civilisation qui leur est venue de l'Inde par la Scandinavie, la Gétie, la Grèce et l'Italie, offrent un des plus étranges spectacles du monde. Déjà diverses races nouvelles sont nées de leurs mariages ou du moins de leurs rapports avec les femmes des diverses régions qu'ils exploitent. Dans toutes les contrées de la vieille Asie, ces branches inconnues éclosent du mélange du sang européen et des antiques familles hindoues ou chinoises; c'est spécialement dans les régions limitrophes, sur les bords de deux pays différents, que ce résultat se manifeste.

« La manière dont les populations se mêlent, dans ces régions lointaines, est souvent étrange, dit M. Ruschemberger, Américain, homme d'esprit; ici ce sont les Hollandais, qui, pour conserver le monopole de leur commerce avec le Japon, subissent les exigences les plus humiliantes et habitent avec leurs femmes japonaises une sorte de forteresse dans la mer, reliée à l'île elle-même par un pont : forteresse où on les enferme chaque soir : là ce sont les Anglais qui continuent avec l'empire du Milieu leur trafic d'opium ; dans l'Indo-Chine, une partie de l'administration et de la gestion des affaires appartient à des demi-Portugais de sang mêlé, très-nombreux à Siam et en Cochinchine, et dont la personne, chargée de plumes, avec un tonnelet rouge, un manteau espagnol bleu et des ornements chinois, n'a pas d'analogue au monde. Il y a de singuliers chrétiens de ce genre dans toutes les sociétés asiatiques : demi-Portugais, demi-Siamois, quarts d'Anglais, tiers de Chinois ou de Thibétains, souvent les plus grands coquins du monde, pirates, voleurs intelligents, sauvages et civilisés. Par eux, la civilisation se continue et s'étend ; une fois qu'elle a touché une partie du monde, on ne voit jamais sa trace disparaître absolument. »

De l'aveu de ce voyageur, citoyen des États-Unis, l'Europe, par ses colonies, son commerce, son mouvement fébrile, son écume même et ses rebuts, pénètre de tous les côtés le vieux continent asiatique d'où la lumière des arts a jailli autrefois, et où elle languit aujourd'hui. La civilisation, au milieu de ses folies sanglantes ou bizarres, paraît s'élargir ; le globe, qui s'embellit et se découvre, fait apparaître chaque jour plus clairement le grand lien qui rend l'homme solidaire de l'homme. La théorie d'Aristote sur l'esclavage est à jamais détruite ; les idées de Caton ou de Varron sur le patriciat et son adhérence éternelle et divine au territoire s'évanouissent. Le monde antique et païen disparaît et s'enfonce dans les ténèbres du passé. Le monde et la vie pratique et chrétienne, le monde du travail moderne se réalise, non pas dans sa plénitude idéale, qui n'appartiendra jamais à l'espèce humaine, mais avec son mélange d'inévitables misères. Ainsi le progrès est encore incomplet ; nous sommes bien loin de l'atteindre. Que de terrains perdus ! que de régions ignorées ou laissées en friche ! Le grand travail commencé par les races qui ont habité jadis le plateau de l'Asie centrale, par les Assyriens, les Chaldéens, les Indiens, continué par les Grecs et les races de l'Europe moderne, est à peine ébauché relativement au monde. Ce retentissement et ce vaste écho de ruines présentes et futures, dont notre siècle s'effraie, ne serait-il pas l'annonce d'un nouveau et d'un immense pas, comme d'un élargissement redoutable et violent des destinées humaines, non par rapport à nous, qui habitons un coin de l'Europe, mais par rapport au globe tout entier ? Les races se mêlent ; la vie de l'Europe s'étend, ou plutôt la vie de l'humanité se développe. Ceux qui étudient les voyageurs, et qui aiment à se tenir au courant du mouvement général, ne peuvent s'empêcher de convenir que le monde est bien jeune. Ils s'attendent à beaucoup de résultats inévitables que leurs enfants seuls verront. Ils se rappellent ces deux admirables vers d'un poëte qui dans sa vie a rencontré quelques traits de génie :

> Croire tout découvert est une erreur profonde ;
> C'est prendre *l'horizon pour les bornes du monde.*

FIN.

TABLE.

Préface. 5

MOEURS ET RACES NOUVELLES DE L'AMÉRIQUE DU NORD.

I. Six cents lieues par la vapeur. — L'Alabamien et le Mormon. — Le Prospectus de la fin du Monde. — Les Socialistes bibliques de Nauvoû. 9

II. Les nouvelles villes. — Les effets du crédit. — Navigation du Mississipi. — La vie sauvage dans la vie civilisée. — Comment va ton âme ? 24

III. Le Texas. — Un intérieur d'auberge. — Le général Antiochus et le juge Peters. — L'hospitalité de don José Morrel. — L'hôtellerie de l'Aigle-Rouge. — Encore le juge Peters. — Comme on voyage au Texas. 37

IV. Une aventure au Texas. — Le siége d'une maison dans les bois. — Don Ramon de Vigueyra. — Le marquis et la duchesse. — Mort du juge Peters. 51

V. Le sorcier d'Hufeisen-Bucht. — Van Putten, d'Amsterdam. — Un autre Robinson. — Mœurs domestiques de la Nouvelle-Écosse. — Comment l'on vit à Lunenbourg. 65

VI. Fin du récit de don Ramon Vigueyra. — Le colporteur assassiné. — Départ. — Voyage dans les prairies. — Les Comanches. — Saint-Louis. — La prairie brûlée. — État actuel, population, industrie et avenir de Saint-Louis. 80

VII. Voyage sur l'Ohio. — Personnages. — Types. — Le géant de l'Ouest. — Un noir civilisé. — Cinq Français déserteurs. — Les matelots ministres. — Comment la civilisation s'étend. 95

VIII. De Louisville au lac Ontario. — Activité américaine. — L'ingénieur. — Pittsburgh. — Les lions noirs. — Scène

326 TABLE.

dans un wagon. — Le conducteur. — Une morte par imagination.— Attaque de Galveston. 111

IX. Le Niagara. — Erosion des rochers.— Les deux cataractes. — Voûte de cristal. — De Syracuse à Utique, en passant par Rome. — Comment on descend le Saint-Laurent. — « S'absquantilater. » — Notions, locations, supputations. — Conversation bizarre. — Un Français du temps de Louis XIV. — Le Canada perdu. — Mésaventure de sir Francis Head. 128

X. Une anecdote sur Fenimore Cooper. — De Montréal à Shelburn et de Shelburn à Washington. — Histoire de Wilhelm Canandaigua. — La Caravane en Californie. — Le Capitole.— Une séance de la chambre des Représentants. — Départ pour l'Europe. 146

TRENTE-HUIT JOURS DANS LES SAVANES DE L'ILE DE CUBA.

I. Départ de la Nouvelle-Orléans. — O'Neil et doña Seraphita. — Aspect de Cuba. — Comment on évite une quarantaine. — Le Gobernador. — Jedediah Gibson. 167

II. Un orage à la Havane. — Le nègre libre.— De Cuba à la Jamaïque.— Un nid de pirates. — La naïade indienne. 188

III. A travers les savanes.— Les mines d'or de l'île de Cuba. — Le Teniente. — Un Français de Saint-Domingue.— Où l'on retrouve Seraphita. — Un tremblement de terre.— Le trésor de Watchinango.— Encore la naïade indienne. 207

SCÈNES DE LA VIE TASMANIENNE ET AUSTRALIENNE.

I. L'Australie. — Aspect du pays. — Les voyageurs européens en Australie. — Son climat, ses productions. — Ses habitants. — Les *purs* et les *impurs*. — Les journaux et la société à Sidney. — Les Convicts. 233

II. Les Convicts en fuite.— Ce que coûte une femme en Australie. — Le pirate Michel Howe. — Le palais de James Munroe. — Le capitaine King. — L'éducation en Australie. 253

III. L'Australie heureuse.— Un Quaker en Australie.— Églogues. — Incendies et déluges. — Les mines de Kapounda. — Situation actuelle des tribus indigènes. 266

LA RÉVOLUTION DE 1848, DANS L'ILE DE CEYLAN.

I. Ceylan. — Population. — Aborigènes et conquérants. — Les Veddhas. — La domination anglaise.   287
II. L'insurrection de 1848. — L'*Observateur de Colombo*. — M. Buller et le prétendant Gonegalle-Banda.— Le Bouddhisme et la Révolution à Ceylan.   296
III. M. Elliott et l'*Observateur de Colombo*. — Caractère de l'insurrection Ceylanaise. — La dent de Bouddha. — Le pamphlet du colonel Forbes.   310

FIN DE LA TABLE.

Poissy, typographie Arbieu.

BIBLIOTHÈQUE DE L'ESPRIT FRANÇAIS
Éditée par EUGÈNE DIDIER, rue Guénégaud, 25.

ÉDITIONS EN UN SEUL VOLUME, FORMAT ANGLAIS, A 3 FR. 50 C.
Très-beau papier glacé et satiné. — Impression en caractères neufs.

Auteurs du dix-huitième siècle.

D'Alembert. — Discours préliminaire de l'Encyclopédie. — Études sur la philosophie. — Le Système du monde. — Portraits d'académiciens. — Correspondance littéraire. — Maximes et Pensées.
SA VIE, SES OEUVRES, SA PHILOSOPHIE, par Condorcet.

Boufflers. — Aline. — Le Derviche. — Tamara. — Ah! si.., — Poésies. — Contes. — Fables. — Voyages.
VIE DE BOUFFLERS, par Arsène Houssaye.

Chamfort. — Les hommes et les choses au dix-huitième siècle. — Caractères et portraits. — Nouvelles à la main. — Le marchand de Smyrne. — Éloges de Molière et de La Fontaine. — Dialogues philosophiques. — Poésies. — Maximes et Pensées.

Duclos. — Mémoires de Duclos. — Histoire de madame de Luz. — Les Confessions du comte de ***. — Acajou et Zirphile. — Considérations sur les mœurs. — Morceaux historiques. — Maximes, pensées et bons mots.
DUCLOS, SA VIE ET SES OEUVRES, par le comte L. Clément de Ris.

Madame d'Épinay. — *Mémoires et Correspondance.* — Lettres inédites de Grimm, Voltaire, Diderot, Duclos et Jean-Jacques Rousseau.
ÉTUDE SUR MADAME D'ÉPINAY, par Louis Enault.

Favart. — La Chercheuse d'esprit. — Les trois Sultanes. — Contes de madame Favart. — Journal de Favart.
VIE DE M. ET MADAME FAVART, par Léon Gozlan.

Fontenelle. — Entretiens sur les mondes. — Histoire des oracles. — Poésies. — Dialogues des morts. — Esprit de Fontenelle.
ÉTUDES SUR FONTENELLE, par Grimm, Garat, Sainte-Beuve.

Grimm. — *Gazette littéraire.* — Histoire. — Philosophie. — Littérature. — Nouvelles. — Critique, etc.
ÉTUDES SUR GRIMM, par Sainte-Beuve et Paulin Limayrac.

Rivarol. — Maximes, Pensées et Paradoxes. — Études sur la langue française. — Philosophie. — Esprit de Rivarol. — Poésies. — Le petit Almanach des grands hommes. — Le dernier jour de la royauté.
NOTICE DE SAINTE-BEUVE, portrait gravé d'après Carmontelle.

Auteurs du dix-neuvième siècle.

Balzac (H. de). — *Physiologie du Mariage* (Nouvelle série). — Les petites Misères de la vie conjugale. — Études de femmes. — Madame Firmiani.

Chasles (Philarète). — *Mœurs et voyages ou récits du monde nouveau.*

Chasles (Philarète). — *Scènes des camps et des bivouacs hongrois pendant la campagne de 1848-1849.*

Granier de Cassagnac. — *Portraits littéraires.*

Houssaye (Arsène). — *Sous la Régence et sous la terreur, talons rouges et bonnets rouges.* — M. de Moncrif. — Le violon de Franjolé. Mademoiselle de Cormeilles. — Morte et vivante.

Houssaye (Arsène). — *Les Filles d'Ève.* — Les trois sœurs. — La bouquetière de Florence. — Jenny. — Histoire de madame de Marcy.

Karr (Alphonse). — *Une Poignée de vérités.* — La Sagesse humaine. — Apologues. — Les Pauvres et les Mendiants. — Les Chiens et les Amis. — Une histoire de Voleurs. — Comédiens et Cordeliers. — La Modestie. — L'Honneur en 1853. — Princes et Poëtes. — La Vertu donne sa démission, etc.

Karr (Alphonse). — *Geneviève.* Nouvelle édition, revue et augmentée.

Karr (Alphonse). — *Le Chemin le plus court.* Nouvelle édition.

Lorne (Emmanuel de). — *Les Sorcières Blondes.* — Deux nuits d'été. — La laitière et le pot au lait. — La pantoufle rose. — La nuit des Cendres. — Le chevalier de Rouville.

Lorne (Emmanuel de). — *Amoureux et grands Hommes.* — Molière et Armande Béjart. — Le Renard et sa cour. — Marie-Antoinette et madame Jules de Polignac. — Les deux Éminences. — Les Femmes aimées de Gœthe.

Lafayette (C.-C. de). — *Dante, Michel-Ange, Machiavel.*

Méry. — *Les Nuits Espagnoles.* — La Villa amorosa. — La belle Étoile. — Le Château des trois tours. — La Dame noire. — Lively Kopson. — Giovanni et Margellina. — Dona Jacintha. — Bianca, etc.

Nibelle (Paul). — *Un Mystère de famille.*

Nibelle (Paul). — *Simples récits.*

Ris (Clément de). — *Portraits à la plume.* — Alfred de Musset. — Henri Murger. — Octave Feuillet. — Alphonse Karr. — Arsène Houssaye. — Prosper Mérimée. — Théophile Gautier, etc.

Stendhal (H. Beyle). — *De l'Amour.*

ÉTUDE SUR STENDHAL, par Paulin Limayrac.

COLLECTION DIAMANT

A 1 FR LE VOLUME.

Balzac (H. de).	**Les Fantaisies de Claudine.**
	Théorie de la démarche (ouvrage inédit).
Chasles (Philarète) . . .	**La Fille du Marchand.**
Desplaces (Auguste). . .	**Impressions et Symboles rustiques.**
Gautier (Théophile). . .	**Émaux et Camées,** 2ᵉ édition.
	Celle-ci et celle-là.
Gérard de Nerval. . .	**Petits Châteaux de Bohême.**
Gozlan (Léon).	**Les Maîtresses à Paris,** 2ᵉ édition.
	Comment on se débarrasse d'une maîtresse, avec une préface sur la Légèreté française.
Houssaye (Arsène). . . .	**La Vertu de Rosine** (nouvelle édition).
Karr (Alphonse).	**Midi à quatorze heures.**
	Proverbes.
Lecomte (Jules).	**Histoire d'un Modèle.**
Martin (N.).	**L'Écrin d'Ariel.**
Méry	**La Chasse au Chastre,** avec une préface sur Alexandre Dumas.
Prémaray (Jules de). . .	**Le Chemin des Écoliers.**
Stendhal (H. Beyle). . .	**L'Abbesse de Castro.**

BIBLIOTHÈQUE DE L'ESPRIT FRANÇAIS

Éditée par EUGÈNE DIDIER, rue Guénégaud, 25.

ÉDITIONS EN UN SEUL VOLUME, FORMAT ANGLAIS, A 3 FR. 50 CENT.

Très-beau papier glacé et satiné. — Impression en caractères neufs

---

AUTEURS DU XVIIIe SIÈCLE.

D'Alembert. — Discours préliminaire de l'Encyclopédie. — Le Système du monde. — Portraits d'académiciens. — Correspondance littéraire. — Maximes et Pensées.

Boufflers. — Aline. — Le Derviche. — Tamara. — Ah! si. — Poésies. — Contes. — Fables. — Voyages.
VIE DE BOUFFLERS, par Arsène Houssaye.

Chamfort. — Caractères et portraits. — Nouvelles à la main. — Maximes et Pensées.

Duclos. — Mémoires — Histoire de M** de Luz. — Les Confessions du comte de ***. — Acajou et Zirphile. — Considérations sur les mœurs.

Épinay (Mme d'). — *Mémoires et correspondance.* — Lettres inédites de Jean-Jacques Rousseau, Duclos, Grimm, Voltaire.

Favart. — La Chercheuse d'esprit. — Les trois Sultanes. — Contes de M** Favart. — Journal de Favart.
VIE DE M ET MADAME FAVART, par Léon Gozlan.

Fontenelle. — Entretiens sur les mondes. — Histoire des oracles. — Poésies. — Dialogues des morts. — Esprit de Fontenelle.

Grimm (LE BARON DE). — *Gazette littéraire.* — Histoire. — Philosophie — Littérature. — Nouvelles. — Critique, etc.
ETUDE SUR GRIMM, par Sainte-Beuve.

Rivarol. — Maximes, Pensées et Paradoxes. — Etudes sur la langue française. — Philosophie. — Esprit de Rivarol. — Poésies.

AUTEURS DU XIXe SIÈCLE.

Balzac (H. de). — *Physiologie du Mariage* Nouvelle série). — Les petites misères de la vie conjugale. — Etudes de femmes.

Chasles (Philarète). — *Scènes des Camps et des Bivouacs Hongrois*, pendant la campagne de 1848-1849.

Granier de Cassagnac. — *Portraits littéraires.*

Houssaye (Arsène). — *Sous la Régence et sous la Terreur, Talons rouges et Bonnets rouges* — M. de Moncrif. — Le violon de Franjolé. — Mademoiselle de Cormeilles.

Houssaye (Arsène). — *Les Filles d'Ève.* — Les trois sœurs. — La bouquetière de Florence. — Histoire de madame de Marcy.

Karr (Alphonse). — *Une poignée de vérités.* — La Sagesse humaine. — Les Chiens et les Amis. — Une histoire de Voleurs, etc.

Karr (Alphonse). — *Geneviève.* Nouvelle édition, revue et augmentée.

Karr (Alphonse). — *Le Chemin le plus court.* Nouvelle édition.

Lerne (Emmanuel de). — *Les Sorcières Blondes.* — Deux nuits d'été. — La pantoufle rose. — Le chevalier de Rouville.

Lerne (Emmanuel de). — *Amoureux et grands Hommes.* — Molière et Armande Béjart. — Marie-Antoinette et Mme Jules de Polignac. — Les deux Eminences.

Lafayette (C.-C. de). — *Dante, Michel-Ange, Machiavel.*

Méry. — *Les Nuits Espagnoles.* — La Villa amorosa. — La Dame noire. — Dona Jacintha. — Bianca, etc.

Nibelle (Paul). — *Un Mystère de famille*

Nibelle (Paul). — *Simples récits.*

Ris (Clément de). — *Portraits à la plume.* — Alfred de Musset — Henri Murger. — Octave Feuillet. — Alphonse Karr — Théophile Gautier, etc.

Stendhal. (H. Beyle). — *De l'Amour*

PARIS. — TYP. DE PILLET FILS AÎNÉ, RUE DES GRANDS-AUGUSTINS, 5.

www.ingramcontent.com/pod-product-compliance
Lightning Source LLC
Chambersburg PA
CBHW060357170426
43199CB00013B/1895